新型城镇化进程中的
行政层级与行政区划改革研究

冯俏彬　安森东　等著

2016年·北京

图书在版编目(CIP)数据

新型城镇化进程中的行政层级与行政区划改革研究/冯俏彬等著. —北京：商务印书馆，2015（2016.11重印）
ISBN 978-7-100-11719-7

Ⅰ. ①新… Ⅱ. ①冯… Ⅲ. ①行政区划—体制改革—研究—中国 Ⅳ. ①K928.2

中国版本图书馆CIP数据核字(2015)第256952号

所有权利保留。

未经许可，不得以任何方式使用。

新型城镇化进程中的行政层级与行政区划改革研究

冯俏彬　安森东　等著

商　务　印　书　馆　出　版
（北京王府井大街36号　邮政编码100710）
商　务　印　书　馆　发　行
三河市尚艺印装有限公司印刷
ISBN 978-7-100-11719-7

2015年11月第1版　　　开本 710×1000　1/16
2016年11月北京第2次印刷　印张 15

定价：50.00元

本书各章作者

总　撰：冯俏彬
第一章、第四章：安森东
第二章：水名岳
第三章：杨志荣
第五章：刘　铮
第六章：张占斌、张国华
第八章：王瑞军
第九章：孙志远
第十章：陈家浩
第七章、第十一章、第十二章：冯俏彬

序　言

党的十八大报告提出，要"深化行政体制改革"，并明确提出"优化行政层级和行政区划设置，有条件的地方可探索省直接管理县（市）改革，深化乡镇行政体制改革"。这是着眼于党和国家事业发展全局，全面推进改革，完善和发展中国特色社会主义道路，全面建成小康社会做出的重要决策部署。

行政体制是国家体制的重要组成部分。深化行政体制改革是推动上层建筑适应经济基础的必然要求。改革开放以来，我国经济社会发生了广泛而深刻的变化，与此相适应，我国行政体制改革也取得了重要进展。但总的来看，现行行政体制与经济体制、政治体制、文化体制、社会体制、生态文明体制之间还不完全适应，包括中央与地方之间的权责划分不尽合理、行政层级多、行政区划设置不合理等，需要进行深入研究，为党和政府决策提供咨询建议。

国家行政学院是行政体制改革研究的重要力量，多年来在推动政府职能转变、简政放权、推进"省直管县"等方面，提出过许多重要而有价值的建议，产生了积极的影响。近年来，国家行政学院经济学教研部有关人员受中国国际经济交流中心委托，针对新时期我国行政层级与行政区划问题进行了比较全面的研究，取得了预期成果，并将研究成果汇集成书，作为研究成果的转化形式，这是应当予以大力支持的。

我认为，本书主要有以下几个方面的特点：

一是创新性。古往今来，影响我国行政层级与行政区划的因素是多方面、多角度的，并且处于不断发展变化之中。本书在对影响我国行政层级和行政区划进行历史考察的基础上，基于对中国经济社会发展，特别是新型城镇化的趋势分析，认为当代影响和推动行政层级和行政区划发展的最大因素，是改革开放以来我国史无前例的、规模巨大的城镇化进程。这一判断是符合当代中国实际情况的，对当前行政层级和行政区划中许多问题的解释很有穿透力，也很有针对性和说服力。可以说，从"经济基础决定上层建筑"这一角度深入研究行政层级与行政区划问题，是本书最鲜明的一个亮点，有助于丰富理论基础、凝聚改革共识。

二是借鉴性。"他山之石，可以攻玉。"比较而言，西方一些发达国家已基本走完了工业化和城市化历程，它们在这一过程中调整优化行政层级与行政区划的做法，对我国有一定的研究借鉴意义。本书选择了世界上几个大国进行比较研究，从中发现了不少有益的启示。如法国的大区制、英国的地方自治、美国和加拿大的大都市区改革等，都在某种程度上折射出我国经济社会发展特定阶段给行政区划调整提出的客观要求。这对于探寻相关问题的解决思路、形成可行的政策措施有一定的启示借鉴作用。

三是全面性。我国现有中央、省、市、县、乡五个政府层级。本书分别对省、市、县、乡进行了比较全面的研究，并提出了一些相应的改革建议。在省一级行政区划改革中，提出了不同的改革方案。在"县改市"问题上，认为可先将一些经济强县纳入改革范围，并提出了"新设市"的若干标准。在省直管县问题上，专门研究了其中的司法体制改革问题。在乡镇行政体制改革上，提出了一方面要将一些经济强镇设为市，另一方面通过综合行政体制改革加强公共服务与社会管理职能，强化基层治理。这些都是针对行政层级与行政区划改革中的现实问题得出的研究结论，有一定的决策参考价值。

四是前瞻性。随着我国城镇化进程的加快，一系列区域性公共问题随之产生，如"行政区经济"、区域基础设施建设与管理、区域环境生态建设与保护、应急处置协作、流域水污染防控以及基本公共服务均等化等，需要加强区域协作，打破行政分割的藩篱。本书前瞻性地研究了跨区域行政体制的问题，提出成功运作区域协作机制的几个关键方面：有约束力的法律或制度，有联通上下左右专职机构，有推进协作的系列政策工具，有平衡各方利益的区域公共财政等，颇有见地。

合理、协调的行政层级和行政区划是国家行政管理的重要基础，是国家行政权力顺畅、高效运行的重要条件。要通过推进相关改革，合理确定中央与地方政府的权利与责任范围，科学界定省以下不同层级地方政府职能与权责关系，充分发挥中央与地方"两个积极性"。要按照有利于促进科学发展、有利

序 言

于优化配置资源、有利于提高社会管理水平和更好提供公共服务的原则，合理调整行政区划。要有区别地、适当地简化行政管理层级，适时调整行政区划的规模和管理幅度，促使行政体制与政治体制、经济体制、文化体制和社会体制、生态文明体制之间相协调。

优化行政层级与行政区划设置是一个大问题，具有高度的综合性和复杂性，需要从不同学科、不同角度进行深入研究。同时，这方面改革又相当敏感，涉及各方面利益调整，既要积极又要稳妥推进。希望作者"百尺竿头、更进一步"，继续深入学习科学理论，广泛进行调查研究，为推动行政体制改革、优化行政层级和行政区划提出更高质量的智力支持和科研成果，为完善和发展中国特色社会主义、实现中华民族伟大复兴的"中国梦"做出自己的努力。

是为序。

魏礼群

2014 年 12 月 10 日

目 录

导 言 1

第一章 我国行政层级与行政区划的历史沿革 3
  一、我国历代行政疆域和行政区划的历史沿革 3
  二、新中国成立后我国行政区划与行政层级的历史沿革 6
  三、我国行政区划与行政层级演进的主要规律 13

第二章 城镇化对行政层级与行政区划改革的新挑战 21
  一、改革开放以来我国城镇化进程与发展态势 21
  二、城镇化进程对现行行政区划与行政层级的六大挑战 24
  三、城镇化与行政区划、层级之间的内在机理分析 27

第三章 世界主要国家行政层级与行政区划的比较研究 30
  一、法国：行政区划改革"大区"的设立 30
  二、英国：地方自治的典范 33
  三、美国：大都市区多中心体制与一体化改革 36
  四、加拿大：重组大都市区改革的典范 42
  五、大国行政区划和行政层级改革对我国的启示和借鉴 46

第四章 我国省级行政区划改革研究 52
- 一、我国省级行政区划现状分析 52
- 二、我国省级行政区划存在的主要问题 57
- 三、我国省级行政区划改革应遵循的基本原则 58
- 四、我国省级行政区划改革的政策建议 61

第五章 计划单列市改革研究 68
- 一、计划单列的历史沿革 68
- 二、城镇化进程中计划单列市面临的主要问题 73
- 三、改革计划单列市的政策建议 76

第六章 新设市问题研究——以中西部经济强县为例 80
- 一、改革开放以来我国"市"一级的历史沿革 80
- 二、经济强县率先设市的必要性与迫切性分析 83
- 三、中西部地区经济强县评价原则 86
- 四、中西部经济强县评价方法 87
- 五、中西部地区经济强县分布 89
- 六、中西部地区经济强县设市标准 91

第七章 重新定位省直管县政策研究 94
- 一、当前省直管县改革面临的窘境 94
- 二、城市化已成为当代行政区划与行政层级的最大影响因素 97
- 三、行政区划改革滞后是造成省直管县政策负荷过重的主要成因 99
- 四、锚定省直管县的托底功能,配套推进行政层级与行政区划改革 101

第八章 省直管县中的司法体制改革创新研究 105
一、现行司法体制基本情况 106
二、省直管县对现行司法体制的影响 109
三、省直管县司法体制的路径选择 114
四、深化省管县司法体制改革的保障要求 119

第九章 构建动态调整的县级行政区等次体系 124
一、城镇化发展使县级政区改革迫在眉睫 124
二、主要理论建议评述 128
三、日美借鉴：城镇结构、数量处于动态变化之中 130
四、县级政区等次划分传统 135
五、动态调整的县级行政区等次体系设想 146

第十章 乡镇行政体制改革研究 154
一、从历史角度思考乡镇行政体制改革 154
二、新型城镇化对乡镇行政体制的影响 166
三、经济发达乡镇的行政体制改革 169
四、人口城镇化对乡镇行政体制的影响 171
五、城镇化背景下乡镇行政体制中的问题 173
六、城镇化进程中优化乡镇行政体制的建议 181

第十一章 创新跨区域行政体制研究 186
一、已有的研究综述 186
二、区域公共问题：概念与特征 188
三、改革开放以来我国区域协作的创新实践 190
四、目前区域协作存在的不足之处 194

五、区域协作机制的国际经验 196
　　六、创新我国跨区域行政管理体制 202

第十二章　结语：适应新型城镇化进程　优化行政层级与行政区划 ...208
　　一、谨慎划小省级区域，增加省级行政区 209
　　二、积极推进"县改市"、"镇改市" 209
　　三、重新定位省直管县改革 211
　　四、深化乡镇综合体制改革 214
　　五、创新跨区域行政体制 216

参考文献 217
后　记 227

导 言

党的十八大报告提出:"优化行政层级和行政区划设置,有条件的地方可探索省直接管理县(市)改革,深化乡镇行政体制改革。"党的十八届三中全会审议通过的《中共中央关于全面深化改革若干重大问题的决定》指出:"优化行政区划设置,有条件的地方探索推进省直接管理县(市)体制改革"、"健全城乡发展一体化体制机制"。如何在新形势下优化调整现行政层级与行政区划,以适应改革开放三十多年以来经济社会方面发生的重大变化,并为实现"双百"目标和中华民族复兴的伟大"中国梦"构筑坚实的基础,是一个迫切需要研究的重大课题。

行政层级与行政区划是国家权力结构的空间投射,是国家政治体制、行政管理的重要组成部分,涉及政治、经济、行政、文化、历史、地理、民族、国家安全等多个领域,牵涉到国家统一、中央与地方之间权力划分、民族团结稳定、行政成本与效率等一系列重大问题,十分复杂敏感。在我国漫长的古代社会,影响行政层级与行政区划的主要原因有两个,一是自然地理因素,即根据大江大河、崇山峻岭等形成的自然边界,这就是区划问题上的所谓"山川形便"原则;二是政治需要,即越过自然地理边界的束缚,有意混杂民族、风俗甚至地理,形成你中有我、我中有你,相互制约、相互牵制的格局。这就是区划问题上的所谓"犬牙相入"原则。此外,根据不同时期的不同需要,军事原因、民族自治、外交便捷等都可能对局部的行政区划产生影响。但总体而言,在传统中国,行政层级与行政区划问题更多是从中央政府的有效统治角度所做出的自上而下的政治安排。到了计划经济时期,由于我国总体上实行赶超战略,需要最大限度地调动和集中全社会资源,为此逐渐建立了从中央到省、市、县、乡的五级政府,国家对社会进行全面管理与控制,政治因素仍然在行政层级和行政区划上发挥着最为重要的决定作用。改革开放以后,中国社会纵向控制、横向流动严格缓慢的特征逐渐被打破，社会扁平化特征加强，社会流动性极大增加。特别是随着工业化的加速，大量人口从农村迁移到城市、昔日的"乡村中国"正在变成"城市中国"。1978年，我国城镇人口为17245万人，农村人口总数为79014万人，城市化率仅为10%左右。到2011年，我国城镇人口总数为69078.63万人，农村人口总数为65656.37万人，城市化率提高到51%，城镇人口总数首次超过农村人口。到2013年，我国居住在城市的人口总数已达7亿人左右，城市化率提高到53.72%。这一"数千年来未有之大变局"所带来的冲击，正深刻地改变着中国社会的面貌，也对我国行政层级与行政区划提出了新的挑战。

改革开放以来，随着工业化、城市化的飞速发展，我国行政体制也相应地进行了一些调整，如20世纪八九十年代的"县改市"浪潮；进入21世纪后，各地围绕省直管县进行了一系列试点改革；不少地方大力推行了"县改区"、"镇改区"，都可视为在不同程度上推动行政体制与经济基础相互适应的探求与试验。但总体而言，现行行政层级与行政区划与剧烈变化的经济社会基础之间的矛盾更加突出，诸多方面表现出两者很不相适应。一是行政层级过多，我国现有中央、省、市、县、乡五级政府，是世界上行政层级最多的国家。二是行政区划不合理，有些省级行政区规模过大，有些又过小，还有些政区边界割裂自然地理、民族风俗等内在联系，很不利于国土整治和自然生态保护。三是与城镇化发展的要求不相适应，一些经济发达地区，小城镇发展迅速，"半城镇化"现象及由此带来的区域管理问题突出。四是"行政区经济"现象突出，城市之间缺乏协作，行政区界限演变成为区域经济联系和一体化的巨大障碍。五是地域型政区和城镇型政区混淆，城镇型政区发育不良，不利于城乡一体化发展。所有这些问题，都需要分门别类地进行深入研究，并提出相应的解决之道。

第一章
我国行政层级与行政区划的历史沿革

行政区划是国家为了进行分级管理而实行的国土和政治、行政权力的划分。在不同区域内，为确保各级地方国家机构能顺利实现各种职能而建立的不同级别的政权机构，这是行政区划的空间标志。行政区划不仅是中央统治和管理地方的有效手段，也是地方与中央分权的重要形式。可以说，行政区划是国家政权建设和行政管理的重要手段，是国家行政管理制度的空间安排，是国家权益的地方配置，[①] 某种程度上可以视为国家结构形式的空间投影，具有管理和空间的双重属性。[②] 历史地看，它是国家发展到一定阶段的产物，而且随着国家的发展而不断演化。中国的行政区划和行政层级在很多方面继承了传统遗产，同时又与时俱进地进行着调整与修正。

一、我国历代行政疆域和行政区划的历史沿革

（一）我国历代行政疆域的演进

秦朝是中国历史上一个极为重要的朝代，建立了历史上第一个统一的中央集权制国家。秦北伐匈奴南平百越，第一次明确地划定了中国的版图。西汉是一个锐意进取、开疆扩土的王朝。尤其是设置了西域都护府，将西域纳入了中国版图，其意义尤为重大。同时，西汉势力进入朝鲜半岛并将其半数领土划归

[①] 马春笋、张可云：《我国行政区划基本问题与走向探讨》，《中国行政管理》2009 年第 3 期。
[②] 罗震东：《改革开放以来中国城市行政区划变更特征及趋势》，《城市问题》2008 年第 6 期。

中国。北方强大的匈奴汗国与西汉争战不息，并最终被西汉所击败。三国时期的魏、蜀、吴三国加起来基本上就是东汉的面积。曹魏继承了东汉在西域的统治设置了西域长史府，朝鲜半岛的一半归属曹魏；越南大部分归属东吴；缅甸等国一部分归属蜀汉。在北方，鲜卑崛起对后来的中国产生了重大影响。西晋结束了三国鼎立的局面重新统一了中国，其统一时间仅仅维持了51年。西晋的版图实际上就是三国合一的面积，既没有开疆扩土，也没有版图收缩。西晋腐朽的制度导致了"八王之乱"，加之对鲜卑等游牧民族没有加以防范，使之深入其境内，更是加速了西晋的灭亡。东晋十六国时期，汉族的东晋政权全线南缩。在黄河流域，各少数民族政权互相混战，使北方长期陷入分裂状态。前秦一度统一北方与东晋形成南北对峙之势。后因淝水之战中败于东晋，统治瓦解，使北方再度分裂。在西域和青藏高原以及匈奴故地，此时并无强大政权。南北朝时期，此间，东魏和西魏分别被北齐和北周所取代，取代南梁的南陈则是南朝中最小的一个王朝。在北方的突厥灭掉了柔然，降服了高昌、龟兹等部，建立了强大的突厥汗国，对中原王朝构成了严重威胁。隋唐时期，隋结束了南北朝的分裂，重新统一了中国，不过没有使西域各部臣服。在北方的突厥则分裂成东西两部。东突厥与隋时有战争，最终被隋所击败。在东北和西南虽然有一些松散的游牧民族部落如室韦、契丹等，但对中央政权构不成威胁。唐时期，疆域共有三次显著变化。唐朝的强大，尤其是其西部和北部疆域的扩张已经超越了以往任何一个朝代。唐朝时期，在青藏高原，吐蕃王朝崛起，东北尚无强大政权，不久之后便并大大唐版图。辽宋夏金元时期，北宋结束了五代十国的分裂局面，却没能收复幽云十六州，与辽形成南北对峙局面。期间，还有西夏与大理政权并存。在中国的主要王朝中，宋朝的面积是最小的一个，不仅比唐大为收缩，而且还不及辽的面积，北宋在疆域开拓中毫无作为。南宋的汉族政权退守江南经营半壁河山，金政权也无力南进。期间，契丹族建立的西辽、党项族建立的西夏政权，以及吐蕃诸部相对平和。此时，蒙古已经崛起，不久扫平诸强，建立规模空前的蒙古帝国。元时期是中国历史上版图最为广阔的时期。除元朝本土以外，还有四大汗国，即钦察汗国、窝阔台汗国、察合台汗国、伊利汗国。四大汗国名义上听从元朝皇帝，实际上各自为政。明清时期，与元相比，明的疆域大为收缩。不过，明继承了元在东北和青藏高原的版图。元朝残余势力退居蒙古草原后分裂为瓦剌和鞑靼两部，对明朝形成了巨大威胁。清末版图较清前期大为收缩，东北库页岛、外兴安岭等地以及新疆伊犁以西尽归俄罗斯所有；帕米尔高原成为中俄待议地区，而东海沿海的台湾地区此时已归属日本。

（二）行政区划的演进

秦朝至民国时期，中国一级政区的设置有：郡、封国、州、道、方镇、路、行省、布政使司、省等；一级政区所辖区有：县、道、邑、侯国、郡、封国、路、州、府、军、监、道等（详见表1.1）。县级政区的数量在1000—2200个之间波动，其中绝大部分时间在1000—1500个之间波动（详见表1.2）。

表1.1　中国历代一级政区设置及一级政区所辖政区的演变

时期	一级政区设置	一级政区所辖政区
秦	郡	县、道
两汉前期	州	县、道、邑、侯国
两汉后期	州	郡、封国
魏晋南北朝	州（郡）	郡、封国
隋、唐前期	道	县
唐后期、五代	道	州、府
宋	路	府、州、军、监
元	行中书省	路、府、州
明	布政使司	府、州
清	省	府
民国	省	道

资料来源：根据相关史料整理。

表1.2　中国历代县级政区的变动情况　　（单位：个）

项目 朝代	标准年代	县数	县级政区数量
秦		约1000	
西汉	公元前8年前后	1314	1587
东汉	公元140年		1180
三国	262年	约1144	
西晋		1232	
南北朝	580年	约1724	
隋	609年	1245	
唐	740年	1573	
北宋	1102年	1234	1297
元	1330年	1127	1131
明	1582年	1138	1427
清（1）	1783年	1290	1442
清（2）	1820年	1455	1549
中华民国	1947年	2016	2189

资料来源：刘君德等编著：《中外行政区划比较研究》，华东师范大学出版社2003年版，第195页。

二、新中国成立后我国行政区划与行政层级的历史沿革

（一）新中国成立后我国行政区划与行政层级调整的阶段划分

第一阶段为基本体制形成时期（1949—1954）：实行大行政区—省—县—乡四级制。其中，1948年中央设置了大行政区作为最高一级地方政府；为强化中央集权，1952年大行政区变成中央的派出机关。该阶段省级政府的数量发生了很大变化，从1949年的52个减少到1954年底的30个。同时，建立乡（行政村）人民政府，缩小乡（行政村）的范围。另外，行署和区公所分别作为省和县的派出机构而存在。凡此种种，奠定了新中国地方行政区划和地方政府结

构的基础。

第二阶段为规范与探索时期（1955—1966）：地方上实行省—县—乡（人民公社）三级制。地方政府三级制为1954年的宪法和《地方政府组织法》所认可。为加强中央集权，减少行政层级，1954年撤销了大行政区建制，省的数目基本保持未变，而县级建制则经历了剧烈变动，许多县被撤并之后又分开，1958年乡镇改为人民公社，其总体规模增加，数量减少。期间，行署和区公所继续存在，街道作为市辖区之下的准层级也开始出现。

第三阶段为"文化大革命"时期（1967—1977）：实行省—地区（市）—县—人民公社四级制。省、县数量和规模没有大的变化，但行署由省的派出机构变为一级正式政府。1967年，行署建立了革命委员会，行署遂改为地区。按照1975年宪法规定：地方各级革命委员会是地方各级人民政府，那么，地区就变为正式的一级政府，为宪法所认可。同样，街道也由派出机构变为正式一级政府。在乡村，人民公社实行三级所有、队为基础的政社合一的体制。

（二）新中国成立后我国行政区划与行政层级的历史沿革

新中国成立之后，特别是在20世纪50年代，全国的行政区划调整得比较频繁。新中国成立初期，我国行政层级关系为：大行政区—省（直辖市）—县（行政区）—县、区（乡）—乡（详见图1.1）。

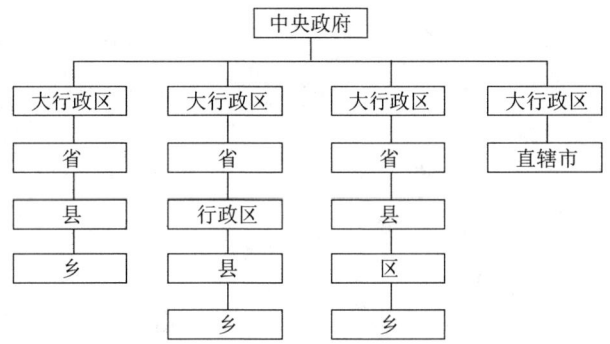

图 1.1　新中国成立初期的政区层级结构图（1949—1952）

为协调各省、直辖市之间的行政关系，中央人民政府在新中国成立伊始，于省、直辖市以上设大行政区建制，当时全国共设六大行政区，即华北区、东北区、华东区、中南区、西北区、西南区。六大行政区在1952年后皆改称为行政委员会，一个大行政区辖数省（市）。各大行政区（行政委员会）辖省、直辖市（详见表1.3）；省辖行政公署；行政公署辖县；县辖区；区辖乡；乡辖村。因此，便构成了一整套的行政建制机构。

表1.3 各大行政区设立和辖域情况表

大区名称	行政机构	成立时间	统辖区域
华北区	华北事务部	1950年9月	辖北京市、天津市、河北省、察哈尔省、山西省、绥远省、平原省、内蒙古自治区
东北区	东北人民政府	1949年8月	辖沈阳市、长春市、哈尔滨市、旅大市、抚顺市、鞍山市、本溪市、辽东省、辽西省、吉林省、松江省、黑龙江省、热河省
华东区	华东军政委员会	1950年1月	辖上海市、南京市、苏北区、苏南区、皖南区、皖北区、山东省、浙江省、福建省
中南区	中南军政委员会	1950年2月	辖武汉市、广州市、湖北省、湖南省、河南省、江西省、广东省、广西省
西北区	西北军政委员会	1950年1月	辖西安市、陕西省、甘肃省、宁夏省、青海省、新疆省
西南区	西南军政委员会	1950年7月	辖重庆市、西康省、云南省、贵州省、川东区、川南区、川西区、川北区以及西藏地区

资源来源：根据相关史料整理。

1952年8月，中央人民政府委员会举行第十七次会议，会议通过了《关于调整地方人民政府机构的决议》，决定裁撤皖南、皖北行政区，恢复安徽省行政区划；裁撤川东、川南、川西、川北四个行政区，恢复四川省行政区划。是年，还撤销了察哈尔省，其辖区分别划入河北、山西两省；撤销了平原省，其辖区分别划入山东、河南两省。

1953年，裁撤苏南、苏北两个行政区，恢复江苏省行政区划。

1954年6月，《中央人民政府关于撤销大区一级行政机构和合并若干省市建制的决定》公布。为了国家计划经济的建设，进一步加强中央集中统一的管理，减少组织层次，提高工作效率，决定逐步撤销设于中央与各省、市之间的六大行政区，只保留北京、上海、天津三个直辖市，其余的中央直辖市划归各省。9月，撤销宁夏省，其辖区全部划入甘肃省（1959年，固原、吴忠两回族自治州，银川专区由甘肃省析出，设置宁夏回族自治区）。是年，还撤销了绥远省，其辖区划入内蒙古自治区。同时，1954年宪法对行政区划层级进行了明确规定，使其具有了最高法律效力（详见图1.2）。

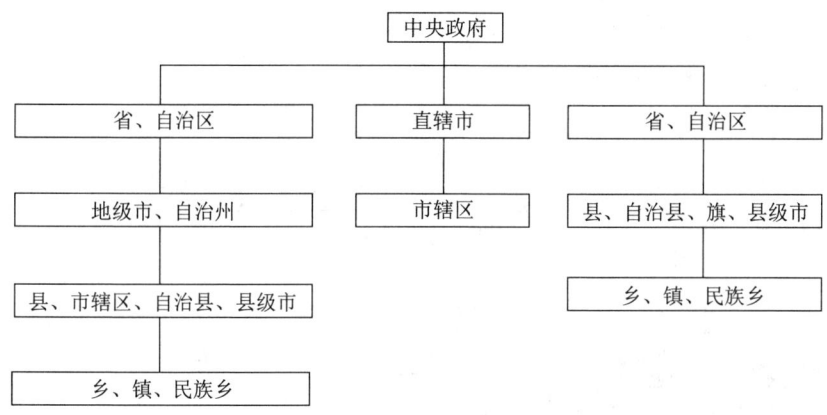

图1.2　1954年宪法设定的政区层级结构图

1955年7月，裁撤热河省，其辖区分别划入辽宁、河北两省；10月，裁撤西康省，保留昌都地区。翌年4月，西藏自治区筹备委员会成立。旋即，昌都地区并入西藏自治区。

1956年8月，中共中央调整了县以下的基层行政单位，撤区并乡，由县行政机构直接管乡级行政机构，乡下设村。

1958年，裁撤合并县、市级行政建制。如河北省由原来的152个县、市，调整为65个县、市；陕西省由原来的96个县、市，调整为52个县、市。县以下实行政社合一的人民公社制度。是年10月，全国农村已设人民公社23397个，平均每个公社计4797户。据13个省统计，一个县成立一个大型公社，或成立全县人民公社联社的已有94个。1961年，恢复了本来的县、市级行政区划。

1969年8月，中共中央、中央军委针对中苏、中蒙边境局势，为做好备战工作，对内蒙古自治区的行政区划进行大幅度调整，将该自治区邻近东北地区的呼伦贝尔盟、哲里木盟、昭乌达盟三个盟分别划入隶属沈阳军区的黑龙江省、吉林省、辽宁省；将该自治区的西部地区分别划入隶属兰州军区的甘肃省、宁夏回族自治区。此举对加强内蒙古地区当时的战备工作，提高应变能力，抵御外国入侵，具有一定意义。伴随着国内、国际形势的变化，1979年7月，中共中央、国务院决定恢复内蒙古自治区的原有行政区划。

党的十一届三中全会之后，1982年宪法和《地方组织法》对行政区划层级进行了优化和调整（详见图1.3）。

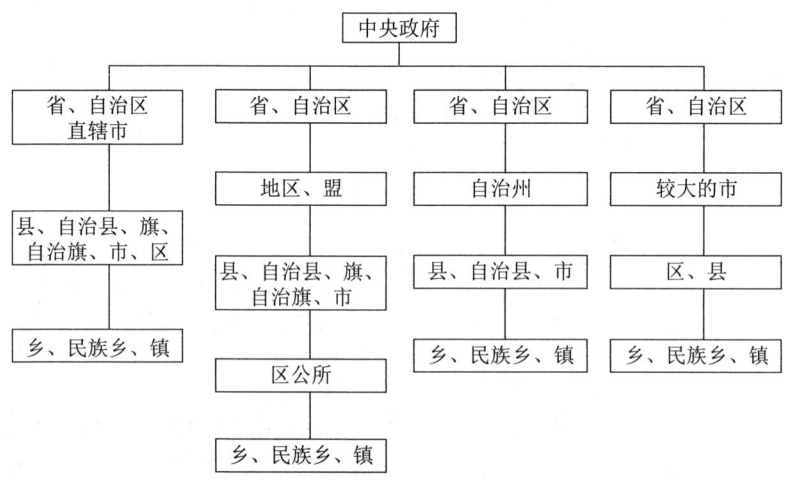

图1.3　1982年宪法和《地方组织法》规定的政区层级结构

同时，各省、自治区按照精简行政机构的部署，打破传统的行政建制，裁汰冗员。如：东北地区（包括内蒙古自治区的东北部）率先在全国实施"市管县"的计划，裁撤地区行署一级行政机构，改为省、市、县三级行政建制。河北省因地制宜，自1988年开始，至1995年，历时7年时间，借鉴"东北经验"，完成了全省的行政机构调整。1988年4月，全国人大七届一次会议决定，设置海南省。因此，海南行政区由广东省析出。海南省设置后成为我国沿海最大的经济开发区。为了更好地推动西部地区的经济发展，配合巨大的"大三峡"水利工程建设，确保移民工作循序渐进地进行，1997年3月，全国人大八届五次会议决定,设置重庆直辖市。因此,重庆市成为我国第四个中央直辖市。香港、澳门相继回归祖国后,皆设特别行政区,与省级行政建制等同。

截止到2012年12月31日,中国共有省级行政单位34个,包括4个直辖市,23个省,5个自治区,2个特别行政区;地级行政单位333个,其中包括285个地级市,15个地区,30个自治州,3个盟;2852个县级行政单位,其中包括860个市辖区,368个县级市,1453个县,117个自治县,49个旗,3个自治旗,1个特区,1个林区;40446个乡级行政单位,其中包括2个区公所,19881个镇,12066个乡,151个苏木,1063个民族乡,1个民族苏木,7282个街道。其中,人口前五位的省级行政区分别是:河南省人口过亿,达到1.0922亿人,山东省9591万人,四川省9058万人,广东省8637万人,江苏省7514万人;人口后五位的省级行政区为澳门为54万人,西藏302万人,青海省558万人,宁夏回族自治区652万人,香港特别行政区703万人;面积前五位的省级行政区分别是:新疆维吾尔自治区约166万平方公里,占全国面积六分之一强,西藏自治区约123万平方公里,内蒙古自治区约118万平方公里,青海省约72万平方公里,四川省约49万平方公里;面积后十位的省级行政区是:澳门29平方公里,香港1104平方公里,上海约6340平方公里,天津约1.2万平方公里,北京约1.7万平方公里,海南省约3.4万平方公里,宁夏回族自治区约6.6万平方公里,重庆市约8.2万平方公里,江苏省约10万平方公里,浙江省约10万平方公里;县级行政单位前5位的省级行政区分别是:四川省181个(其中45个市辖区,14个县级市,118个县,4个自治县),河北省172个(其中37个市辖区,22个县级市,107个县,6个自治县),河南省159个(其中50个市辖区,21个县级市,88个县),山东省138个(其中48个市辖区,30个县级市,60个县),云南省129个(其中13个市辖区,11个县级市,76个县,29个自治县);县级行政区后5位的省和自治区是:海南省20个(其中4个市辖区,6个县级市,4个县,6个自治县),宁夏回族自治区22个(其中9个市辖区,2个县级市,11个县),青海省43个(其中4个市辖区,2个县级市,30个县,7个自治县),吉林省60个(其中20个市辖区,20个县级市,17个县,3个自治县),西藏自治区74个(其中1个市辖区,1个县级市,72个县)。

（三）改革开放以来我国行政区划与行政层级的调整

改革开放以来，中国的地方行政层级是三级（省—县—乡镇）与四级（省—市—县—乡镇）并行。除了 1988 年将海南从广东省划出，成立海南省；1997 年将重庆从四川划出，成立重庆（直辖）市外，中央基本上没有对省级行政区进行过大的调整。最近三十多年，地方行政区划和政府间关系的改革集中在市、县、乡镇之间，具体而言，包括：

1. 废除人民公社，恢复乡镇建制，合并乡镇

家庭联产承包责任制的推行，直接推动了人民公社体制的终结，1982 年宪法和 1983 年中共中央国务院《关于实行政社分开建立乡政府的通知》废除了人民公社，恢复了乡镇建制。此后，由于不断合并乡镇、乡改镇或乡镇改为街道，乡镇的数量逐年减少，从 1988 年的 49159 个下降到 2012 年的 31947 个，其中乡的数量下降得更快，从 2002 年的 18773 个下降到 2012 年的 12066 个。

2. 减少准层级

减少的准层级主要是地区和区公所。1978 年制定 1979 年修订的宪法废除了地区作为"文化大革命"期间一级政府的地位，重新将其作为省的派出机构。从 1979 年起，地区的数量不断减少，从 1977 年的 175 个减少到 2012 年的 15 个。乡镇政府恢复之处，规模普遍很小，为此，县设立区公所管理乡，随着乡的合并和撤乡改镇以及 1986 年中央规定县以下不再设区，全国区的数量不断减少，截至 2012 年底，全国仅有 2 个区公所。

3. 实行市管县体制

随着城市化和城市经济的发展，建制市逐渐演变为一种介于省与县之间的一级政府。改革开放以来，中央向地方政府下放权力，扩大地方经济管理权力，提高地方发展的积极性，成为政府间纵向关系运作的主导趋势。从 20 世纪 80 年代开始，国家试图通过推行市管县体制加强城乡经济联系，由经济较为发达的"市"带动周边"县"的农村经济发展，以实现城乡经济协调发展。

截至2012年底,全国地级市总数达到285个,占地级行政单位的85.6%,从而市管县体制成为现阶段地方政府层级结构的主流。

4. 推进城市建制

随着工业化、市场化和城市化的高速推进,城市的作用和功能越来越重要,推进城市建制是改革开放30年地方行政区划的重要特征。城市建制除了包括地级市外,还包括副省级城市(省会城市和计划单列市)、县级市、市辖区和街道的建制。副省级城市享有省级的经济管理权限,行政隶属关系基本不变。县改市是经济较发达的地区从广域建制向城市建制转变的结果,20世纪80年代以来县级市的数量越来越多,从1985年的262个增加到1996年的445个,随后逐年减少,到2012年减少为368个。20世纪80年代,特大城市、大城市的政府纷纷向所辖区政府放权,使市辖区政府开始从准层级政府向一级政府转变,市辖区的数量从1991年的650个增加到2012年的860个。同样,街道的数量从2002年的5576个增加到2012年的7282个。不过,与市辖区类似,街道是否应当成为一级政府,迄今一直是个有争议的问题。

三、我国行政区划与行政层级演进的主要规律

行政区划除受政治、行政管理等因素影响外,事实上,包括自然地理、经济活动、历史文化等因素在内的其他限制性变量,仍然会通过不同的方式、对不同层级的行政区划调整,发挥程度不等的影响和制约作用。

就中国而言,自秦朝统一之后将行政区划制度普遍推行于统一帝国的两千余年里,随着经济、政治、社会的发展和变化,行政区划体系也经历过曲折、反复、定型与变更,但其基本框架却一直维持至今,这不仅表现在内容上,也表现在具体形式上。在这种情况下,行政区划已不仅仅是国家为实现其政治统治和社会管理而设立的地方建制,而且亦成为维系境内居民各种社会关系的地域和文化共同体。在行政区划调整的过程中,如果不顾行政区划背后所蕴含的历史与文化背景,强行做出一些不必要的调整,必然会面临很大的社会阻力。

（一）历史疆域演变规律

1. 历史疆域演变反映了国家兴衰

从对历史地图中我国疆域变化的观察可以看出：疆域北部、西北和南部一些地方变动较大，从这些疆域界线的推进与回缩可以想见当时政治经济的发展与兴衰。如今我国与东南亚、俄罗斯相接壤的地方，在古代其疆域范围呈无规律的变化。从疆界范围的大小、胀缩可以看出我国在古时的兴衰。

2. 边疆政区受民族因素影响很大

如果按我国疆域范围包括各边区少数民族政权的观点来看，在唐、宋、元、明、清时，我国的疆域范围都很大；相反，若按历史上中原王朝的统治版图来看，清朝时我国的版图则是最大的。因为此时已将各少数民族统治地区正式纳入我国的版图，并实施了有效管辖。由部族政权界所勾绘的区域为各朝代边区少数民族所建立的政治版图，主要分布在我国的西部和北部，但是其建立的政权范围在不断变化，这主要是由于历史上少数民族与汉族频频发生战争而造成的。喜马拉雅山附近的中国的疆域界线变化不大，这说明古代疆界的划分有时是以自然地理要素来划分的。另外，位于青藏高原的少数民族区域，历史上其形状和面积大小变化不大，这是由于这个地方地势高、气候恶劣，一直只是吐蕃族（即现藏族的前身）的居住区。

3. 历史上的疆界体制以封建统治为主导因素

我国现行行政区划（以省区为例），基本上是沿袭了六七百年前元朝疆界的体制。这种体制，与现在以政治原则为主导、经济原则为基础的原则体系已不相适应了。

历史上疆界的划分原则基本上有两个：一是山川形变；二是犬牙交错。前者从自然地理环境出发，体现经济发展原则；后者从政治统治出发，体现政治管理原则。至今，我国省级界线仍有两种情况：一种是自然地理区域界线，如太行山分隔了河北和山西，武夷山分隔了江西和福建，南岭山脉分隔了两广和湖南；另一种是，有一些省界完全不依赖自然地理区划。如：秦岭之南的汉中盆地不属于地理条件更接近的四川，而是属于秦岭之北的陕西；江苏、安徽不仅跨长江南北，而且包括淮河流域；太湖流域却分属江苏、浙江；称为"河南"的河南省又有相当一部分在黄河之北。可见，行政区划的形成不仅取决于自然地理因素，还取决于其他因素：便于军事控制，利于封建皇权巩固，一时之计形成行政区划的惯性。例如，秦岭自古以来是管理不同行政区的天然界限。秦朝时，秦岭是首都咸阳所在的内史和汉中郡的分界。以后，三国时的魏与蜀之间，南北朝之间，五代时前蜀、后蜀与北方政权之间，南宋与金之间，大致都曾以秦岭为界，这条界线维持了1500年。但在元朝统治四川之后，就将汉中盆地的兴元路划归了陕西省。从此，汉中盆地和关中盆地就一直处于同一行政区了。元朝统治者做出这样的改变，显然是出于军事、政治上的考虑。因为在宋金对峙和宋元战争中，秦岭及四川盆地一直是宋军凭借有利地形长期守御的战略要地。将秦岭以南的汉中划归陕西，就使四川失去了北方的天然屏障，不易形成一个完整的割据区。当政治中心在北方时，有利于北方对秦岭南部"天下未乱蜀先乱"的四川盆地的控制。因此，及至明清这条界线也长期得以维持。

（二）省界演化规律

省界演化主要受自然地理因素的影响。自然地理因素包括一国的领土及其自然地理环境。行政区划"分土而治"的基本功用，使其很容易受到自然地理二因素的影响。山川大河常常被视为行政区域划界的天然依据。尤其是在交通、通信条件落后的前现代社会，高山大川除了造成地域上的差异外，在交通工具不发达的古代，又成为文化传播的天然障碍，也是形成不同区域的重要原因。因此，自然地理因素对于行政区划的影响作用非常明显。省界的演化规律主要包括以下几个方面。

1. 稳定和不稳定的一级政区（省级）界线

我国自唐朝以来，有相当多的省级界线总处于不断变动之中，界线也不稳定，但也有不少地段的界线十分稳定。北方的内蒙古、辽宁、宁夏、甘肃和青海区域界线变动很大，这与当时中原王朝与北方少数民族政权间长期以来力量强弱的变化引起的扩张与收缩有关。北方的河北与河南区域界线变动也较大，贵州、云南之间的行政区界和广西、贵州之间的行政区界也多有变动。需要指出的是，山西的东部、西部、西南部是以太行山、黄河等自然单元为界，与其他北方省份比较，界线稳定时间比较长。东南部的江西与周边的湖南、湖北、安徽、福建、广东，南部的广东与福建、江西、湖南，中部的陕西与四川的部分区界，绵延千余年而不变。这些地方都有大山或大河相隔，如南岭是我国热带、亚热带重要的分界线，武夷山、罗霄山、大巴山等是自然区分界线，自然地理环境的制约比较明显，一般不会跨越这些界线来划分行政区界。广东的范围，其东、北、西北段也历经唐、宋、元、明、清而无大变化。若再往前追溯到汉时的交趾，稳定时间更长。这应与在汉代时已建立的南越王政权以及南岭阻隔形成的特殊的人文气候因素有关。

从有的省界段经历了很长时间都没有变，而有的却经常变的情况不难看出：凡是以大山、大川为分界的，一般比较稳定。它们因山、川大而宽，人烟稀少，自然阻隔就成为了划界依据，有的甚至足以促使形成稳固的地方势力，如南岭对于南汉地方割据政权的长期存在有很大作用；而有的省界段山川阻隔作用比前者小，且因历史上战争、人口的迁移、经济和政治中心的转移等，故稳定时间相对较短，行政区划界线处于不断变化之中。

2. 省界与自然区域比较吻合

中国是一个自然条件复杂多样的大国，长期以来行政区划对自然要素的重视仅从地名就可见一斑，例如山东、山西、河南、河北、湖南、湖北等。历史上被作为行政区划主要指导原则的"山川形便"与"犬牙交错"，也是基于自然地理因素对于行政区划的影响作用。只不过依据上述两个原则设置地方行政建制的出发点是完全相反的："山川形便"是以自然山川、河流作为行政区的边界，使自然区与行政区管辖范围相对吻合；犬牙交错原则是指人为地把同一自然地理单元分割给若干个行政区，其基本用意在于控制地方，不使某一政区完全掌握完整的形胜之地以据险而成割据。同时，中国是一个农业大国，幅员辽阔，农业生产条件差异很大，历史上行政区域的划分都考虑到了自然环境的不同。例如元朝之前的统一王朝中，淮河常作为行政区域的分界线，也就是说，行政区域划分基本上不跨越淮河一线。唐代于开元二十一年（733），在贞观十道的基础上经过调整划分为十五道。从自然地理单元看，十五道的区划更符合地貌类型单元。如原山南道横跨巫山，东西过宽，不便管理，遂分置山南东道、西道，以大巴山、巫山为界。川东和湖北分开了，浙江、福建与江西也分开了。及至"安史之乱"爆发，全国划分四十来个方镇以对付叛乱，后期这些方镇成为实际上的一级行政区，各行政区大多与自然地理区域相对应。这样做的目的很大程度上是为了保证同一政区内自然地理特征的相似性、均一性，以利于农业经济的发展。

从全球范围看，也同样具有这一演进规律。例如，府、县作为日本的一级政区，是由幕府时代各个割据诸侯的势力范围划定演变而来的。当时行政边界的划分则基本是以山脉、河流或盆地等自然条件为主要依据的，这种划分原则到目前仍是日本行政区划的基础原则之一。又如，蒙古国由于受到自身自然条件的限制，以至于在行政区划的设置上出现了部分低层政区（县）的辖域面积超过一级政区（省）一辖域面积的现象。蒙古国作为一个内陆国，属于温带大陆性气候，因此在水源、牧草比较稀少的半荒漠地区，县的面积往往都很大，而在一些森林草原地带，由于人口相对稠密，省的面积一般较小，所以就出现了部分县的辖域面积大于省的现象。

3. 历史上行政区划层次的演变规律

通过对历史行政区划层次的演进研究，得到历史上行政区划演变的一般规律：其一，虚、实三级制为主；其二，三级制往往取代二级制；其三，二级制时，之上或之间往往有一监察机构；其四，经济的发达程度、地位的重要程度与行政区划划分的粗细呈正相关；其五，一级行政区的数量至关重要。一级行政区偏少，往往致管理层次偏多。例如，元代和1950年时，一级行政区太少，结果出现了多级制的情况；一级行政区数量偏多，则导致在一级行政区之上得增设新的层次。例如，唐初与宋初，一级行政区有三四百个，导致后来唐增加了"道"、宋增加了"路"的新管理层次。

同时，我们也要看到，随着科技的进步，特别是交通、通信工具的日益发达，高山大川等曾经在历史上给人类社会的交往带来极大不便的自然地理因素正在被逐步削弱。与之相对应，自然地理因素对于行政区划的制约作用虽然不会就此消失，但总体上将不断趋于淡化。新中国成立以后，特别是改革开放以来，中国各个区域的交通、通信条件普遍得到了飞跃性的发展。交通、通信条件的极大改善，大大提高了中高层地方政府的管理效率，进而也在较大程度上冲淡了自然地理因素对于政府管理幅度的限制作用。所以，长期以来困扰中国各级政府的行政管理层次多、管理幅度小等问题，有望随着交通、通信条件的大幅度改善而得以缓解。实际上，在目前的技术条件下，很多地方政府的管理幅度可以再适度增大一些，管辖下一级行政区的数量也可以增加一些。

4. 行政区划满足政治安全的需要

中国历史上的四种高层政区，即州、道（方镇）、路、行省，这四种政区的设置与消亡，都是围绕着中央集权与地方分权这个基本的政治关系展开的。唐、宋、元、明、清，一级行政区划的设置经历了"道—路—行省"的变化。这是由于一级政区的设置是统治者非常关心的问题，如果设置不当，就很容易造成分裂割据。如唐朝由于"道"的存在，严重削弱了中央集权，造成了国家长期分裂的局面。于是，宋代以此为鉴，取消道制，创立了"路"制，路制的采用使得中央集权高度集中，但是地方却极度分权或处于无权状态，最终灭于外敌入侵。到了元代，由于民族矛盾尖锐，为了镇抚地方而确立了"省"制。

宋代吸取唐代各道各自为政、严重削弱中央集权的教训，设置了一种由中央直接控制的监司机构，每一机构专司五种事务，各司其职，中央监控，形成了中央集权、地方分权的行政管理体制，采取"路"作为一级行政区划，并有意识偏离山川地形。元代的疆域面积为中国封建时代历代王朝之首，统治者本身又是人数远比汉族人为少的游牧民族，因而元朝的行政区划与前代相比，又有了新的变化。元代设"行省"，行省是集民、财、军政大权于一体的一级行政区。行省的划分根本不考虑自然环境因素，界线犬牙交错，完全根据当时的军事政治需要。例如，陕西行省跨越秦岭，并在黄河以南长江以北建新的行省——河南江北行省，辖境相当于今河南省废黄河以南和湖北、安徽、江苏省的长江以北地区，完全忽略秦岭—淮河这条重要的自然分界线，说明政治成了优先考虑的因素。

随着中央集权的不断加强，明朝在政区和地方管理方面也采取了一些特殊措施，使政区设置在考虑政治、经济、自然及民族、民俗因素的基础上更趋于理性，这些措施对后世影响较大。元朝是以北方游牧民族南下入主中原，明朝则是反对、推翻异族压迫而由汉族统治者建立王朝，所以才有了明朝的废除行省、改设布政使司建制。

任何政区的产生与发展都是政治、经济、民族、历史、社会，以及自然因素综合作用的结果。中国历史行政区划变迁过程中，自然地理因素和社会政治都是制约因素。不同时期两者关系不同，在不同地区两者关系也不同，它们相互适应、相互协调。从唐朝的符合自然区域特征，到宋朝的过渡和元朝的满足政治需要，随后明设两京十三布政使司和清设十八省（另有 5 个将军辖区、2 个办事大臣辖区共 25 个一级行政区域和内蒙古等盟旗），一级行政区域有所调整，逐渐又趋向地理区域的完整（明代将太湖流域分属南京和浙江，与自然区划无关）。

5.历代南北政区数呈现出增减变化，呈现出与经济重心转移的正相关规律

在唐代，南方经济虽然已经发展较快，但经济中心仍在黄河中下游一带，因而一级政区在北方仍有 7 道，在南方有 8 道。这种状况到了宋代则发生了重要的变化，秦岭、淮河以南的一级政区数远远超过了北方。到明代，南方的省份已占到了全国省数的 66.7%。这一切说明，在唐朝以后中国的经济重心正逐步南移。导致这种变化的主要历史原因是：西晋末年的永嘉之乱，造成了人口的大量南移。政治、经济中心随即也由黄河中下游地区逐步南移。特别是唐代的"安史之乱"后，北方经济受到严重打击，南北差距逐步扩大，从而形成行政区数南多北少的局面。人口的大量南移，不仅使得政治、经济中心逐步南移，行政区数量南多于北，而且南方的行政区划也分得越来越详细。这主要是由于行政区划的大小在很大程度上是以户口和财赋多寡为依据的。随着南方经济的繁荣，人口的增多，行政区划的范围也逐步缩小，故数量不断增加。

综上所言，中国行政区划的演变呈现出一定的规律性，一是行政区划的变化是绝对的，稳定则是相对的；二是非行政区划单位向行政区划单位的转化多是由于军事、经济原因；三是行政区划有发生—发展—消亡的轨迹；四是高级行政区划单位易变，而基层行政区划单位则相对稳定。总之，中国的行政区划的形成与演变是经济、政治、军事、文化和自然地理条件等多种因素综合作用的结果，其中最重要的是政治和经济。如果说在古代中国，决定行政区划与行政层级的主要因素是政治原因的话，近代随着工业化和城市化进程的展开，经济因素在行政区划与行政层级中的影响将发挥越来越大的作用。

第二章
城镇化对行政层级与行政区划改革的新挑战

改革开放三十多年来，城镇化建设始终是引领我国经济发展的重要动力之一，在一定程度上促进了我国的行政区划与行政层级的调整；而行政区划与行政层级作为政府管理的基本组织方式，其合理调整助推经济社会良性互动与发展，为城镇化发展也提供必要的支持。随着我国城镇化历史进程的展开，现行行政区划与行政层级已显示出诸多不适应的方面，改革相对滞后导致的矛盾和问题逐渐增多，很不适应新型城镇化的进一步推进，迫切需要改革。

一、改革开放以来我国城镇化进程与发展态势

改革开放三十多年，中国的城镇化进程取得了显著成就，城镇化在统筹城乡发展，改变二元经济结构，实现城乡人口转移，优化城镇空间布局，助推产业结构、消费结构升级，加快生产要素流动和集聚等方面具有积极的意义。总体来说，城镇化进程中，与我国行政区划调整密切相关的特征主要有以下几个方面。

（一）城镇化速度不断加快

1978 年我国城镇人口仅为 1.72 亿，城镇化率为 17.92%；改革开放以来，我国城镇化进程不断加快，到 1985 年城市人口水平达到了 23.71%，到 1995 年城市人口水平达到了 29.04%；随后我国的城镇化进入了加速发展时期，年均增长速度约为 1.5%，2011 年，我国城镇人口达到 6.9 亿，城镇化率首次突破

50%，达到 51.27%。根据联合国数据，2011 年世界城镇化率约为 52.08%，与我国大体相当。如下图 2.1 所示。

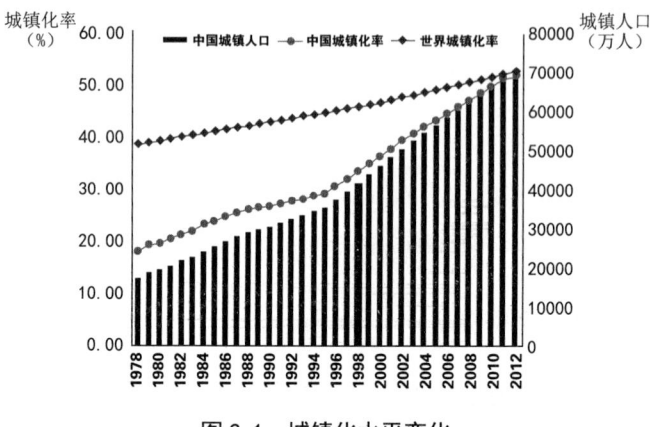

图 2.1 城镇化水平变化

（二）城市数量和规模不断扩大

1978 年我国城市总数只有 193 个，2012 年增设了三沙市后，达到 658 个。截至 2011 年，我国 6.9 亿的城镇人口中，有 71.6% 生活在城市中，1.59 亿外出农民工中约 82% 在县级市及以上城市就业。京津冀、长三角、珠三角三大城市群以 3% 左右的国土面积，集聚了约 13% 的人口，创造了约 36% 的国内生产总值，成为参与国际经济合作与竞争的主要平台。其中，长三角城市群以 1.5% 的国土面积，集聚了 5.9% 的人口，创造了 18.1% 的国内生产总值，成为我国最具影响力的城市群。联合国数据表明，2011 年长三角地区城镇人口达到 7799 万，高于世界上其他 5 个大城市群。如下表 2.1 所示。

表 2.1 城市（镇）数量和规模变化情况 （单位：个）

	1978年	2010年
城市	193	658
1000万以上人口城市	0	6

续表

	1978年	2010年
城市	193	658
500万—1000万人口城市	2	10
300万—500万人口城市	2	21
100万—300万人口城市	25	103
50万—100万人口城市	35	138
50万以下人口城市	129	380
建制镇	2173	19410

注：2010年数据，根据第六次全国人口普查数据整理。

（三）行政区划调整较为频繁

改革开放以来，我国县级市、地级市和市辖区在保持相对稳定的前提下进行着行政区划调整，基本上每年都有行政区划的调整出现。总体来看，地级市的数量1980年是107个，到1990年是185个，2000年达到了259个，2004年达到283个，2012年设立三沙市后稳定在284个。县级市的数量从1980年的113个，到1990年的279个，1996年达到了最高峰445个，之后随着县改市审批的冻结和部分县级市改设为市辖区，县级市数量逐年减少，2010年为370个。市辖区的数量呈现持续增长的特征，1980年有511个，到1990年增加到651个，2000年有787个，2010年有853个，表明我国区域性中心城市的空间扩张是持续的，与快速的城镇化进程相呼应，市辖区的范围不断扩大。

（四）沿海地区以大都市区为中心的产业和空间集聚明显

从城市的区域分布看，东部地区城市所占比例较大，中部地区次之，西部地区最小。从城市的发展情况看，主要是大城市和特大城市发展较快，经济总量更大，经济效益更高；相对而言，中小城市发展较慢，并缺少活力。从城镇化的地域差异看，东部地区的城镇化进程在加速发展，已经形成了几个重要的城市群或城市带，中西部地区的城镇化速度相对较慢。我国东部沿海地区经济发达，经济实力雄厚，城镇化的速度很快。未来一段时间内，东部地区仍将成为我国经济发展的发动机，在我国城镇化进程中扮演重要角色。由于经济发展的惯性作用，沿海地区以都市区为中心的产业和空间集聚越来越明显，像珠江三角洲、闽南三角洲、长江三角洲、环渤海地区、辽中南地区、山东半岛等城市密集区正在以区内的特大城市为中心，形成大的市经济区，区域经济一体化的趋势不断加强。

二、城镇化进程对现行行政区划与行政层级的六大挑战

随着我国城镇化进程的不断加快，我国的行政区划的调整已经从宏观调整城市数量和格局向微观优化城市空间结构和格局方向演进，在一定程度上表现出适应提升城镇化质量需要的特征，但同时也面临诸多挑战。

（一）人口和产业在城镇不断集聚，城镇空间分布与资源环境承载能力不匹配

我国的东部、中部、西部三大区域经济发展不平衡，导致城镇化的水平也存在很大的差异。东部沿海地区是我国的经济发达地区，城镇化水平很高，一般都达到了50%以上。未来沿海地区的城镇化的发展仍将保持较快的速度，人口和产业集聚的趋势不断增强，同时由于行政分割，各个城市之间、城市与外围地区之间的矛盾也不断加大，已成为我国城市群整体协调发展的重要限制性因素。2010年，我国东部、中部和西部地区城镇化率分别是59.89%、45.3%和41.43%，与2000年相比，都提高了13个百分点左右。尽管东部、中部和西部地区城镇化都在快速推进，但区域差距仍然存在。这种城镇空间分布，导致人口的大规模流动和资源的大跨度调运，既增加了社会成本，也加剧了人口资源环境的矛盾。城市向郊区的蔓延是通过"兼并"或"合并"的形式进行的。在大都市区政府分治的模式下，单个城市政府一般难以有效地提供各种基础设施和服务，加重了政府的负担，很难统一规划建设，这些越来越成为大都市区发展的障碍。各大城市向都市区的发

展是一个总体趋势，但我国目前对大都市区和都市经济区的研究尚少，对其行政区划体制和运作机制的研究更显不足，如何构建联系密切、运作高效的大都市区经济体制和行政管理体制，是将来一段时间需要重视和解决的一个主要问题。

（二）以开发区为代表的产业集聚区不断发展壮大，行政管理体制亟待完善

开发区凭借优越的政策优势和资源优势，产业经济获得持续快速的大发展。在未来一段时期内，以开发区为主体的产业集聚区仍然是中国经济发展的重要引擎。随着产业规模的不断壮大，开发区不仅成为城市重要的经济隆起点，也逐渐形成较大的人口集聚区。流动人口多带来社会治安混乱的问题，同时也出现较突出的环境污染问题。开发区作为政府的派出机构，对开发区繁重的社会管理职能越来越力不从心，需要开发区管委会逐步向一级完全政府的机构设置（如市辖区）转变。如何理顺各种开发区和新的产业区的行政管理体制，也逐渐成为政府操作层面上需要解决的问题。

（三）经济发达地区的小城镇发展迅速，半城镇化现象及由此带来的区域管理问题突出

在经济发达地区，中小城市和小城镇也获得快速稳定的发展，经济总量较大，城镇化水平比较高。许多城镇已经成为第二、第三产业为主导的工业城市，但由于行政建制的约束，仍然是城镇或县的建制，已经远远不能适应城镇经济发展的需要。在民营经济发达的珠江三角洲地区，如东莞市的长安镇、虎门镇、东城街道、塘厦镇，2011年常住人口分别为66.4万人、63.8万人、49.2万、48.2万人，已经达到大、中等城市的规模，但仍然实行镇—村的建制，给经济社会发展和各种配套设施建设和管理带来很大困难。江浙一带、山东沿海一些城镇也存在类似的问题，已经严重阻碍了我国城镇化的健康发展。由于行政建制的制约，经济发达地区出现了许多半城镇化现象，表现为以下特征：大量外来人口涌入；经济增长迅猛；非农化发展快、程度高，但集聚低；非农建设用地扩展迅猛，但空间分布破碎零散；仍然实行各自为政的农业管理体制，不利于人口和产业的空间集聚以及基础设施的共建共享等。如何建立半城镇化地区合理的行政管理体制是当前面临的一个重要问题。

（四）许多城市快速发展，导致自身城市建设用地不足

随着城镇化进程的加快，城市用地规模也不断扩大，原有的城市用地越来越不能满足城市快速发展的需要，城市空间的扩张需求越来越大。同时城市中心区与外围地区的经济联系也日益密切，迫切需要重新整合城市与周边地区的行政体制关系，保证城市未来发展有充分的扩展空间，以利于资源的高效利用、产业的优化配置、基础设施的整体配套。

（五）不同城市的管理者缺少分工协作，各自为政的现象日趋突出

行政区边缘管理薄弱，发展混乱。由于我国特定的历史和体制背景，行政区的经济功能十分突出。在追求自身利益最大化的动机驱使下，各个城市政府对经济的不合理干预行为比较严重，使得行政区界限成为区域经济联系和发展的巨大障碍。在行政区的边缘地带，双方的政府都不予以重视和开发，基础设施建设和交通建设不配套，污染严重的一些企业便容易在管理薄弱的行政区边缘地带落户，脏、乱、差的情况非常严重，建设和管理特别混乱。要解决这些行政区边缘的问题，必须变革行政管理体制，加强区域的空间管理和协调，通过有效的区域空间管理，统一解决区域发展中出现的各类问题。

（六）城镇化进程中，缺乏对行政区划调整的科学认识和具体标准

一方面，对行政区划调整缺乏科学的认识，具有一定的片面性。少数大中

城市把调整行政区划作为解决市县矛盾或大市与小市矛盾的主要措施甚至唯一措施，过于依赖通过行政区划调整来解决跨行政区的经济建设和市政建设中出现的问题，而没有从转变政府职能、改进管理方式以及调节工作关系等方面去努力，从而导致频繁调整行政区划的问题。另一方面，对行政区划调整缺乏具体标准，尤其是对市辖区的调整没有具体标准，不利于精简市辖区数量，也不利于科学合理地设置市辖区，有的地方市辖区规模偏小。由于没有市辖区设置标准，对历史上规模过小的市辖区进行撤并就没有过硬的法定依据，因而在审批各地上报的行政区划调整事项时，对原有规模过小的市辖区只得仍然按照市里的意见继续保留。因此，为了进一步规范市辖区的调整，科学合理地设置市辖区，有必要制定实施市辖区设置标准。

三、城镇化与行政区划、层级之间的内在机理分析

从国外发达国家的实践看，在城镇化与行政区划调整之间有着显著的相关影响。正确认识两者之间的内在机理，可以明确行政区划与行政层级改革的发展方向，避免因改革方向不清带来的折腾与浪费，促进我国经济社会更加健康地发展。

（一）城镇化是行政区划调整的直接驱动力之一

仅从数字上看，城镇化率与城镇行政区数量有高度相关性。自1978年至2010年，我国城镇化率从17%提高到50%左右，同期我国城市由1978年的193个增加到2010年的658个，建制镇从2173个增加到19410个，两者呈现出同步提高的高度相关关系。这主要是随着城镇化的发展向城市聚集的人口规模越来越大，导致城市数量不断增多。在一些地区，由于各个城市市辖区的面积有限，因此，在老城区容纳一部分新增城市人口的基础上，新增城市人口主要通过增加市辖区来实现。无论是城市数量的增加还是原有城区的扩大，都对行政区划和行政层级改革提出了现实要求。

（二）行政区划调整可以引导、规范城镇化的有序发展

从实践层面看，城镇型政区（市、市辖区）的适当超前设置可以引导城市建设，促进该地区由农村型政区（如县、乡）向城镇型政区转变，加快城市基础设施建设，促进城镇化进程。而将一些发达的县和特大型镇改设为市，有利于规范当地的市政建设，改变建设无序和混乱的局面，按照城市的标准规范发展，促进城镇化健康发展。从财政角度看，在我国现有的财政体制框架内，地方政府间的绩效竞争使得由城市化发展催生的经济效应激发了区域内及区域间利益格局的变动，使得地域空间上的利益关系不断以行政区为基本单元而涌现出来。为了顺应社会经济的发展，此时行政区划的改革和调整便应运而生。城镇行政区划调整不仅是对城市化进程成就的肯定，而且也为城市化再发展提供空间和制度等方面的保障。因此，城市化发展是城镇行政区划调整的推动力，而城镇行政区划调整则是城市化推进的扩散器，两者呈现出一种互助发展规律。

（三）行政区划调整是城市化快速发展时期的一种制度性选择

在城市快速发展和空间外延的客观趋势下，适当的行政区划调整可以扩大市场运作空间，整合政府间的关系以促进公共效率的提高。但在不同的区域经济发展阶段，行政区划调整的综合效应并非都是正面的。在很多地区县（市）域经济非常发达，对于这些地区城市化发展中产生的区域性矛盾不一定需要通过行政区划合并来解决，简单的区划兼并手段可能会导致县域经济活力的丧失，从而也就从根本上违背了推进城市扩张的初衷。

当前，从国内外的经验看，城镇化发展对城镇行政管理体制有以下三方面的要求：(1) 城镇型地区增多要求逐步增设相应数量的市镇建制；(2) 调整大中城市的内部空间结构；(3) 随形势发展不断改进城市管理方式和运行机制。这三个方面的要求是城镇化进程中地方行政区划调整的动因和着眼点，也是地方行政体制创新的重要任务。城镇化是一个经济运动过程，设市是适应城镇化

要求的行政行为，二者不能画等号。但市镇建制的设立对城镇化的发展有重要作用，在一定时期内设多少市对经济的发展，特别是城镇化进程具有重要影响。增设市镇建制是经济发展到一定程度的客观要求，是推进和适应城镇化进程的需要，但设市的数量和速度与国家的经济发展状况密切相关，更与城镇化进程和设市模式紧密相连。

当然，由于我国城镇化启动的时间并不长，因此城镇化与行政层级、行政区划的内在关系还没有被广泛认识清楚，是否以城镇化的发展需要为调整行政层级、行政区划的主要影响因素，在理论与实践层面都还存在许多疑虑，需为此借鉴世界上几个大国的经验，以为我国推进行政区划与行政层级改革之借鉴。

第三章
世界主要国家行政层级与行政区划的比较研究

　　世界上 200 多个国家和地区中，除了极少数因地狭人少，几乎所有国家都将本国分级划分成若干区域，并相应建立各级行政机关，依法实施行政管理。由于各国政治、经济、文化及社会背景的差异，行政区划体制和模式有着明显差异。综观世界各国行政区划的现状与特征，可以显见，行政区划设置与本国国家结构形式的特征紧密相关。按照单一制和联邦制两种基本国家结构形式的划分，世界各国行政区划体制也呈现出单一制国家行政区划特征和联邦制国家行政区划特征的明显分野。本章选取法国和英国作为单一制国家代表，美国和加拿大作为联邦制国家代表，对这几个大国进入工业化、城市化时期后的行政区划与行政层级改革进行比较研究，试图分析总结西方发达国家在行政区划与行政改革的成功经验，以为我国行政体制改革之借鉴和参考。

一、法国：行政区划改革"大区"的设立

　　法国是一个典型的高度集权的单一制国家，历来具有强烈的集权意识和明显的集权传统。其行政区划的发展演变史，同样渗透着浓厚的集权色彩。作为法国最大的城市巴黎，是法国历代王朝的首都，历史上就是政治、经济高度集中的所在地。与其他地区发展失衡的矛盾由来已久。这也成为后来法国行政区划改革的一个重要方面和关键环节。早在 1947 年，法国地理学家让-弗朗索瓦·格拉维埃就开始关注这一问题，在《巴黎和法国的荒漠》中，系统阐述了首都巴黎与其他地区发展严重失衡的不正常情况。他揭示了法国长期以来地区经济发展不平衡的问题，并提出通过合理的规划和协调来解决这一问题。让-

弗朗索瓦·格拉维埃的观点引起法国各方面的普遍重视，法国政府由此采取措施，从 20 世纪 50 年代中期开始，进行了一系列的行政区划改革。

（一）法国"大区"作为一级行政单位出现的背景

1. 二战后城市化迅速发展给巴黎等中心城市带来巨大压力

历史地看，法国省一级行政区划体制形成于 19 世纪末，从那时起，各省的区划几乎没有改变，在法国不到 55 万平方公里的国土上，共设置了 96 个省。二战后，法国进入快速城市化时期，以巴黎为中心的城市化发展突飞猛进，随之出现了种种政治、经济和社会问题，如战后大量农村人口流向城市，造成城市人口急剧膨胀，就业、交通、环境问题日益突出，迫切需要实施行政区划改革以适应其快速城市化进程。

2. 二战后法国实施经济发展战略和城市发展政策，对行政区划提出改革要求

20 世纪 50 年代起，法国政府实施了经济发展地区化战略，将全国划分为东北老工业区、城市区和农业区，有重点地进行投资开发。同时，在城市发展方面，主要采取控制大城市规模，鼓励中小城市发展，建立中心城市的方针政策。具体措施是限制巴黎等特大城市的发展，调整全国城市结构，改变旧有城市体系，加速发展里昂、马赛、里尔等地区中心城市，促进人口和经济活动向这些城市流动；制定城市发展规划，鼓励发展中小城市和卫星城镇。为了适应经济发展地区化的需要和合理规划城市发展，行政区划改革势在必行。

（二）"大区"作为一级行政单位的设立及意义

1955 年，在省级行政单位基础上，法国在全国范围内设置了 21 个计划大区。加上后来设置的科西嘉岛大区，现共有 22 个大区。每个计划大区统辖 2 个以上省，目的是使面积较小的省统一在一个大区之内。1982 年，《关于市镇、省和大区权力自由法》赋予大区一级行政区划的地位，大区正式成为一级

行政区。以巴黎大区为例，共由 8 省组成，面积比原来的巴黎省扩大了 10 倍多，人口增加了 3 倍多，是法国最大的大区建制。在大区行政区地位确立 10 年后的 1992 年，《关于行使地方议员职务条件法》和《共和国地方行政指导法》先后颁布，确立"大区"行政区划的目的是要加强地方民主和扩大公民政治参与。这就说明，大区作为一级行政区划，其本身并不是要走向集权和专制，而是要加强民主和分权。到了 2003 年，关于法国国家结构改革的宪法修正案正式通过，大区制的宪法地位最终被确立。到今天，法国大区制已经过了 30 多年的发展，取得了瞩目的成就。

法国大区制的管理体制和模式，体现在大区—省—市镇三级权力机关的存在。目前，法国行政区划为中央、大区、省（专区市）和基层市镇（含区、乡、公社、村）四级管理，共有 22 个大区，96 个省，36772 个基层市镇。在 80 年代以前，大区只是联合体，并非是足以同省和城镇相抗衡的权力中心，直到 1982 年才成为一级行政单位。省是法国最重要的政区单位，80 年代的改革增大了省作为地方单位的权力。市镇是基层行政单位，全法国市镇行政建制共有 3 万多个，它们自法国大革命以来就一直是一级政府，至今基本未做调整。

由于单一制的国家结构形式和浓厚的集权传统，法国国家权力控制较为明显，国家、大区、省、市镇之间具有严格的等级划分，上级政府对下级政府具有较强的行政控制权。法国国家实行议会——总统领导的半总统制，总统作为国家元首掌握行政大权。同国家管理体制相比，大区、省、实行议长——政府执行局制领导，大区议会议长和省议会议长是地区行政首脑，除负责议会事项外，还掌握地方行政事务的领导权。作为基层行政区的市镇实行议会——市长制管理体制，议会和市长及一名至多名副市长或市长助理组成，市长具有全面的行政管理权。

法国大区制改革，对于行政区划调整和社会经济发展意义重大。在原先的近一百个省之上建立二十多个大区，一方面改变了几个世纪以来行政区划过细的弊端，增强了其他省的实力，得以分散巴黎城市化的压力，使巴黎的行政区划调整走上了城乡一体化发展的道路；另一方面减少了中央政府对地方政府的控制，扩大了地方政府的行政权力，分散了中央集权，加强了地方民主。大区制发挥了地方的积极性和主动性，使央地矛盾得到缓和；大区制还发展了民主政治，扩大了公民参与；大区制也促进了法国经济社会发展，使区域经济发展更加平衡。

二、英国：地方自治的典范

英国国土由英格兰、威尔士、苏格兰和北爱尔兰四部分组成。但英国并非是一个联邦制国家，而是一个典型的地方分权型单一制国家。英国地方政府实行一定程度的自治，有着久远的历史传统。地方居民可以依法自主组织地方公共机关，在中央的监督下依法自主处理本地区事务，中央不得干涉地方具体事务。早在17世纪英格兰和苏格兰共主联邦时期，北部苏格兰地区就有自己的议会。到了18世纪，两者成为统一国家，苏格兰议会被取消。直到1998年，英国政府公布了《苏格兰法案》，确定恢复消失了近三百年的苏格兰议会。现任政府在苏格兰和威尔士成立地方分权机构，如设在爱丁堡的苏格兰议会及设在卡地夫的威尔士议会。苏格兰议会拥有大部分内部事务的治理权，但中央政府保留了取消该议会的权力。这充分体现了英国作为地方分权型单一制国家的特点。

（一）英国地方政府的基本情况

英国的行政区划具有较复杂、多层次、不统一的特点。一直以来的自治传统，决定了英国地方政府构成复杂且处于不断的变动之中。地方居民可以依法自主组织地方公共机关，所以地方政府的情况取决于选举产生的结果。基于地方自治，各级政府的相互关系，彼此是平等的自治体，相互间不存在行政隶属关系，各自只对本范围的选民负责。所以，地方政府的组成也没有统一的标准。

组成国土的英格兰、威尔士、苏格兰、北爱尔兰，每部分皆有自己的行政区划体系，也各有自己单一的地方政府体系。英格兰分为9个大区，由两级行政区划组成，即作为一级行政区划的郡和作为二级行政区划的自治市镇；威尔士分为22个单一管理区，由四级行政区划组成，包括县、都市县级市和县级镇；苏格兰分为32个议会区，实施居民自治；北爱尔兰包含26个区，分为六大郡。

现行的英国行政区划和地方政府基本情况，是20世纪七八十年代英国地方政府改革的结果。由于长期的自治传统，地方政府拥有较大的自主性，地方政府改革在英国也颇具成效。英国的行政区划也因应地方政府改革而变动。

（二）20世纪七八十年代英国地方政府改革的背景

英国是一个有着地方自治传统的单一制国家，它的地方政府制度具有悠久的历史，早在中世纪就已建立起郡一级的地方机构。[1] 当时的高层地方政区称为郡，今天很多郡的边界设置甚至可以追溯到这一时期。其后英国曾多次对地方政府进行过改革，主要集中在地方政府自治权能的扩大和缩小问题上。但地方政府制度的这种模式一直维持到20世纪70年代。二战后，随着经济社会的发展和交通通信技术的发达，英国进入城市化快速发展的时期。原有的地方政府结构体系暴露出种种弊端。

一是很多地方政府由于自身规模小，无力为居民提供完善的公共服务；二是各层级政府设置普遍存在机构庞杂、职责混乱等问题，以至于服务提供零碎化、合作机制迟钝笨拙，难以在公共服务供给方面进行有效的计划和管理。[2] 随着大量人口涌入城市，大城市的规模不断扩大。但在行政区划上同周边地区孤立，因而在公共服务提供上难以进行规划和管理。这样，公共服务供给效率低同城市人口规模大的矛盾日益凸显。同时，地方政区规模的不均衡也日益加剧，表现为人口较少的郡和规模较大的郡，人口数量相差悬殊。此外，地方政府机构繁杂、职责混乱，已经妨碍到中央政府的统一管理和控制。[3]

---

[1] 穆陵：《现有英国地方政府制度是怎样形成的》，《中国县域经济报》2007年4月23日。

[2] 〔英〕戴维·威尔逊、克里斯·盖姆著，张勇等译：《英国地方政府》，北京大学出版社2009年版，第62页。

[3] 刘君德、冯春萍、华林甫、范今朝：《中外行政区划比较研究》，华东师范大学出版社2002年版，第41页。

（三）英国地方政府改革的内容及其对行政区划的意义

改革之前，英国政府于1966年成立了两个分别由雷德克里夫·莫德与惠特利负责的皇家委员会，对英格兰、威尔士和苏格兰的地方行政建制进行调查。通过调查，他们发现，大量规模偏小的地方政府的存在，是现存地方政府体制的功能性弱点。提出单一的具有完整职能的行政单元是地方政府最好的形式，提倡建立郡、市镇两级的全功能单一制地方政府。[①] 由于政党政治下的政府更迭，委员会的改革动议并未得到全面实施。1970年6月，工党选举失利，保守党政府上台。保守党政府只是承诺在英格兰和威尔士建立以现存各郡为基础的两级体制，但对于委员会提出的建立功能单一制地方政府的动议并未采用。[②]

英格兰和威尔士的改革，始于1972年出台《地方政府法》。该法决定从1974年开始全面改组地方政府，改革措施主要是整合缩减地方行政单位。通过这次改革，将郡议会的数量由58个减少到47个，郡级下属的市、城市区、乡村区议会从1250个减少到333个，还废除了原来的83个郡级市。

1973年专门为苏格兰改革通过的《地方政府法》，于1975年开始实施。苏格兰地方政府被撤销的数量超过了英格兰和威尔士的总和。撤销了原来的32个郡，重新划分为9个一级行政区，下辖53个区和3个全功能的岛政务区。在地区和岛政务区之下，还有自组织的1350个社区议会，但因没有法定权力，不被认为是一级政府。

1969年成立的由帕特里克·麦克罗利领导的委员会，则对北爱尔兰的地方政府改革进行调查。麦克罗利同样建议进行两级地方政府改革，主张诸如教育、图书馆、污水处理及自来水等公共服务由选举产生的地区机构负责提供，从而大大减少区议会的数量。改革前的北爱尔兰有两个全功能的郡级自治市、6个实行两级管理的郡及其下辖的55个区议会。1972年出台的《地方政府法》

[①]〔英〕戴维·威尔逊、克里斯·盖姆著，张勇等译：《英国地方政府》，北京大学出版社2009年版，第63页。

[②] 同上。

(北爱尔兰)废除了原来的6个郡,改为26个区。由于中央政府强化控制力度,选举一级政府难以落实,北爱尔兰地方政府在民主化程度方面落后于其他地区。这种只有26个单一层级结构的行政区划,今天仍然保持着。

这次大规模的地方政府改革,通过一系列的法案,全面调整了英国地方政区结构体系。经过改革,英国基本实行了行政区划的两级体制。两个主要的管理层级,各有自己的职责范围。只是在划分方式上有所区别。在苏格兰和威尔士,上级地方区划是"郡",在英格兰和北爱尔兰是"地区"。改革所颁布的法律是英国地方建制的重要立法,使英国的行政区划体系发生了很大的变化,优化了英国地方政府结构体系,完善了英国地方政府制度。

三、美国:大都市区多中心体制与一体化改革

美国是典型的联邦制国家,不实行中央集权的政治体制,而采用地方分权制。这种联邦制政治体制是其行政区划的基石。美国是一个移民国家,从第一批英国移民到达美洲,到最早建立的13块殖民地,再到独立时期的13个州。美国不仅具备了建国最初的行政区划雏形,更以1789年颁布的《美利坚合众国宪法》确认了联邦制国家结构形式。经过19世纪到20世纪的领土扩张,逐渐形成了如今50个州和1个特区的行政区划体系。

(一)美国行政区划体制及特点

根据联邦制原则,州不是由联邦政府划分的次级行政单位。[①] 美国的州政府不属于地方政府,而是构成联邦的成员政府。在美国,只有州以下的行政单位才能被称为地方政府,是隶属于州的行政区划。在美国现有的50个州和1个特区即哥伦比亚特区(美国首都所在地)里,其地方行政单位有县、市、镇

---

① 林涛:《美国地方行政区划若干问题探讨》,《经济地理》1998年第18卷第2期。

(乡)、学区和专区五类。①

县是州的最大分治区。美国的州除阿拉斯加、康涅狄格、罗得岛州外，其他所有的州都被划分为县。② 县作为州设立的分治区，政要完成州政府委托的事务，不实行"三权分立"，多数县的议会就是行政机关，实行议行合一。③

市也是州的分治区。有别于县的是，市不是行政管理分治区，而是为居民提供公共服务的市镇自治体。

镇，在有的州是小型城镇，有的州（如纽约州和威斯康星州）就是乡。在新英格兰，镇是由州法律创设的地方政府的基本单位，而不是法律上的市镇自治体。市镇和村镇都是市政自治体，但规模比较小。村镇是最小的市政自治体。

学区和专区是单一职能的地方政府，只管理本辖区某一特定方面的事务，如教育、消防、供水等。

上述地方政府总体可以分为准自治法人和自治法人两大类。县、乡、学区和专区被美国法律列为自治法人，因为它们的设置是处于行政管理的需要；市、镇、村是自治法人，它们的设置是为了本地区事务的居民自治。在美国，除市以外，一般市镇自治体的规模都比县小。

（二）美国行政区划的特点

1. 地方政府数量庞大，全国建制不统一

2002 年统计数据显示，美国共有 3043 个县、19429 个市、16504 个镇、13506 个学区、35052 个专区。④ 这些行政单位在每个州并非以统一的建制设置。

---

① 乡主要是农村地区的政府单位，广泛存在于美国中西部和中部大西洋沿岸的纽约、宾夕法尼亚、新泽西、堪萨斯、密苏里、内布拉斯加、华盛顿等 15 个州，职能设计道路、福利、教育和执行法律。近年来随着人口增加和城市化的发展，有的乡并入市或结成新的市政自治体。

② 阿拉斯加相当于县的行政区划被称为行政区；康涅狄格、罗得岛州的县建制被作为统计和司法单元，无行政职能；路易斯安那州相当于县的建制是教区。

③ 邢耀荣：《美国地方政府结构对中国地方行政体制改革的启示》，《科学·经济·社会》2007 年第 4 期。

④ 王旭、罗思东：《美国新城市化时期的地方政府》，厦门大学出版社 2010 年版，第 67 页。

地域规模较小的乡、镇、市镇、村镇在各州与县或市的关系比较复杂。[①]

2. 行政区划层级少，无严格的行政等级之分

县、市都是州的分治区。县的地域一般大些，市成立后不从县的疆域内分出，镇虽然处于某个县或市的地域内，但在行政上并不从属于该县或市。这些地方政府是相互独立、自治的机构，无直接的行政隶属关系和等级划分。

3. 行政区划界线交错重叠

一个县的地域内可能存在市、乡、镇、村，一个市的地域内也可能存在县。乡、镇、村与县和市的行政隶属关系比较复杂。专区政府不是按地域划分，而是按服务需求和政府职能划分，常常跨两个甚至多个地方政府的政区界线。因此，美国地方行政区划界线呈现交错重叠的特点。

4. 地方行政区划单位内人口和地域规模差异大

这种差异在市与市之间、县与县之间都存在。如人口最多的纽约市达 700 多万人口，而人口较少的市仅有几百人；面积最大的县是加利福尼亚州的圣伯蒂纳县，达 5.2 万平方公里，而面积最小的弗吉尼亚州阿灵顿县仅 62 平方公里。

5. 各州所辖的地方政府的数量差距较大

如德克萨斯州有 254 个县，而特拉华州仅 3 个县。

（三）美国大都市区地方政府：产生及弊端

在美国的城市化进程中，兼并与合并一直是中心城市空间扩展的主要途径，也是保障中心城市人口和经济持续发展的一个重要手段。然而到了 19 世纪后期，中心城市兼并的阻力越来越大，郊区获取公共服务的方式越来越依赖于成立专区。二战后，由于城市中的社会中上阶层向郊区的大量迁移，中心城

[①] 林涛：《美国地方行政区划若干问题探讨》，《经济地理》1998 年第 18 卷第 2 期。

市与郊区的社会鸿沟越来越深，中心城市的兼并几乎变得不可能。在中心城市的兼并受到极大遏制的同时，郊区新的地方政府却在不断涌现，从而造成了大都市区地方政府数量的激增。

据美国人口统计署数据，2002 年各类地方政府总数达 87525 个，平均每个大都市区有 100 个地方政府，相当于每 10 万个居民就有 18 个地方政府。大多数的大都市居民至少受 4 个独立的地方政府的管理和服务——一个县政府、一个市或镇区政府、一个校区、一个专区，其功能从垃圾收集到苍蝇控制。[①] 美国大都市区地方政府数量如此之多，在大都市区生活的居民，对于究竟由哪个部门具体负责哪一类事务，向哪个机构缴费，往往一头雾水，无所适从。在大都市区，无论是政府结构还是公共服务，都呈现出零碎化趋势。[②] 有很多颇具讽刺意味的词汇被用来描述美国多中心制的地方政府，诸如"零碎化"、"分散化"、"多中心"、"马赛克"、"银河"，以及"玩具"政府、"花生"政府等。这种叠床架屋的政府单位类似于巴尔干半岛林立的小国一般，互不隶属，而且其发展趋势是逐年增长，几乎失控。被美国学者形象地称为"巴尔干化"(Balkanization)。

大都市区多中心的政治体制存在很多弊端。简·雅各布森将大都市区的"巴尔干化"现象称为"大都市危机"，并将其弊端概括为四个主要方面：

一是导致大都市区各地方政府公共服务质量与经济效益低下。随着郊区人口增加，对交通、给排水、学校、住房等公共服务提出更多要求。而各地方政府互不统属，彼此分割，没有合作。因此，提供公共服务的数量、质量和效益上难以满足居民的要求。

二是导致大都市区各地方收入分配不平衡。中心城市和郊区居民间的收入不平衡更加突出。1976 年，美国中心城市和郊区居民的人均收入分别为 4883 美元和 5516 美元，中心城市比郊区的人均收入低了 273 美元，为郊区的 97%。[③]

---

① *Reshaping Government in Metropolitan Areas: A Statement on National Policy*, Committee for Economic Development, 1970, p.13.

② 刘建芳：《美国大都市区多中心体制与一体化改革的新思路、新方法》，《青海社会科学》2013 年第 3 期。

③ 孙群郎：《美国城市郊区化研究》，商务印书馆 2005 年版，第 285 页。

三是削弱中心城市的地位和声望，从而影响中心城市乃至整个大都市区的发展潜力。如科罗拉多州的丹佛，由于人口和经济活动向郊区转移，中心城市丹佛的资产贬值，税收减少，福利负担加重，财政捉襟见肘。[1]

四是导致社会矛盾重重。中心城市和郊区的分野，也加重了种族和阶级的分化。1970 年，美国大都市区人口中有 54% 居住在郊区，46% 居住在中心城市。[2]而中心城市居民的平均收入低于郊区，因此中心城市的贫困率高于郊区。这样，不同种族和民族的差异就更大了，其中黑人在大都市区的贫困率高达 28%。[3] 大都市区多中心体制伴随的是居住区隔离、种族冲突、贫困等问题。

（四）美国大都市区地方政府的一体化改革

1. 一体化改革的集中战略时期

20 世纪前半期，美国学术界普遍认为美国大都市区的主要问题是地方政府的零碎化，其唯一符合逻辑的发展方向是合并为区域性的大都市区政府，即采取广泛的、集中的一体化发展战略。具体路径有三：一是中心城市与县政府合并，成立综合性的大都市政府；二是成立双层政府体制，大都市区的主要权力向县政府集中；三是建立政府间议事会，合作解决大都市区各项问题。构建一体化的大都市区政府改革，到 2002 年止，美国共实施了 34 次市县合并，其中大部分发生在 20 世纪中期之后，共 26 例，特别是在 60 年代和 70 年代，各成功 7 例。[4] 然而市县合并未能如所预期的，解决多中心体制的问题。欲合并的市县无法保证获得足够的权力，来应付大都市区问题。[5] 市县合并，试图将县

---

[1] 刘建芳：《美国大都市区多中心体制与一体化改革的新思路、新方法》，《青海社会科学》2013 年第 3 期。

[2] 王旭、罗思东：《美国新城市化时期的地方政府》，厦门大学出版社 2010 年版，第 75 页。

[3] 同上。

[4] 王旭、罗思东：《美国新城市化时期的地方政府》，厦门大学出版社 2010 年版，第 152 页。

[5] Charles R. Adrain,Charles Press, *Governing Urban America*, New York: McGraw-Hill Company, 1968, p.273.

政府的权力和职能整合到新的统一政府中,这个政府在某种程度上是一个集政治管辖、社会福利和公共服务于一体的"全能型"政府。而多中心体制,其理论根源基于联邦主义,精神实质是分权,在政府结构上表现为众多的政府单位,各单位均有一定治权。所以,找到一个"全能型"政府事实上是很难的。加之美国人根深蒂固的自治传统和对小政府的偏好,市县合并实践起来难度很大。

2. 一体化改革的分散战略时期

20世纪90年代,美国的大都市区地方政府一体化改革进入新治理方式的探索期。改革者们认识到在一个地方政府高度分散的大都市区内,采取高度集中的一体化战略不那么容易,也不见得有效。辖区分割、零碎重复的众多地方政府,实际上有一定优势:相对于大一统的大都市区政府,所提供的公共服务成本低、针对性强;更易于满足市民们对于公共服务的多样化要求;小规模社区中,更有可能培养社区意识,为市民提供更多参与公共事务的机会;地方政府间的竞争,使公共服务的提供更有效率。改革者们开始关注区域治理,积极研究与挖掘美国的公民社会传统,关注政府与私人企业、政府与公民社会间的合作关系,注重调整和发挥原有的政府间协作关系的功能,在大都市区形成富有生机的"没有政府的治理"网络和机制。[1]如,联邦政府为了缓解中心城市的经济和社会困境,通过财政转移支付,给城市政府和社区提供资金。这些财政援助主要以合作项目的方式实施,项目涉及公共住房、城市公共基础设施建设与改善、就业培训、社会保障等方面。在项目实施过程中,一方面公民参与的制度化程度不断提高,另一方面大量社区发展公司直接获得并使用项目资金,构建起城市政府与私人企业共同发展社区的合作网络。这种合作网络的建立,不同于以往改革,强调主要通过构建大都市区政府和减少政府层次与数量的方式提高效能,是更加注重地方政府管理的改革理念的转变。

---

[1] 刘建芳:《美国大都市区多中心体制与一体化改革的新思路、新方法》,《青海社会科学》2013年第3期。

四、加拿大：重组大都市区改革的典范

地处北美大陆的加拿大，与美国相似，也是一个联邦制国家。加拿大宪法规定，加拿大国家结构为联邦制，中央与省各拥有一定的权限，实行立法、司法、行政三权分立的政治制度。但是因历史上曾先后被法国和英国统治，这使得加拿大政治体制、社会文化方面，深受英法等欧洲国家的影响。因此，在很多情况下，加拿大被认为更像是一个欧洲国家。[①] 从1603年法国人在新斯科舍建立第一个居留地——皇家港，到英法"七年战争"的殖民地争夺，再到1867年7月1日英属北美殖民法案生效，将四省共同组成统一联邦，定名"加拿大自治领"。加拿大行政区划的历史演变和政治制度的沿用，在很大程度上受到英法传统的影响。

（一）加拿大行政区划的状况及特点

加拿大国土面积998万平方公里，是世界上国土面积第二大的国家。这种广阔的幅员，是历经殖民统治的势力演变、中西部经济的大规模开发以及大批的移民浪潮，从大西洋扩展至太平洋沿岸，直到二战前基本形成的。1949年，英国正式将纽芬兰岛移交给加拿大，成为联邦的第10个省；1999年，东部北极地带的努纳武特从西北地区中划出，单列为特别行政区。至此，加拿大形成10省、3地区的基本行政区划，下设4300多个郡、市、镇。加拿大行政区划的特点有。

1. 层次少，幅度大

20世纪80年代中期以来，加拿大行政区划实行二级制。在其998万平方公里的国土上，近4400多个行政单位，被划分为二级：一级政区有13个，包括10个省、2个地区和1个特别行政区；一级政区之下包括县、市、镇在内的

[①] 黄丽：《国外大都市治理模式》，东南大学出版社2003年版，第86页。

4300多个二级行政区。相比于世界上其他国土面积较大的国家，加拿大行政区划不仅层次少，且一级政区的管理幅度大。这与其联邦制的自治传统和地广人稀的地缘特征有着很大关系。纵观加拿大行政区划的演变史，这种二级制基本没有发生过变动，说明它同加拿大的国情是符合的。

2. 地方政府形式不一，实行自治

加拿大13个一级行政区，由于各省、地区经济、社会、自然、历史条件的差异，各地方政府的区划和名称不尽相同。地方建制全国不统一的特点颇似美国。一般来说，城市地区主要设市、镇、村；农村地区设乡。① 但各省和地区的城市建制标准因地制宜，有高有低。人口总量大、密度高的省区，城市建制的人口标准高；反则，则低。全国目前有2149个城市行政区，近2000个乡村行政单位。加拿大各省和地区在政治上有较大的自治权，除育空地区和西北地区由联邦政府直接管辖外，各省均有自己的宪法，实行自治。魁北克省和努纳武特地区，由于分别是法裔和因纽特人的聚居区，相对于其他省区，享有更大的自治权。作为独立的自治单位，各省、区在法律规定的范围内行使自治权，地位平等，互不隶属。

3. 实行严格的城乡分治体制

在加拿大，城市和乡村的行政区划分属两个不同的系统，自成体系。② 加拿大的城市行政区通常指城市地区的核心部分，不包括郊区。所有的建制城市，无论大小，均不辖县、乡、区等。乡村地区，一般设乡。同一层次的行政区划分为城市行政区（点状）和乡村行政区（面状），由更高层次的面状行政区管辖，③ 这是世界城市建制的基本原则。但在加拿大，没有城市行政区管辖乡村行政区的现象，城市行政区和乡村行政区分而治之，各成体系。这种城乡分

---

① 在魁北克、安大略、不列颠哥伦比亚、艾伯塔等省，县是较高一级的区划，下设乡、区、教区和村。县的建制是沿袭英国的模式，为了财产登记在一些省建立起来的。后因行政需要，有些县被分成若干县。

② 赵聚军：《中国行政区划改革的理论研究——基于政府职能转变的视角》，南开大学博士学位论文，2010年。

③ 同上。

治的体制在城市化水平较低的状态下不会出现较大问题，但是随着城市化水平达到一定程度，特别是大都市区形成后，各种问题就会暴露出来。在同一大都市区内有多个大小城市分而治之，彼此相互独立，对大都市区的协调发展是一种限制，同时也有损每个个体的利益。从20世纪60年代开始，加拿大开始就大都市区治理进行改革。具体措施是通过城市合并重组，在大都市区建立统一的单中心市。加拿大被认为是世界上大都市区政府体系的典范。

（二）加拿大重组大都市区政府改革的背景

1. 二战后，加拿大城市化迅猛发展，大都市区的经济社会地位愈发重要

二战以来，加拿大的城市人口增长非常迅速，其速度超过同期任何一个西方工业化国家。[1] 城市地区历来是经济发展最快、最活跃的地区。随着城市化的发展，一方面是大量人口向城市聚集，另一方面城市的经济发展也不断加速。2001年的数据表明，加拿大超过80%的人口集中在139个人口在1万以上的城市中，这些城市构成加拿大城市体系的主干。[2] 加拿大的五大城市：多伦多、蒙特利尔、温哥华、卡尔加里—埃德蒙顿、温尼伯，在其所在省的GDP中所占的比重达50%左右，最高达64%。[3] 这些大城市是人口集中的地区，同时也是经济重镇，在国家经济生活中占据极其重要的地位。

2. 城乡分治体制下地方政府的结构性缺陷愈加明显

加拿大实行城乡分治，城市型政区仅指城市核心部分，不包括郊区。在一个大都市区内，有几个、甚至几十个大小城市分而治之。1962年的数据显示，在18个大都市区内有260个独立的政府管辖，除此之外还有一些单一目

---

[1] L.O.Gertler, R.W.Crowley and W.K.Bond, *Changing Canadian Cities:The Next 25 Years*,Toronto: McCelland & Stewart,1977, p.26.

[2] L.S.Bourne and Jim Simmons, "New Fault Lines? Recent Trends in the Canadian Urban System and Their Implications for Planning and Public Policy", *Canadian Journal of Urban Research*, 2003, 12(1), p.25.

[3] 〔加〕理查德·廷德尔、苏珊·诺布斯·廷德尔著，于秀明等译：《加拿大地方政府》，北京大学出版社2005年版，第65页。

的性的半官方机构，如学校的董事会、水利委员会、运输和公共事业委员会、排污区等。这些零散机构的存在，使地方政府结构存在明显缺陷：20世纪90年代前后，加拿大的很多大都市区都面临着公共服务供给不足的问题，城市分治却使每个城市的公共服务被限制在各自的区域内；交通拥挤、环境污染、政府部门的浪费等问题在不同程度上困扰着各个城市，城市分治使政府的解决措施缺乏协作而显得无力和低效；大都市区周边的人口占大都市区总人口的比重越来越大，大都市区近60%的经济增长来自于周边和郊区，城乡分治对于这种城市和周边地区经济社会融为一体的趋势，是一种体制上的无视和阻隔。

（三）加拿大重组大都市区政府改革历程

城市化的迅速发展和城乡之间在经济社会生活上的相互渗透，客观上要求都市区的各个城市和地区之间进行相互间的协调与合作，更好地满足居民在公共服务数量和质量上的要求。城乡分治的地方政府结构体系显然不能很好地促成这种协调与合作，相反却在很大程度上是一种制约。20世纪50年代，加拿大开始对大都市区各个城市和地方政府进行大规模结构性改造。

改革共经历了两个阶段，即初级阶段和高级阶段。初级阶段的改革主要有两种形式：一是在大都市区各个城市和地方政府之上建立一个新的政府（被称为大城市或专区政府），确立双层体制，即城市政府+大都市区政府的模式；二是在大都市区各个城市和地方政府之上建立城市间委员会，作为各城市和地方政府协商的平台，可称为准双层体制。城市间委员会的设置，目的是为了协调大都市范围内各城市和地区间的区域规划、公共交通、给排水系统等跨区域公共服务的供给问题，以更好地满足居民的需求。城市间委员会并非是完整意义上的一级政府。通常在城市间委员会建立后，原来的城市政府仍然存在，且城市间委员会拥有的权利和资源有限。所以，城市间委员会的建立，只是政府间协调管理模式的变革，并未涉及行政区划的调整。与此不同的是，双层体制因在相邻的若干城市之上建立一级行政区划性质的都市政府，已涉及了行政区划调整的层面。

这两种模式对于在大都市区协调跨区域公共服务的供给都发挥了积极的作用，但也存在着一些问题和不足。如果说城市间委员会因为权威有限而使效率不彰，那么同样的问题也困扰着双层体制。事实上作为上层政府的大城市或专区政府，也很难有效协调各城市或地方政府的行动。正是这些问题，诱发了进一步的改革。

20世纪90年代开始的高级阶段的改革，主要措施是城市合并、组建单中心市。组建合并单中心市是通过将两个或两个以上，甚至更多的城市和地区合并，而建立拥有统一完整行政权力的单中心市政府。这种改革模式是近年来加拿大大都市区行政区划改革的主导模式。① 相较于之前的双层体制和准双层体制，这种模式是单极模式，最大的特点是权责明确：大都市政府的职能范围是地方政府辖区外的区域公共服务，而地方政府则限于消防、治安、教育、城市卫生等职能。两者相互补充，互不干扰，避免重复。单极模式改革于90年代掀起了合并重组浪潮。双层体制和城市间委员会在合并组建单中心市的浪潮中被废除，产生了一大批规模较大的单中心市。

五、大国行政区划和行政层级改革对我国的启示和借鉴

一国行政区划设置与本国国家结构形式的特征紧密相关。一国地方政府结构的形成由国情决定，也是历史产物。一般地，规模较大的国家，省级行政区划的管理幅度就大。实行联邦制的美国和加拿大就是如此，但由于实行地方自治，其行政层级较少。而实行单一制的法国和英国，由于国土面积较小，省一级行政区划的管理幅度较小，行政层级相应较多。英国和法国在行政区划问题上的改革，呈现出一个特点，那就是在原有地方最高层级政府与中央政府之间增设新的最高层级地方政府，以缩小管理幅度。② 在法国是大区制，在英国是威尔士、苏格兰、北爱尔兰地方议会。在大都市区政府治理模式上，美国是典

---

① 赵聚军：《中国行政区划改革的理论研究——基于政府职能转变的视角》，南开大学博士学位论文，2010年。
② 王伟英：《浅议国外行政区划模式及其启示》，《长沙大学学报》2010年第3期。

型的多中心体制，而加拿大则通过合并重组建立了单极体制。几个大国的改革对于我国的行政区划调整有着一定的启示和借鉴作用。

（一）大区制并不适合当今中国行政区划改革

和法国的历史上都有着中央集权的传统一样，中国也采用过在原有的最高行政区划上建制高一级行政区划，即"大区"的区划设置。然而历史的相似仅在于所采用的制度本身，制度所产生的差异性结果，其历史借鉴意义和带来的启示值得深思。中国古代自秦朝建立统一的中央集权制的封建国家之后，历史上先后出现过多次"大区制"的实行。如两汉的"州牧制"和唐代的"节度使制"。然而，东汉之后群雄割据争霸的三国鼎立和唐以后你方唱罢我登场的五代十国，无疑向我们提出大区失控，诸侯割据，国家分裂的历史疑问。中国历史上的大区制为何不能取得成功？根本原因在于：中央集权的封建社会里，每个王朝均以维护君主专制权力为根本使命。大区制的建立当然也担负起这一使命。东汉大区制的建立是在农民起义的打击下，由于"贼情猖獗"，改刺史为牧；唐朝大区制的确立也是迫于安史之乱的危机；而新中国建立后设立省以上的"大行政区制"也是为了加快解放战争的胜利，巩固新生政权。而在集权政治的运行模式下，任何权力的分散最后都可能导致"各个山头"上绝对的集权和地方分裂。任何有实力的政治集团都希望将自己的雪球越滚越大。这样，大区势力就会越来越大，直至同中央分庭抗礼，最终造成诸侯割据分立，天下四分五裂的局面。因此，绝对的集权无法建立完善的大区制，只会出现大区失控。在统治者看来这无疑是对"家天下"的直接威胁。所以他们最终会采取手段消灭之，如康熙撤三藩。所以专制的土壤无法维系大区制。

那么，当今的中国行政区划改革，大区制是否会被提上改革议程？大区制是否有其制度空间？近年来，坊间甚传的"50个省级行政区"之说，认为从目前中国的国情看，重新进行大规模的分省不现实，将影响国家和社会的稳定，也会带来过大的行政管理成本。从中国的国土面积和人口考虑，设置50个左右的省级行政区比较合理。然而50个省的行政区划是否真的具备科学性、合理性和可行性呢？如果将原有的34个省级行政区划调整为50个省级行政区划，对于中央政府而言，意味着管理幅度的增加，对数量增加的省级行政单位的控制和管理难度增加。在这种情况下，在省级行政单位之上设置一级行政区划——大区，理论上就显得更具必要性，意义也更重大。如同法国的大区制和中国历史上的"州牧制"和"节度使制"以及新中国成立后的"大行政区制"。然而历史上演的大区失控，诸侯割据，国家分裂的悲剧，足以向我们警示：大区制的推行，势必伴随着社会的失序和国家的动荡。因此，我们可以得出结论，50省改革，不适合提及现今的中国改革日程，而与之相伴随的大区制，作为历史的遗弃，无疑在未来的中国行政区划改革中一样没有任何积极的意义和广阔的前途。法国大区制改革的成功，只是作为我们认真思考和认识大区制一面正面的镜子，大区制本身有它的制度魅力和意义，但在中国的现实国情下，它没有任何适用性。大区制改革被提到中国行政区划改革日程的可能性甚小。

（二）改革不合理的行政层级和幅度是当前我国行政区划改革的重点

英国的行政区划改革，通过建立两级行政体制，使郡、市镇两级地方政府成为全功能的一级地方政府。因被赋予完整职能，地方政府机构庞杂、职责混乱的问题得到解决，各级政府间的合作也变得更加可行，公共服务的提供更加有效。两级制地方政府给英国的地方政府制度带来活力和效率。审视我国行政区划的现状，政区层级过多，且比较混乱，省、地两级的管理幅度偏大是突出问题。层级过多，一方面，各级政区的管理幅度下降，浪费了行政资源，助长了官僚作风；另一方面，各级政府的自主性较低，等级观念束缚，行政效率较低。只有解决政区层级过多、幅度偏小的问题，才能激发各级政府的积极性和主动性，提高效率。针对我国的现状，一是要逐步取消市管县体制，积极推进省直管县；二是划小省级政区。由于地市级层级的逐步取消，使省辖县的数量大大增加，这对许多大的省级政区来说管理幅度过大，应相应划小省级政区管辖范围；三是合并弱小县。一方面整合资源，实现弱小县的优势互补，另一方面减少县的数量，减轻省直管县幅度过大的压力，推进省直管县的实行。

（三）减少城市间行政级别差异，理顺城市行政体制

英格兰和威尔士地区经过行政区划调整，最终将郡级行政区划简化为都市郡和非都市郡。如，废除原来的83个郡级市，同时在拥有卫星城镇的6个大都市建立都市郡。这很好地解决了不同层级政府间的政策协调问题，提高了效率。美国地方区划实行的是县、市、镇三级制，县作为广域型行政建制，覆盖了美国的每一寸国土。这种体制不仅精简管理层级，还能合理划分中央和地方经济社会管理权。县作为一级行政区划，只有被赋予更多的权限和资源，才能不断增强经济发展的活力和动力。我国目前的情况是，市管县体制已经极大束缚了县和县级市的发展。而在经济发达的东部沿海地区，经济实力雄厚的城镇，行政级别低同样也是一种限制。因此，我们应逐步推行省直管县改革，把相当的"事权"和"财权"下放到县，使县能够依据一定的权力基础和财政基础，更好地带动县域经济发展。通过建立和完善省直管县的地方行政体制改革，实行宪法所确定的省、县、乡三级政府的地方行政管理体制。通过减少行政等级和层次，使大中小城市处于同一平台竞争合作，同时激发中小城市的活力，促进中小城市的发展。同时也可借鉴美国市镇改革，完善我国县制改革。美国多数的县已经相当城市化，一个县往往包括若干个小城镇、乡甚至村镇，并为这些小城镇、乡、村镇承担许多城市职能。在大多数州，市成立后，虽然仍保留在县的疆域内，但却享有自治权。当县内城镇达到设市标准后，可以在县内设市，赋予其相应自主权，实行城乡分治。这对于我们逐步从"城乡合治"走向"城乡分治"的县制改革具有借鉴和启示作用。

（四）构建多中心城市区内网络化的多层次治理体系

随着城市化的迅速发展，我国许多地方也出现了多中心的城市区域，如长三角大都市区、珠三角大都市区、环渤海大都市区等。大都市区的各个城市都具有促进区域经济发展、提升城市化水平的迫切要求，也有着不同条件的资源禀赋、发展优势和实力基础。城市群在空间上是一个连续分布的整体，基础设

施具有连续性和完善性，产业具有互补性，资源利用和环境保护具有协调性。这就要求大都市区内的各主体不应孤立于城市群之外实现自身发展，而是应该通过彼此的沟通交流，建立起以问题为导向的、弹性的、多中心的合作网络，实现共治共管，谋求共同发展。这个合作网络不仅包括国家、省（市）城市和县等各级政府，同时还通过发展政府与私人企业、政府与公民社会之间的合作关系来使合作网络更具包容性、自治力和竞争力。近年来，我国正积极探索多中心城市区内网络化的多层次治理体系，如长三角城市经济协调会等各种政府性或非政府性的发展论坛，以及达成的各种正式实施或框架性的成果，证明是有益的尝试。

（五）要理顺城市政府职能关系

在长期的计划经济体制下，资源配置的方式主要是自上而下的计划和命令。与此相适应，我国政府机构和政府职能也是按照自上而下、层级节制的等级模式构建的。在市场经济高度发展、城市化水平不断提升的大都市区内，资源、产品、服务和信息的高度流动性，需要政府提供一个平等、竞争、自由的平台，政府发挥职能的方式不再是依靠行政命令进行绝对的控制和管制，而是提供更多更好的公共服务。大都市区的发展，跨区域的环境、社会治安等公共问题，需要彼此共同解决或经设立更高一级政府统筹解决；各城市辖区内的基础设施、公用事业等问题则由城市政府单独解决即可。如果大都市区城市政府彼此之间，不能明确地划分职能，很好地处理彼此的职能关系，那么政府在提供公共服务中就会产生缺位、越位和错位的问题。逐步转变职能、理顺政府间职能关系，是处在经济转轨时期的我国在进行行政区划调整和推进城市化过程中一个亟待解决的问题。

（六）要破除城市行政管理制度的障碍

在我国，地区间的条块分割严重，行政区划自上而下依级别划分，同级行政区间缺乏横向的沟通协调机制，这对大都市区的发展是极其严重的阻碍。如在我国的"市管县"体制下，市在进行自身治理的同时，还要领导县的发展。这样，县级政府的自主权被极大地限制，发展机能被弱化；而有的地级市在"合并、升格"的政策趋势中，通过指定的方式形成，由于经济实力有限，不能发挥应有的带动作用，事实上会对整个大都市区的发展格局带来不利影响；政府间自上而下、对上负责的相互关系，阻隔了大都市区城市政府间相互协调机制的生成。事实上，大都市区日益复杂、层出不穷的城市问题，非单一主体独自行动所能解决。解决大都市区治理问题，需要多个政府间建立起伙伴关系，彼此进行合作共治。这是提高大都市区经济竞争能力和发展活力的必然要求，要求我们不遗余力，努力破解城市行政管理制度的障碍。

（七）要处理好行政区经济和城市群体发展之间的矛盾

行政区经济，是指在既定的行政区范围内，有行政区划对区域经济的刚性约束而形成的一种特殊经济现象，是我国区域经济由纵向运行系统向横向运行系统转变过程中出现的一种区域经济类型。[1] 我国省—市—县—乡四级制的行政区划体制和国民经济的分层调控体制，为行政区域经济的产生和运行提供了制度条件。各地方政府为了追求自身发展，搞地方保护，互相封锁，各自为政。这种"诸侯经济"会使城市之间的经济关系逐步离散，导致各城市均以行政区域为界，相互封闭，建立起"小而全"的经济体系。[2] "诸侯经济"与强调区域协调发展的大都市区经济背道而驰。因此，我们要切实关注并认真处理好行政区经济和城市群发展之间的矛盾，要立足于城市群的长远发展，根据区域内各城市间经济联系和协作的密切程度调整行政区划。要结合大城市和周围地区经济联系的特点，合理安排城市群内各种产业布局，建设产业一体、分工明确、优势互补、充满活力的大都市区。

---

[1] 侯景新、浦善新、肖金成：《行政区划与区域管理》，中国人民大学出版社2006年版，第143页。
[2] 李金龙、雷娟：《国外大都市区治理模式及其对中国的有益启示》，《财经问题研究》2010年第8期。

第四章
我国省级行政区划改革研究

十八大报告提出要"优化行政层级和行政区划设置",党的十八届三中全会审议通过的《中共中央关于全面深化改革若干重大问题的决定》则着重提出要"优化行政区划设置"。行政区划特别是省级行政区划是一国行政体制的基础性问题和行政管理的重要组成部分,其设置合理与否,攸关一国政府行政效能的高低乃至经济发展和社会稳定。省级行政区划改革涉及政治、经济、行政、文化、历史、地理、民族等多个领域,它关系到一个国家的政治、经济、文化、社会、生态建设,是一个十分复杂而敏感的综合性、应用性很强的研究领域,不仅涉及人们对新的人文环境的适应和心理承受能力,也牵涉到权力关系和切实利益的分配,影响重大。在计划经济年代逐步建立起来的中国现行行政区划,改革开放以后虽有小规模、小范围的调整,但从整体上看,我国现行省级行政区划的设置不够合理,还存在很多与当今经济社会发展要求不相适应的问题。由于省级行政区的改革是一个牵一发而动全身的系统工程,需充分研究、科学论证,平稳有序推进。

一、我国省级行政区划现状分析

(一)我国省级行政区划的基本情况

截至 2012 年 12 月 31 日,中国共有省级行政单位 34 个,包括 4 个直辖市,

23个省，5个自治区，2个特别行政区。[①] 其中，人口前五位的省级行政区分别是：河南省 10922 万人，山东省 9591 万人，四川省 9058 万人，广东省 8637 万人，江苏省 7514 万人；人口后五位的省级行政区为澳门特别行政区 54 万人，西藏自治区 302 万人，青海省 558 万人，宁夏回族自治区 652 万人，香港特别行政区 703 万人。面积前五位的省级行政区分别是：新疆维吾尔自治区约 166 万平方公里，西藏自治区约 123 万平方公里，内蒙古自治区约 118 万平方公里，青海省约 72 万平方公里，四川省约 49 万平方公里；面积后五位的省级行政区是：澳门特别行政区 29 平方公里，香港特别行政区 1104 平方公里，上海市约 6340 平方公里，天津市约 1.2 万平方公里，北京市约 1.7 万平方公里。县级行政单位数量前五位的省级行政区分别是：四川省 181 个（其中 45 个市辖区，14 个县级市，118 个县，4 个自治县），河北省 172 个（其中 37 个市辖区，22 个县级市，107 个县，6 个自治县），河南省 159 个（其中 50 个市辖区，21 个县级市，88 个县），山东省 138 个（其中 48 个市辖区，30 个县级市，60 个县），云南省 129 个（其中 13 个市辖区，11 个县级市，76 个县，29 个自治县）；县级行政区数量后五位的省和自治区是：海南省 20 个（其中 4 个市辖区，6 个县级市，4 个县，6 个自治县），宁夏回族自治区 22 个（其中 9 个市辖区，2 个县级市，11 个县），青海省 43 个（其中 4 个市辖区，2 个县级市，30 个县，7 个自治县），吉林省 60 个（其中 20 个市辖区，20 个县级市，17 个县，3 个自治县），西藏自治区 74 个（其中 1 个市辖区，1 个县级市，72 个县）。[②]

（二）中国省级行政区划建制的主要类型

行政区所依托的空间必须是拥有一定数量的人口和具有明确、封闭、有相应标志和法律效力的行政界线。由于不同类型的行政建制所管控和服务的对象、内容、设置标准等因素的不同，因而可分为不同的类型。目前，中国省级行政区划建制有 4 种类型：

[①] 中华人民共和国民政部编：《中华人民共和国行政区划简册 2013》，中国地图出版社 2013 年版，第 1—8 页。

[②] 同上。

1. 传统地域型建制。目前在中国该类省级建制有山东、江苏等 23 个省。

2. 城市型建制。目前在中国该类省级建制有北京、上海、天津、重庆 4 个直辖市。

3. 民族型建制。目前在中国该类省级建制有新疆、西藏、内蒙古、广西、宁夏 5 个自治区。

4. 特别行政区建制。目前在中国该类省级建制有香港、澳门 2 个特别行政区。

(三) 我国省级行政区划的不合理现状

我国的行政区划受党和国家从中央到地方垂直管理的传统治理体制影响颇深，目前形成五级行政层级，即中央、省（直辖市、自治区、特别行政区）、地（市、自治州、盟）、县（县级市、地级城市的区）、乡（镇）。与世界其他国家相对扁平的行政区划设置相比较，中国这种高而尖的"金字塔"型行政区划构架难以应对变化迅捷的现代社会发展的需要。这在省级行政区划设置上表现得尤为突出。

1. 现行省级行政区数量偏少，平均规模过大，面积、人口相差悬殊，各省级行政区管理幅度差异较大

从与国外一级行政区的设置对比来看，美国设 50 个州、1 个特区，法国设 96 个省（不包括 11 个海外省及领地），日本有 47 个一级行政区（1 都 1 道 2 府 43 县），联邦德国有 16 州。上述各国，除美国国土面积与我国接近外，其他各国面积都只有几十万平方公里，仅相当于我国一个较大面积的省份。从这个角度看，我国省级行政区数量偏少。从中国省级行政区划的具体设置看，在面积方面，有 29 平方公里的省级特别行政区——澳门，有 6340 平方公里的直辖市——上海，有 3 万多平方公里的省——海南，也有 160 多万平方公里的省级政区——新疆维吾尔自治区；在人口方面，大的省级政区过亿或近亿人，如河南省、山东省等；小的省级政区不足百万人或仅有数百万人，如澳门特别行政区、西藏自治区、青海省、香港特别行政区等。同时，我国省级

行政区的规模差距很大,加之省级行政区划分没有明确标准,随意性大,致使省级行政区在人口、面积、经济发展水平等方面规模过分悬殊,造成行政管理层次参差不齐:从二实一虚、三实到二实二虚、三实一虚、四实,再到三实二虚、四实一虚,个别地方四实二虚。这样的行政管理层次不仅给国家统一的行政管理带来很多困难和不便,也影响了各个省级行政区之间的相互协作与平等竞争。①

2. 直辖市数量过少,且分布不平衡

相比较解放前和解放后的 50 年代初期,中国曾设有 14 个中央直辖市的情况,我国目前仅设北京、天津、上海、重庆 4 个直辖市,总体数量明显偏少。而且改革开放多年来,在中国经济社会有了很大发展、城市规划建设已有良好基础等情况下,部分城市已经具备升格直辖市的条件和基础。从地区分布来看,原有的一些直辖市都集中于沿海,华中、华南、西北、东北等地区还没有直辖市分布,缺少作为区域性政治、经济中心的省级大城市。

3. 省级行政区界犬牙交错,影响经济区域完整性

从历史上看,传统省级建制意在"镇抚"而非"牧民"。元朝统治者汲取汉唐以来地方割据势力凭险对抗朝廷的教训,改"山川形便"为"犬牙相入",使相邻政区彼此交错从而相互牵制,避免出现"形胜之区,四塞之国"。正如魏源在《圣武记》中所言,元代"合河南河北为一,黄河之险失;合江南江北为一,长江之险失;合湖南湖北为一,洞庭之险失;合浙东浙西为一,钱塘之险失"。以后各代虽对省制进行过多次改革,但省犬牙交错的状况不仅没有改变,反而有所加剧。这种做法虽然在军事不发达的社会有效避免了分裂割据,但是也造成了经济区域分割。在封建社会,经济以自给自足的小生产为主,地域分工协作少,商品流通数量不大,对经济影响不是很大。进入现代社会以后,社会化大生产和市场经济日益发达,地域生产专业化与分工协作不断加强,商品、人才、资金、信息的交流日趋频繁,犬牙交错的行政区域界线破坏

---

① 参见浦善新:《中国行政区划改革研究》,商务印书馆 2006 年版。

了自然经济区的完整和统一，割裂了经济区内部的客观经济联系，阻碍了人、财、物和信息的正常流通，影响了经济社会的发展。不仅给现代行政管理带来不便，还容易引起边界纠纷，不利于安定团结。另一方面，在迈向知识经济时代的今天，高科技战争已不再局限于地面，利用"犬牙相入"，对数字化、多维的立体战争几乎没有任何意义。在当今，犬牙交错的划分方式有百害而无一利。①

4. 城市辐射功能弱化，地区发展不平衡，且机构臃肿，效率较低，市场反应迟钝

如果现行省制继续保持下去，那么经济发展必然还要围绕着行政中心、交通干线和传统经济发达地区，经济发展所需要的各类要素绝对不会无端地流向经济欠发达地区，城市辐射功能难以充分、有效发挥，地区经济发展严重不平衡的状况将难以改观甚至可能进一步恶化。此外，我国现行省制还带有浓厚的计划经济体制的色彩。在该体制下，国家的社会、政治、经济事务皆由中央管辖，中央政令各地均要统一执行，中央所揽事务太多，致使其管理幅度不能太宽，为了对地方实行统一管理，层层划分在所难免。我国现有的五级管理体制，每一层都有相应的党政机关及其职能部门，管理层次多，不可避免地出现机构臃肿和结构性内耗，上行下不达，政策"截留"，办事推诿扯皮，工作效率低，大大增加了行政管理成本。同时，按行政条块组织的经济管理体制，与沿袭下来的分割经济区域的多层次的行政区划体制相结合，加上各省都要建成相对独立的国民经济体系的做法，使中国有限资源的宏观配置效益大大降低，极大地浪费了管理资源，弱化了整体管理效能和地域间的横向联系。随着现代化进程的加快和社会主义市场经济体制的逐步完善，经济发展的跨区域流动带动了社会各方面活动空间的拓展，这种活动具有明显的开放性和灵活性特征，这就要求地方政府对此做出积极回应，而现行封闭的省级行政区划以及与之相联系的过多的行政层级显然无法与之相适应。

---

① 参见浦善新：《中国行政区划改革研究》，商务印书馆 2006 年版。

二、我国省级行政区划存在的主要问题

新中国成立 60 多年来，省级行政区划发展趋势向好，但也存在一些明显的不足和薄弱环节，主要表现在：

（一）法制建设严重滞后

有关行政区划改革的法制不健全。尽管 1954 年以来的《中华人民共和国宪法》和《地方组织法》都对行政区划有明确的规定，制定了诸如"国务院关于行政区划管理的规定"等一系列重要法律法规，但我国行政区划法制建设仍然滞后，有关行政区划的法律法规比较零散、不成体系，迄今为止没有一部系统、完善的行政区划法，连行政区划条例也没有颁布，与行政区划在国家行政管理中的地位不相符合。特别是已有的一些法律法规已不适应社会主义市场经济体制和社会经济迅速发展的需要。而相关的行政区划法律法规正是行政区划调整与改革的根本依据。于是，这种情况就导致了行政区划工作在很多情况下用"人治"代替了"法治"，这不利于行政区划工作的健康有序发展。

（二）缺乏行政区划的顶层设计

由于行政体制改革没有引起足够的重视，始终没能从战略的高度系统思考行政区划的发展方向，考虑眼前的经济利益多、从国家的长治久安思考少，就事论事多、深入研究少，局部调整多、系统改革少，致使行政区划工作存在一定的盲目性、被动性、滞后性和随意性，"头痛医头，脚痛医脚"，未能实现整体规划、系统优化。

（三）管理体制机制不适应行政区划工作需要

虽然国家从发展全局出发，采取自上而下的方式于 1998 年设立了海南省，

2007年设置了重庆直辖市，但从整体上看，还是以自下而上的行政区划报批程序为主，这不利于加强中央的宏观调控，致使一些"老大难"的行政区划问题得不到及时纠正；同时，个案审批的模式不仅效率低，而且给权力寻租提供了便利，也不利于中央和地方积极性的发挥，不利于根据国家发展大局因地制宜统筹做好行政区划的调整。①

（四）现行省级行政区数量偏少，平均规模过大

从总体上看，东南部沿海地区的省区面积小、人口多、经济实力强，而西北部边疆省区面积大、人口少、经济实力弱。在面积方面，中国省级行政单位平均面积和一个中等大小国家的面积相当，超过百万平方公里的省级行政单位就有新疆、西藏、内蒙古和青海4个，其中新疆维吾尔自治区的面积竟高达166万平方公里，面积相当于全国面积的六分之一；在人口方面，中国省级行政单位平均人口近4000万人，大的省级政区过亿或近亿人，如河南、山东等。由于部分省级行政区规模过大，省级行政区对地方的管理往往力不从心。一些省级行政区的发展主要顾及省会城市、自治区首府及其周围地区、重要的交通地域等，而边远地区的发展往往得不到重视，这也是"老少边穷"地区长期存在的原因之一。②

三、我国省级行政区划改革应遵循的基本原则

省级政区作为中国的一级政区，其设置合理与否直接关系到国家的政权建设和行政治理的总体框架，对中央和地方关系的架构影响深远。因此，省级行政区划改革必须以经济、政治、文化、社会、生态五位一体为基本出发点，既要维护国家的长治久安，保障多民族国家的统一和稳定，又要处理好确保中央

---

① 浦善新：《中国行政区划研究》，商务印书馆2006年版，第2—24页。
② 参见浦善新：《中国行政区划改革研究》，商务印书馆2006年版。

的权威性与发挥地方积极性的关系，充分考量经济社会发展、民族问题、国防建设、历史传统、交通通信联系、自然地理条件、降低行政成本等方面的需要。

基于对中国国情的现实考量，以及对西方国家实行省直管县体制改革成功经验的合理借鉴，并遵照我国行政区划改革的基本宗旨，按照行政区划的经济性、政治性、民族性、历史性、自然性原则和当前的实际情况，笔者认为中国省级行政区划改革应当遵循以下几个基本原则：

1. 坚持"以人为本"

省级行政区划改革是一项复杂的社会系统工程，其调整的涉及面十分广泛，波及人们日常生活、民族政策、干部安置、亿万群众心理等方面，政策性、敏感性都很强。因此，在省级行政区划改革过程中必须树立以人为本的思想，切实保障广大民众享有管理国家和社会事务的民主权利，便于广大民众参加国家管理和监督政府的工作。

2. 统筹兼顾，协调进行

一方面，行政区划体制自身是一个系统，它涵盖了多个层面。统筹兼顾要求我们要注意内部各层面的协调配合，不能单打独斗，有时要同步进行，有时要依次递进，有时要互为补充。另一方面，行政区划体系要与外部各生态体系相互协调。自然、经济、政治、法律、社会、文化、国际等生态要素是行政区划体制系统赖以生存和发展的基本外部条件，这些要素共同构成系统的整体发展，任何片面发展、畸形发展和单一要素突进发展都可能破坏整个系统的协调。因此，省级行政区划改革必须以科学发展观为指导，既关注体制自身，又关注体制外环境因素，系统运筹，才能真正实行"配套推进"，克服"头痛医头，脚痛医脚"的顽疾。

3. 因地制宜，循序渐进

行政区划改革必须以科学发展观为指导，实事求是，进行周密的调查研究，根据各地区的不同情况、条件、特点与问题，因地制宜，不搞"一刀切"，在宪法规定的层次结构大框架内进行多种模式的实践,在实践中创新,在创新中逐步规范,并在科学论证的基础上适时因地制宜地进行调整改革。

4. 有利于缩小城乡差距

缩小城乡差距的根本条件是社会生产力的高度发展。恩格斯指出,大工业在全国尽可能平衡的分布,是消灭城市和乡村分离的条件。行政区域划分适当与否,成为能否促进城乡经济协调发展,缩小城乡差距的一个重要条件。在省级行政区划改革中,应合理配置城乡资源,达到城乡和谐共荣,构建一种社会主义新型城乡关系,利用行政区经济因素和价值规律的相互作用,使其能够充分发挥各自优势,达到协调发展和共同繁荣。

5. 有利于社会稳定

行政区划改革是一项复杂的社会系统工程,其调整的涉及面十分广泛,涉及人们日常生活、民族政策、干部安置、群众心理等方面,政策性、敏感性都很强,盲目频繁的变更,容易造成干部群众的人心浮动,造成社会上不安定。因此,行政区划的改革一定要贯彻有利于社会稳定的原则。

6. 有利于经济发展

省级行政区划改革要防止省的管辖范围缩小后,随着省一级行政区数量的增加,现有的经济区域被新的行政区划人为分割成四分五裂,那将不仅不利于市场经济和区域经济发展,而且也与省直管县体制改革的基本宗旨相悖。所以,省级行政区划改革要服从和促进经济建设的需要,尽可能与自然形成的经济区相吻合,并贯彻有利于国土资源开发利用的原则。

7. 有利于民族团结

中国是一个多民族国家,各民族在中华民族的形成发展中做出了各自的贡献,形成了相互尊重、和睦相处的历史传统。因此,省级行政区划改革要有利于维护各族人民的团结统一,有利于民族区域自治政策的贯彻实施,有利于加快少数民族地区的社会经济发展步伐,缩小各民族经济上、文化上的差距,实现各民族之间的平等、繁荣，走共同富裕之路。

8. 有利于行政管理

就中国目前的行政管理而言，主要问题是层次过多、管理幅度过小。层次多，必然助长官僚主义，不利于政令畅通，不利于行政管理工作效率的提高，不利于中央政府统一领导。管理幅度小，必然导致管了很多不该管、管不好、管不了的事。因此，省级行政区划的改革要有利于这些问题的解决，有利于提高行政工作的管理效率。

9. 尊重历史与文化传统

我国地方行政区划自秦汉推行郡县制始，其间虽然不断发生变更，但自金末、元初在全国各地设立行省以后，地方行政区划格局以及省的建制基本上保持了下来，各地在漫长的历史发展过程中甚至形成了自己独有的文化传统，如重庆与四川在历史上就分别属于巴、蜀两个不同的文化系统，重庆从四川省划出来成为直辖市之所以能取得成功，其中一个十分重要的原因就是由于重庆的"巴"文化与四川的"蜀"文化相异，重庆升格为直辖市的成功无疑得益于自身独特文化传统的支持。这启示我们，在省级行政区划改革时，应当充分考虑历史与文化传统，应当考虑把具有相同或相近文化传统的地区划归在一起，成为一个单独的省级行政单位。

四、我国省级行政区划改革的政策建议

根据中共十八大和十八届三中全会精神，2020年前，要建立起科学完备的行政层级和行政区划体系。为实现这一目标，须做好对古今中外行政区划经验教训的鉴戒，抓住主要矛盾的主要方面，做好行政区划的改革工作。"缩省改革"，实际上是省级行政区划制度改革的简称。它以缩小省一级行政单位的行政疆域、提高省级政府的管理效率为目标，通过分割、撤并、新建等一系列操作增加中国省的数量，缩小省的疆域，并完成相关联的省级政府行政体制改

革。其中最棘手的难题在于新省的设置规模与设置范围，这是需要经过严密科学论证的量化性课题。切实处理好改革与发展、稳定的关系及局部利益与整体利益、眼前困难与长远发展的关系，找准改革的突破口，有计划、有步骤地推进行政区划改革，是行政区划改革成功的关键，也是发展社会主义民主政治和市场经济、构建社会主义和谐社会的客观要求。

省级行政区划改革是一个牵一发而动全身的系统工程，涉及政治、经济、文化等各方面，会带来一些复杂的利益重组和冲突，加上大多数省份已经有几百年的悠久历史，省籍本身已经具有一种人文价值，给予人们一种无形的凝聚力。因此改革将遇到的困难和阻力可想而知。这就需要充分研究，科学论证，明确思路，分析条件，有计划、有步骤地逐步推进。

（一）以新公共服务和扁平化组织理论为指导

"新公共管理运动"和扁平化组织理论给我国行政区划体制改革提供了新的理念导向。西方主要国家从 20 世纪 80 年代开始掀起了一场"新公共管理运动"。"新公共管理运动"的主要精神就是重新调整政府与社会、市场和企业的关系，即政府应当把一部分对社会公共事务管理的任务交还给社会，引入竞争机制，优化政府职能。同时，改革政府内部管理体制，实行分权化管理，倡导顾客意识，强调服务本位，建立扁平状的政府组织结构体系。这些主张无疑为我国各级地方政府增加管理幅度、减少行政层级提供了一个很好的、可行的基本思路。此外，世界各国行政区划体制改革的组织架构是一种紧凑、干练的扁平化组织结构。扁平化理论的核心就是减少管理中的中间层次，告别线形组织那种多层级的金字塔式的模式。目前世界上许多企业都在大刀阔斧地压缩管理层级，扩大管理幅度，实施管理结构的扁平化。美国通用电气公司原来从董事长到工人，有 24 个管理层级，经压缩后现在只有 6 层，原有的 60 个部门也减为 12 个，管理人员从 2100 人减为 1000 人。企业的制度可以作为政府行政体制改革与创新的参照或借鉴模式。在"政府适度仿企业化"的时代潮流中，我们没有理由将"组织扁平化"理论拒之门外。"组织扁平化"理论给我国地方行政层级的改革提供了一个新视点，即减少地方政府层级，构建扁平化行政层级。因此，如果我们的各级地方政府在这两种理论的指导下，真正从微观经济、社会领域中退出来，把过去那些"不该管、管不了、管不好"的事务交还给市场、企业和社会，并践行自身管理体制改革，那么，不仅可以转变政府职能和提升政府能力，而且也会使行政区划体制改革的"坚冰"最终得以融化。

（二）以优化地区布局和强化经济全方位辐射为基本出发点

众所周知，我国存在严重的省内地区间发展极不平衡的状况。从大范围看是东部与中西部的差别，而更普遍的是多个小空间内的差别，即各省内部的差别，主要是城市与乡村的差别，中心地区与其他地区的差别。而且，这样的差别不仅在经济欠发达的省份广泛存在，即使在经济发达的省份也不是个别的。如山东的胶东、鲁西，江苏的苏南、苏北，广东的珠江三角洲与外围地区，类似的情形在江西、湖南、湖北、陕西、甘肃、辽宁、四川都大量地存在着。因此，省级行政区划改革是较为可行的思路。其有利的因素至少有两个：其一，省级行政区划改革最根本的目的是缩小省的规模。建立新的省随之而来的是新的省级行政中心的出现，这就有了一批中心城市的出台；其二，省级行政区划改革将带来大批中小城市的崛起，这些城市应当是与人口的分布相匹配、呈较为均匀的态势广泛建立的。可见，省级行政区划改革，必然要出现以新的省级行政中心为龙头的大量城市，这些城市中的大部分将分布在经济欠发达地区或经济落后地区。实践证明，合理地调节区划能促进地区协调发展。

当新的行政中心和城市建立后，必然会带动周边广大地区经济的发展，这样的例子国外是很多的。巴西迁都巴西利亚后带动了内地经济的发展，哈萨克斯坦迁都阿斯塔那后带动了偏远地区的经济发展。国内的例子如，重庆（直辖）市、山东东营市、湖南张家界市、内蒙古鄂尔多斯市的崛起，明显地拉动了周边地区经济的增长，并造就了新的产业结构群。

（三）以适度增加省级行政区划数量、划小省级行政区划规模为中心

早在1000多年前的西汉时期，名臣贾谊在其流芳千古的《治安策》中就

新型城镇化进程中的行政层级与行政区划改革研究

写道:"欲求天下之治安,必众建诸侯而少其力,力少则易使以义,国小则亡(无)邪心。"1972年,当时的美国总统尼克松也曾建议我国政府划小一级行政区域规模,把现有的30个省市自治区扩展为50个左右。这两位中外政治家虽有巨大的时空差距,自然不可同日而语,但其看法却令人惊奇地"所见略同",即他们都主张应增加中央政府之下的一级地方建制(诸侯国或省)的数目。这不能不引起我们的深思。

目前,我国的一些省级行政单位在面积和人口上都过大,所辖区域自然条件、经济发展水平差别明显,造成省级行政单位管理和协调的困难,降低了行政效率,由此不得不设置一个中间层——市。与世界其他国家对比,中国的一级行政单位数量过少,管辖范围过大,因此增设省级行政单位是发展的必然需要。而随着交通、通信的发展,计算机和网络技术的大规模运用,信息的传递也越来越方便快捷,这也给增设省级行政区划提供了技术上的支持。省级行政区域的合理设置应当是以中心城市为依托,以中心城市至乡镇的辐射网络为范围,形成具有现代社会特征的行政区划结构体系。现代化进程的突出标志,就是城市化程度的不断提高,通过中心城市的发展,带动中小城市、小城镇的发展,并以这些区域的经济发展为支点,形成现代经济发展的完整网络。中心城市综合实力的大小,以及与中心城市连为一体的中小城市群、小城镇的数量及综合实力的大小,决定了省级行政区域的范围和规模。因此,在积极发展小城镇和中等城市的同时,努力规范和扶持发展一批中心城市,对整个区域发展真正起到应有的带动作用,对城市化起到引导和标志作用。直辖市在这方面的作用是非常突出的,重庆市已提供了成功的范例。

笔者认为,划小省级行政区划规模,增加省级行政区划数量,总的来看利大于弊。第一,它有利于各地因地制宜地制定和采取切合实际的政策和地方性法规,避免"一刀切"。以江苏为例,长江天堑将全省割成了苏南、苏北两段,地理上的自然分割,也形成了经济文化上的巨大差异,而发展中的个性差异与各项政策上的一统化形成巨大反差。其次,有利于减少管理层次,缩短信息周期,提高管理效率。第三,有利于形成更有力的竞争态势,使分散主体之间相互竞争,形成活力。第四,有利于增加工作透明度,便于自上而下、自下而上地相互监督,从而有效地避免工作的主观性、随意性。最后,有利于解决省与省之间比例失调、大小不均的问题。

我国著名的政区地理学家刘君德先生曾经指出："行政区划对经济发展的影响主要是通过行政建制的撤设、行政区的规模等级、行政区范围的合理性及行政中心的设置等方面进行的。根据经济社会发展的需要，合理增设行政区对区域经济发展会起到明显的推动作用。"因此，省级行政区划的调整，首先要着眼于经济发展，其次也应考虑到地形、国家安全、管理便利以及文化传统、民族分布等因素。如现行行政区划中的内蒙古自治区和甘肃省，区域版图过于狭长，东西地理环境、经济、文化等方面均存在较大差异，似可适当拆分。在新省会选址问题上，重点考虑新省会城市的人口和经济规模以及水源、交通等方面因素，以能够在较大区域内发挥中心城市辐射作用的大中型城市作为首选，以适应区域政治、经济、文化可持续发展的需要。

（四）以增设直辖市、发挥中心城市的辐射带动功能为重点

由于我国幅员辽阔，各省（区）地理条件、经济与社会发展水平差别较大，迫切需要有一批超级中心联合邻近省（区），组成若干个大经济区，通过加强横向联系，互补互济，促进区内各省（区）协调发展；通过统筹规划和分期分批开发建设，扬长补短，逐步建成若干个相对独立、各具特点的强大区域经济体系。

我国现有北京、上海、天津、重庆4个直辖市，行政区划上与省、自治区等同，属于国家一级行政区划。在我国目前和今后的经济与社会发展中，这些城市以其雄厚的经济基础和巨大的发展潜力，起着国家经济的支柱作用，以其强大的辐射力与内聚力，影响和带动邻近省（区）的经济与社会发展，起着超越省（区）界线的超级中心的作用。从这个意义上考虑，把一些已经具备条件的大经济区中心增设为直辖市，行政上与省（区）同级，经济上赋予大经济区组织协调和发展中心职权，有助于加速大经济区形成发展和充分发挥超级中心城市作用。这也是增设直辖市的主要依据。此外，新设直辖市的规模应该缩小，不应再设立重庆那样的直辖市，市下还套着两层市，相当于一个省，与市的名称实质相差很大。同时新直辖市应该是大的区域里的首位中心城市，有足

够的发展空间，应与原有直辖市有一定距离，否则会浪费资源、增加内耗，抵消和减弱中心城市的辐射功能。

（五）与市县脱钩、省县直辖、减少行政管理层次相配套

中国地方政府设立三级建制：省、县（市）、乡（镇）应该说是最符合管理学原理和我国现阶段国情的。考察一下实行市场经济的国家，尚找不出一个五级架构的政府。这就需要改革目前的"市管县"体制，变四级建制为三级建制。应该说市管县体制实行近20年来，在密切城乡关系、加强城乡合作、促进城乡一体化等方面起到了积极的推动作用。但市管县体制阻碍了城乡资源的合理流动和优化配置，"市"还往往通过截留指标、资金、争项目、财政提取和各种行政审批侵占县（市）的利益，从而严重影响和束缚了县（市）经济社会的发展。因此改革市管县体制势在必行，其关键在于实行"市县分置"，互不隶属。这样，虽然市和县之间的功能和特点不同，但它们都是省分块管理的行政区域，都是处于省之下的第二级行政建制。同级行政建制上的每一行政单位，不论大小一律平等，它们之间不存在谁管谁的问题，都统一由所属的上一级行政单位管辖。"市"只管理城市自身一块，县（市）改由省直接管理，尤其县（市）的计划、经贸、外经贸、国土资源、交通、水利、建设、财政等经济管理事项，甚至是人事管理，改由省直接管理，这样有利于城乡资源的合理流动和优化配置，进一步促进县（市）经济社会的发展。

然而，市县分置，省县直辖，必然会出现一个问题，这就是现阶段我国省以下一般有十几个地级市，而每个地级市又管辖着十几个县（包括县级市），省县直辖，就意味着省级政府要担负起管理至少一百多个县的重任。管理面太广，不利于行政效能的发挥。这就必须缩小省的管理范围，把省划小，取消中间管理环节，同时根据各地的实际情况，主要是考虑人口、面积以及经济发展和社会进步等因素，将现有的规模偏小的县进行合并或是将小县并入大县，从而实现省级政府对适量的县（市）级政府的直接管理，既减少了行政层级，又有利于提升省级政府的管理效能。可见，增加省级行政区划数量，增设直辖市，与省县直辖，减少行政管理层次，是相辅相成、互为条件的，因此需统筹

协调，平衡推进。

（六）加强行政区划法制建设

中国现行行政区划调整的法律依据主要是《宪法》、《组织法》及其他相关法规，如国务院《关于设置市、镇建制的决定》(1955)，中共中央、国务院《关于调整市镇建制、缩小城市郊区的指示》(1963)，国务院《关于行政区划管理的规定》(1985)，民政部《关于调整设市标准和市领导县条件的报告》(1986)，《中华人民共和国地名管理条例》(1986)，民政部《关于调整设市标准的报告》(1993)，民政部《关于地名管理条例实施细则》(1996)等。上述法律法规有力地推进了中国的行政区划改革，但也存在一些问题亟待解决。如：大多数法规位阶较低的问题；地级市可辖县级市，而直辖市的郊区不能设市，只能走县改区的道路，混淆了区和市、县的区别。由此可见，修改完善相关法律法规，制定完善的《中华人民共和国行政区划法》成为一项十分紧迫而重大的任务。①

综上所述，减少行政区划层级是大势所趋，行政区划体制改革要从整体利益和国家大局出发，坚持行政区划的顶层设计与摸着石头过河相结合，创新行政区划优化思路和方式，顶层设计要科学，实验探索要灵活，既要从长计议、系统运筹，又要立足当前、突出重点，以省直管县和扩权强县作为行政区划深度优化的着力点和发力点，以提升基层社会治理能力倒逼行政区划扁平化，统筹各方关系和利益，兼顾近期与长远，切实实现中国行政区划优化工作的系统、科学、精准与可持续，更好地为经济社会发展全面协调可持续发展提供基础支撑条件与保障。

---

① 刘君德、冯春萍、华林甫、范今朝：《中外行政区划比较研究》，华东师范大学出版社 2002 年版，第 20—37 页，第 321—403 页，第 431—453 页。

第五章
计划单列市改革研究

计划单列是我国计划经济时期的一种特殊管理方式。所谓计划单列，是指在现行行政隶属关系基本不变的前提下，城市经济、科技和社会发展的各项计划在国家计划中单独列出户头，直接纳入国家计划，进行综合平衡。[①] 改革开放以来，绝大部分"计划"已不复存在，但计划单列市作为一种体制产物，至今仍然存在。目前，我国共有深圳、青岛、大连、宁波、厦门5个计划单列城市（以下简称"单列市"）。总体而言，它们走在改革开放的前沿，多为省内经济社会发展的龙头和标杆，是东部地区乃至全国最有活力的城市。随着我国工业化、城镇化进程的发展，昔日的单列市何去何从，是一个亟待重视、研究和解决的问题。

一、计划单列的历史沿革

（一）新中国成立以后的三次计划单列改革

新中国成立以后，我国进行过三次计划单列改革。第一次计划单列是在1954年至1958年。1954年，中央裁撤东北、华北等6大行政区，同时将重庆、武汉等9个城市由直辖市回归为省辖市，但对重庆、武汉等若干城市实行计划单列。1958年"大跃进"，各省都要建立以省为单位的独立自主的国民经济体

---

① 顾国新、王建平：《城市计划单列的评价及政策选择》，《计划经济研究》1990年专刊二。

系，计划单列被取消。①1964年至1967年，为加强对特大城市的领导，对天津、沈阳、武汉、广州、重庆、西安6大城市恢复计划单列，这是第二次计划单列。②"文化大革命"中，计划单列则在不知不觉中被取消了。

表5.1　1991年14个计划单列市基本情况

城市名	标准时间	财政、金融单列情况	曾是否直辖或单列
重庆	1983年2月国务院批准	财政、信贷、国库单列；财政体制为中央、省、市三挂钩	1949—1954年为直辖市 60年代计划单列市
武汉	1984年5月国务院批准	财政、信贷、国库单列；财政体制为中央、省、市三挂钩	1949—1954年为直辖市 60年代计划单列市
沈阳	1984年7月国务院批准	财政、信贷、国库单列；财政体制为中央、省、市三挂钩	1949—1954年为直辖市 60年代计划单列市
大连	1984年4月国家计委批准7月国务院确认	财政、信贷、国库单列；财政体制为中央、省、市三挂钩	1950—1954年为直辖市
广州	国务院〔1984〕137号文批	财政计划、信贷单列、国库不单列；财政体制同中央不挂钩，单列不单算	1949—1954年为直辖市 60年代计划单列市
西安	国务院〔1984〕137号文批	财政计划、信贷单列、国库不单列；财政体制同中央不挂钩，单列不单算	1949—1954年为直辖市 60年代计划单列市
哈尔滨	国务院〔1984〕137号文批	财政、信贷、国库单列；财政体制为中央、省、市三挂钩	1949—1954年为直辖市 60年代计划单列市
青岛	1986年10月国务院批准	财政、信贷、国库单列；财政体制为中央、省、市三挂钩	
宁波	1987年2月国务院批准	财政计划、信贷、国库单列；财政体制为中央与市两挂钩	
厦门	1988年4月国务院批准	财政、国库尚未单列；信贷已单列	
深圳	1988年10月国务院批准	财政、国库尚未单列；信贷已单列	
南京	1989年3月国务院批准	财政、国库尚未单列；信贷已单列	1949—1952年为直辖市
成都	1989年3月国务院批准	财政、信贷、国库皆未单列	
长春	1989年3月国务院批准	国库单列，信贷不单列；财政体制上不同中央挂钩	1953—1954年为直辖市

①　马述林、艾新全、俞荣新：《重庆经济体制综合改革试点回顾》，《红岩春秋》2008年第4期。
②　张孟林：《武汉市计划单列回顾》，《武汉文史资料》2007年第2期。

第三次计划单列是从1983年开始的。此次城市计划单列的条件是：历史上长期形成的中心城市地位；具有雄厚的工商业基础和科学技术力量；拥有100万以上的市区人口，150亿左右的社会总产值；具有"对外开放，对内搞活"的重要战略地位；在全国经济发展中具有某种特别作用的特大城市。[1] 自1983年到1990年，中共中央和国务院先后批准了对重庆、武汉等14个城市实行计划单列，详细情况如表5.1所示。[2] 1993年8月，国家决定将原14个计划单列市和杭州、济南两市正式确定为副省级市，同时取消武汉、广州等8个省会中心城市计划单列，仅保留重庆、深圳等6城市计划单列。[3] 1997年，重庆升格为直辖市。从而形成当前深圳、青岛、大连、宁波、厦门等5个计划单列市的格局。2012年全年，5个计划单列城市总计实现GDP3.6万亿，占全国7.06%，地方财政预算内收入4051亿，占全国地方财政收入6.63%，各市详细数据见表5.2。

相比较而言，1983年开始的第三次计划单列改革，其试点城市充分，单列内容彻底，权力下放有力，配套政策全面，持续时间较长，是一次较为综合的改革。在改革开放初期计划经济占主导地位的环境下，迅速激发了各市活力，是探索建设中国特色社会主义市场经济过程中的一项重大实践。

表5.2　2012年计划单列市GDP与财政收入情况　　（单位：亿元）

计划单列市	GDP 绝对值	GDP 全国排名	GDP 全国占比	地方财政预算内收入 绝对值	地方财政预算内收入 全国占比
深圳	12950.1	4	2.49%	1482	2.43%
大连	7002.8	12	1.35%	750	1.23%
青岛	7302.1	10	1.41%	670	1.10%
宁波	6582.2	14	1.27%	726	1.19%
厦门	2817.1	26	0.54%	423	0.69%
合计	36654.3		7.06%	4051	6.63%

数据来源：据国家统计局网站数据整理，http://data.stats.gov.cn/index。

---

[1] 王保奋、孙学光：《社会转型期的计划单列市：功能、困境与出路》，《社会主义研究》1992年第4期。
[2] 《城市计划单列基本情况一览表》，《经济体制改革》1990年第6期。
[3] 边文：《八个省会中心城市取消计划单列》，《中国经济体制改革》1993年第8期。

第五章　计划单列市改革研究

除国家对中心城市进行计划单列外，计划单列也广泛应用于省、大型企业集团、新疆生产建设兵团、县和乡镇。1986年8月，海南行政区被国务院批准赋予省一级的经济管理权限，实行计划单列，和各计划单列市具有同等地位，直到1988年海南正式建省。1987年国家决定在计划管理体制上进行新的突破，对一些关系国计民生的重要大型工业企业集团实行国家计划单列的改革措施。[1] 1990年国务院下发国函〔1990〕24号文件，明确新疆生产建设兵团的国民经济和社会发展计划，按行业纳入国务院有关部门计划，实行计划单列，赋予兵团相当省一级的经营管理权限。2010年，中央机构编制委员会办公室（简称"中央编办"）确定安徽、河北等8省区30个县（市）进行省直管县体制改革试点，从各试点县（市）改革模式来看，大部分采取的是省内经济社会发展单列方式。[2] 2011年，深圳市前海深港现代服务业合作区拥有了在非金融产业项目上相当于计划单列市的管理权限。[3] 2012年，海南省省会海口市推行计划单列镇。[4] 2013年2月，江西省新余市通过计划单列的方式推进市直管镇改革。[5]

（二）计划单列改革的主要政策措施

1983年开始的计划单列改革是以计划单列为核心，同时赋予其省级经济管理权和进行经济体制综合改革试点的"三位一体"的一系列综合改革。[6]

首先，计划单列就是将一批大中城市国民经济和社会发展的各项计划指标从省里分列出来，直接纳入国家计划中进行综合平衡，并由国家计委和国务院各有关部门将计划指标直接下达到各计划单列市。省管理的计划指标由省统一下达到单列市，由单列市负责本地区计划的综合平衡，并负责运用各种经济杠

---

[1] 宋群：《对大型企业集团实行国家计划单列的回顾与思考》，《集团经济研究》1992年第2期。
[2] 张占斌：《省直管县改革新试点：省内单列与全面直管》，《中国行政管理》2013年第3期。
[3] 杨丽花：《前海非金融项目计划单列市权限定方案》，《证券时报》2011年8月22日。
[4] 光明、张闻达：《今后五年海口试行计划单列镇》，《海口晚报》2012年1月18日。
[5] 吴晓敏：《我市在全省率先推进市直管镇改革》，《新余日报》2013年2月25日。
[6] 黄振奇、宋群：《我国计划单列城市的经济建设和社会发展情况》，《计划经济研究》1991年第8期。

杆调节经济和社会发展活动。具体而言，计划单列市在国家计划中单列的内容主要包括：工农业生产计划、固定资产投资计划、能源供应计划、对外贸易计划、主要物资和商品分配收购调拨计划、劳动工资计划、财政信贷计划、科技和社会发展计划等。计划单列市可以参加有关计划方面的全国会议，向国家计委和有关部门直接通报国民经济和社会事业发展方面的重大问题和情况。

计划单列中的一个重大创新就是"计划单列三原则"[①]。一是单列市确定为"省级计划单位"的原则。即把计划单列市作为一个相当于省一级的计划单位，在国家计划中单列户头。二是"全面单列"的原则。即经济社会发展各项计划均实行单列。三是"先二后一"的原则。即先分别统筹安排单列市及其所在省的各项指标，分别确定以后，再汇总统一。这三条原则，明确了计划单列市的经济社会发展管理层级，扩大了计划单列的范围和内容，规范了计划单列的操作程序。

其次，赋予省级经济管理权限是指在不改变省辖市的行政关系条件下，在投资、物资、利用外资和外贸、财政等主要方面给计划单列市相当于省一级的经济管理权限，由市直接承担完成国家计划和上缴财政任务的责任。到1991年，14个计划单列市在投资方面，凡能源、原材料、交通行业，享有5000万元以下的审批权，其他行业享有3000万元以下的审批权；在物资方面，可以直接与物资部挂钩，并组织供货；在利用外资和外贸方面，沿海开放城市享有3000万美元以下的利用外资审批权，内地城市享有1000万美元以下的审批权；计划单列市都有外贸自营进出口权，有权批准本地区成立外贸企业和授予一些企业外贸进出口权；在财政方面，除了广州、西安等少数城市以外，大多数城市的财政都与中央财政直接挂钩结算。

最后，进行经济体制综合改革试点，指在企业管理、流通、劳动工资、行政区划等重要的管理体制方面实行一系列配套的改革试点。主要措施包括：第一，在企业管理体制上，充分发挥全地区的生产能力，中央各部的企业除铁路、交通、原材料和军工等少数关系国计民生的大型骨干企业外，一律下放给

---

① 陈之惠、马述林：《重庆计划单列的那些年——改革开放初期国家计委运作的一项重大改革》，《中国经济导报》2013年6月20日。

单列市管理。省属企业基本上也要下放到市,形成以中心城市为主体,统一组织科研生产、技术合作和发展各种形式的横向经济联合。第二,在流通体制上,从建立少环节和开放型的贸易以及批发中心入手,按经济联系和商品的合理流向组织城乡流通网络,省的商业二级站下放到市,与市公司合并,由市统一组织收购和调拨,所有的批发企业都办成自主经营的经济实体,物资部门要按经济合理流向组织网络,逐步形成新的联合体。第三,在财政金融体制上,确立市与中央财政包干的具体比例,划分中央、省、市的财政收入,同时,赋予市银行相当于省行的职权。第四,在对外开放上,充分利用中心城市的地理优势,扩大对外开放,发展一批经济技术开发区和沿海开放区,促进城市的对外贸易、经济技术合作和交流。计划单列市已形成了不同程度的对外开放层次,有深圳特区,有大连、青岛、宁波等沿海开放城市及这些城市建立的经济技术开发区。第五,在劳动工资体制上,改革劳动制度,在用工、工资奖励及劳动保险等方面进行试点,建立劳务市场,促进人才交流和合理流动。第六,在行政区划范围上,适当扩大城区,实行市管县的管理体制。以城市为依托,以乡镇企业为纽带,带动所属县郊的农村经济发展,促进城乡经济的共同提高。

二、城镇化进程中计划单列市面临的主要问题

在改革开放初期,计划单列改革在一定程度上加快了这些城市的发展步伐。通过扩大计划单列改革的经济管理权限,这些城市的对外经济贸易迅速兴起,形成了多种形式的消费品市场、生产资料市场、资金市场、科技市场和劳务市场,组建和发展了一批实力较强的重点企业集团,强化了中央对全国经济的宏观调控,维护了国民经济的发展和社会的稳定。[①] 另外,在计划单列市首先开展的一些重大改革措施,如企业承包、税利分流、放开生产资料市场、对外开放、工资改革、军民结合等,都已在全国范围内铺开,并取得了

---

① 黄振奇、宋群:《我国计划单列城市的经济建设和社会发展情况》,《计划经济研究》1991年第8期。

积极成果。

但是，计划单列改革在取得成效的同时，也加剧了省市矛盾，形成一些重复建设。随着我国城镇化进程的加快，计划单列市普遍存在难以融入周边城市群的困境，难以与周边大中小城市和小城镇形成合理分工、功能互补的协同发展格局，难以超越中心城市孤军奋战的发展模式，需要进行改革。

1. 计划单列的政策红利已逐步消减

伴随全面深化改革各项任务的稳步推进和中国特色社会主义市场经济体制的逐步完善，改革已经成为发展的核心动力。我国推动经济社会发展的主要抓手已从政策资金优惠转向赋予机制体制创新自主权和先行权。在这一背景下，自1994年国家取消8省会城市计划单列以来，计划单列改革近20年没有重大的修改、完善或强化，计划单列改革所包含的各种政策资金优惠必然逐步削减。具体而言，计划单列市享有的政策优势主要有经济社会指标单列、赋予省级经济管理权限等两项。而当前这两项改革措施的效用均有相当程度的削减。

经济社会指标单列的项目范围有限。经济社会指标单列是计划单列改革的核心内容，当前主要是在土地、发改、财政等方面指标的单列。金融、节能减排、能源总量等方面没有实行单列，或者单列不单算。至于早期所包含的物资调配计划指标等内容则早已取消。

单列市享有的省级经济管理权限相对萎缩。经济管理权限和行政管理权限本身就是相互交叉重叠的。由于经济管理权限缺乏明确的定义和法律保障，许多权限都被认定为行政管理权限而不被赋予各单列市。至于新设立的权限或由国家部委向地方下放的权限，则更普遍不被单列市所拥有，除非国家部委在相关文件中明确将其赋予单列市。例如，在2012年至2014年1月的5次国务院取消和调整行政审批项目的工作中，[1] 累计有147项由国家部委向地方下放的审批事项，其中28项为环保、教育、文化等审批，其余119项均与经济直接相

---

[1] 《国务院关于第六批取消和调整行政审批项目的决定》（国发〔2012〕52号）、《国务院关于取消和下放一批行政审批项目等事项的决定》（国发〔2013〕19号）、《国务院关于取消和下放50项行政审批项目等事项的决定》（国发〔2013〕27号）、《国务院关于取消和下放一批行政审批项目的决定》（国发〔2013〕44号）、《国务院关于取消和下放一批行政审批项目的决定》（国发〔2014〕5号）。

关。而119项经济审批事项中只有2项明确下放到了单列市，另有4项下放给地方政府相关部门，其余113项只下放到省级政府相关部门。

2. 开发强度过高使单列市面临更加严重的人口、资源和环境约束

东部地区在城镇化进程中普遍面临着资源环境压力加大、要素成本上升、国际竞争加剧的挑战。作为东部地区最活跃的一批城市，单列市在城镇化中受到的约束更加严峻，肩负的任务更加艰巨。

首先，计划单列市的开发强度远远高于东部平均水平。2012年东部地区在9.5%的国土面积上实现了全国51.3%的GDP，平均每平方公里实现GDP3229万元、承载户籍人口562人，开发强度较大，属于优化开发地区。而5个单列市在全国城市GDP排名20强中占据了4个席位，在0.4%的国土面积上实现了7.06%的GDP，平均每平方公里完成GDP 9639万元、承载户籍人口635人。[①] 相比之下，单列市的开发强度远高于东部地区平均水平，水土资源更加紧缺，生态环境形势更加严峻。

其次，流动人口占比过高，流动人口市民化困难较大。与经济活力相应，单列市具有极强的外来人口吸纳能力。这使得各单列市流动人口与户籍人口的比例普遍偏高。根据第六次人口普查结果，5个单列市常住人口合计3690万人。其中流动人口（非户籍人口）1326万人，占常住人口的35.93%，与户籍人口的比例为0.56:1。这一问题最为突出的是深圳，该市流动人口占常住人口的74.91%，与户籍人口的比例高达3:1。单列市要解决流动人口落户问题，保障其在医疗、住房、子女入学等各方面的基本权利，就要将其公共服务供给能力平均提高56%，同时保障这一公共服务供给水平的质量和长期可持续性。在流动人口占比偏高、资源环境约束趋紧、财力增长放缓的环境下，单列市流动人口市民化必然是一个艰巨而长期的挑战。

3. 单列市和周边城市产业趋同，不利于区域经济协调发展

计划单列改革初期，单列市与所在省之间低水平重复建设和产业趋同问题

---

① 国家统计局编：《2013年中国统计年鉴》，http://www.stats.gov.cn/tjsj/ndsj/2013/indexce.htm。

就已较为明显。① 由于缺乏有力的协调机制,这一问题至今仍未解决并日趋严重。单列市与周边城市区域产业结构相似度高而互补性差,不利于构建城市间产业分工协作的新格局,极大地阻碍了人口和产业由单列市向周边城市的疏散转移,抑制了单列市辐射带动能力的发挥,是东部地区城镇化和城市群建设中的一个重要问题。

总之,计划单列改革是从计划经济体制向中国特色社会主义市场经济体制过渡的一种有益尝试和探索,伴随着市场经济体制的完善,其基本方向是退出历史的舞台。

三、改革计划单列市的政策建议

总体而言,计划单列市的发展方向是更好融入周边城市群,形成区域协同发展的新格局。为此,我们提出以下改革建议。

1. 升格为直辖市:深圳

将深圳升格为直辖市,主要是将深圳的行政由省管理改为中央直管,同时也将中央的干部管理的范围从深圳市四大班子正职扩大到各主要领导。深圳具有升格为直辖市的经济和财政基础。由于财政与行政体制的摩擦,在同类城市中,深圳升格为直辖市的需求最为迫切。与各直辖市相比,深圳市的辖区面积和人口均偏少。直辖后,深圳面临的资源环境和空间制约将会更加严重。因此,深圳直辖必然要通过行政区划的调整扩大其辖区范围。一个可行的方案是将惠州市与现深圳市合并为深圳直辖市。

行政管理幅度增加,是单列市升格为直辖市的主要成本制约。国务院新增一个管理幅度,意味着国务院办公厅、组成部门、直属机构、办事机构、直属事业单位等 78 个单位都要增加一个管理幅度,其工作量都要增加 1/34。这一

---

① 顾国新、王建平:《城市计划单列的评价及政策选择》,《计划经济研究》1990 年专刊二;王保畲、孙学光:《社会转型期的计划单列市:功能、困境与出路》,《社会主义研究》1992 年第 4 期。

巨大成本的确是巨大的。而各直辖市经济社会的繁荣，尤其是重庆升直辖市以后的高速发展，都证明了省级行政管理权限对经济社会发展的巨大推动作用。

与各省级行政区（不含港澳台）相比，深圳的公共财政收入已超过平均水平。2013 年来源于深圳的公共财政收入达到 4818 亿元，占全国公共财政收入（129143 亿元）的 3.73%，高出各省级行政区的平均值（3.23%）0.5 个百分点，其中中央级收入 3087 亿元，占全部中央财政收入（60174 亿元）的 5.13%，高于平均水平 1.9 个百分点。[①] 这表明，深圳新增一个行政管理幅度是有财政基础支撑的。在理顺行政财政间关系以后，深圳的活力得以更充分地发挥，其经济社会的进一步发展也是可以预期的。

与其发展状况类似的城市相比，深圳的直辖更为迫切而必要。其他较发达的城市，如广州、武汉、成都等，普遍都是省会城市，是各省发展的绝对重心，其向省的各项申请和请求一般都会得到高度重视和积极回应，因此赋予其省级行政管理权限的效用是非常有限的。至于苏州、无锡等非省会城市，其财政、行政体制都是由省管理的，不存在财政行政体制的摩擦这一问题。

与现有直辖市相比，深圳在辖区面积、常住人口等方面存在一定差距，必须通过行政区划调整扩大其辖区范围。北京、天津、上海平均辖区面积为 11566 平方公里，平均常住人口为 2029 万人。重庆则辖区面积更大，人口则更多。而深圳辖区面积仅为 1997 平方公里，人口 1063 万人。直辖后，深圳与广东将完全分开，深圳面临的资源环境和空间制约将会更加严重。因此，深圳直辖必然要通过行政区划的调整扩大其辖区范围。一个可行的方案是将惠州市与现深圳市合并为深圳直辖市。合并后，深圳直辖市的面积将扩展到 13197 平方公里，常住人口增加到约 1500 万，而惠州市则保持其行政级别不变。

2. 回归普通副省级城市：厦门

将厦门归回普通副省级城市，就是将厦门的财政由中央直管转变为省管理，并不会影响中央的税收分成比例，只是将当前单列市的税收分成在省市之

---

① 《2014 年深圳市政府工作报告》，http://sz.people.com.cn/n/2014/0207/c202846-20519140.html；《财政部发布 2013 年 1—12 月全国财政收支情况》，http://www.gov.cn/gzdt/2014-01/23/content_2573892.htm。

间重新分配，厦门的城市级别和享有的省级经济管理权限仍保持不变。

省市间竞争制衡机制的弱化，是阻碍单列市回归普通副省级城市的一个主要顾虑。单列市的财政由中央直管转变为由省管理，增强了省对单列市的财政控制，使得单列市更好地融入了省的发展规划之中，从而极大地弱化了省和单列市之间原有的竞争制衡机制。

破解行政与财政间的体制摩擦，加快厦门的改革发展步伐是厦门的主要问题。而其与省之间的竞争制衡作用一直都不突出，属于次要问题。回归副省级城市以后，不会影响厦门在军事国防上的战略地位。

厦门回归副省级城市，破解了厦门行政与财政间的体制摩擦，使其更好地融入省内的城市群建设，缓解了厦门市的资源环境和空间制约，极大地增强了厦门的改革发展活力。这一改革方案，既没有对中央、省、单列市各方造成利益损伤，还使各方都能分享厦门发展改革的成果，并且实际操作成本也较低，是一个可行性较高的方案。

3. 构建发展成果分享机制，授予一定省级管理权限：青岛、大连、宁波

青岛、大连、宁波三市，既不适合升格为直辖市，也不适合回归普通副省级城市，应从构建发展成果分享机制、授予一定省级管理权限等两方面来缓解其行政与财政的体制摩擦问题。

构建发展成果分享机制，就是在维持当前各单列市财政中央直管的前提下，允许单列市通过一定方式增加对省的财政贡献，使单列市能较好地融入周边城市群，缓解单列市的资源环境和空间制约。具体而言，有三种方式：第一，通过构建省市合作园区或采用一事一议的方法，对省安排在各单列市落地的产业项目、总部机构等，由省市共同分享其财政收入。第二，在中央确定的财政体制外，根据实际经济财政状况，各市可适当提高对省的定额上解资金规模，并形成一定的增长和调整机制。第三，各市可以通过对口支援等方式，支持省内其他城市的建设。

授予一定省级管理权限，就是扩展各单列市拥有的省级管理权限，主要涉及财税金融、物价、教育等一些各单列市迫切需要的管理权限，如小额贷款公司试点审批权限、融资性担保公司监管权限、高校设置权限、高等职业教育管

理权限等。主要有两种方式：第一，国家直接将权限下放到各单列市。第二，在构建发展成果分享机制的基础上，省将一定的省级管理权限下放到各单列市，但单列市需要到省里备案。

在构建发展成果分享机制，授予一定省级管理权限的基础上，国家可以在国家发展战略中对单列市和省各方面的定位分工予以明确，适度降低二者间的竞争，推动单列市和省之间适度竞争合作格局的形成。如国务院批复的《山东半岛蓝色经济区发展规划》就在青岛和山东之间的优化海陆空布局，构建现代海洋体系，统筹海陆基础设施建设，创新蓝色经济区一体化发展机制等方面起到了巨大的统一协调作用。

总之，计划单列市尽管有一定的历史贡献，但随着社会主义市场经济的完善，计划单列市的政策红利已不复存在，与所在省中心城市的矛盾日见突出，应当适时改革。

第六章
新设市问题研究——以中西部经济强县为例

一、改革开放以来我国"市"一级的历史沿革

改革开放以来，我国市一级行政体制进入一个快速发展的历史时期。大致而言，经历了三个重要的调整阶段：城市的恢复发展阶段（1978—1985）；城市的快速增长阶段（1986—1997）；城市设置的严格控制阶段（1998—现在）。从政策层面讲，主要有以下几个时期。

（一）改革开放之初的撤县设市

为推进改革开放，1983年5月，民政部等部门向国务院上报了《关于地市机构改革中的几个主要问题的报告》，提出了撤县改市和撤销县并入市的标准。经国务院领导批准，这个报告作为内部掌握的主要条件开始试行。这一政策进一步推进了城市数量的增长。1985年全国市的总量达324个，同1980年相比，5年新增101个城市，年均增加20个，标志着我国城市发展进入了快车道。1986年2月，民政部正式向国务院上报了《关于调整设市标准和市领导县条件的报告》，并得到批准。1986年的设市标准，是改革开放以来，中国政府正式颁布的第一个系统性的关于设市标准的文件。这一标准在指导思想上，由控制紧缩转向积极发展，放宽了对设市条件的管治。在设市模式上，由城乡分离、各自为政转向城乡结合、协调发展，提出了整县改市的新模式，鼓励各地根据实际情况，因地制宜，实行整县改市和切块设市两种模式。在指标体系上，增加了国民生产总值这一综合经济指标，用新的非农业人口概念替代传统的非农业人口概念，更好地反映了客观现实。同时，兼顾了一些特殊条件的地区，增

加了少数民族地区、重要科研基地、著名风景名胜区、交通枢纽、边境口岸等设市的特殊需求。总体而言，撤县设市和中国区域经济发展水平比较吻合，撤县设市密集发生的地区都是中国经济和城市化水平发展较高、较快的区域，如长江三角洲、珠江三角洲、山东半岛、江汉平原以及中原地区等。县改市模式作为改革开放以来我国市制改革的新生事物，对促进县域经济的发展有一些积极的影响。整县改市实现了从县到市的政体转变，带来了城市意识，促进了县域经济的功能、管理体制、领导决策、发展战略由农村向城市转变。

由于整县改市引起的设市热，冲击了我国地方以县制为主要特色的传统行政管理系统，并引发诸如假性城市化的问题，1997年，国务院做出暂停审批县改市的决定。一些学者认为，中国特有的广域型设市模式，不符合设置城市型政区的基本宗旨。城乡属于两种不同范畴的地域，它们在人口分布、经济发展及社会、环境方面的差异性，决定了城市与乡村对行政管理体制的不同需求，在城市内部需要统一规划，集中式管理，而农村则可以相对分散、放权。有效地管理城市地区的人口、经济、社会活动，是设置城市型政区的目的所在，也是西方国家始终坚持"城乡分治、城乡分立"原则的根本原因。中国现行的广域型设市模式，使市县在地域上趋于一致，管理对象的趋同性失去了设置城市型政区的意义，市政府在管理上无法突出城市这个中心，甚至会造成城乡两方面管理的顾此失彼。由于整县改市的标准偏低以及其他因素，造成部分县改成建制市以后，辖区的城市特征不明显，含有大量的农村人口，行政管理上要花很多的精力统筹兼顾城区和农村地区，影响了整县改市模式的政策声誉。

（二）20世纪80年代市管县体制的形成

20世纪80年代，为实现以城带乡的发展目标，中央决定对发达地区一些县市升格或地区改市，改革主要是推行市管县体制。这一行政区划调整一直持续到现在，其间在1984年和2000年有两次高峰，现在除少数民族自治区以外基本都完成了地区改市的行政区划调整。我们认为，中央在当时决定推行市管县体制的理论设计是好的，也与当时改革环境相适应，在一定时期发挥了积极作用，特别是对推动地级市的发展起到了很大的促进作用。面对城乡长期分治造成的条块分割、城乡分割严重制约经济社会发展的局面，中央希望中心城市发挥优势，带动整个区域经济发展，其思路和出发点无疑是正确的。从推进计划经济向市场经济转轨角度来看，市管县体制是有贡献的。它在一定程度上满足转轨时期增强中心城市作用的同时，客观上起到冲破原有计划体制，导向市场经济体制的作用。恰恰是它推进和培养了改革的要素，准备了市场化的条件。市管县体制发育的区域梯度格局与我国城镇化发展水平的区域梯度格局有明显的一致性。市管市的行政区划主要分布在东部省市。市、县混合结构关系的行政区划格局在区域分布上呈现出明显的过渡性，东中西部省区都有分布，而市辖县的行政区划主要分布在西部省区。

市管县体制在城镇化发展方面起到了很大的促进作用，但随着市场经济的推进，这种体制的弊端逐步暴露出来。推行市管县体制，本意是以中心城市带动城乡一体化发展，但20多年实践表明，多数地方没有达到省管县的初衷，反而多出来一级政府。市管县本质上是一种重城轻乡的体制，这种体制总体上不利于统筹城乡发展，地级市容易对辖县产生挤出效应，使农村大量发展资源流的城市。市管县体制存在的主要问题是没有完成城市支持农村的任务，反而固化了城乡二元结构，导致"三农"问题日益突出。理论界多项研究表明，由各省经济落后地区转为地级市的，大部分城市化水平较低，城市内涵较少，可以认为是为全面完成建立市管县体制而加快完成的，行政区划意义远大于根据城市化水平的考量。

（三）快速城市化进程中的撤县设区改革

在我国快速城镇化发展过程中，撤县设区这一行政区划调整，在过去一段时间是一个突出现象。撤县设区是20世纪80年代末从上海开始的，随后北京、天津、武汉、广州、杭州等一些大城市也开始将一个或多个所辖县或代管市改为市辖区，现在撤县设区已成为各地行政区划调整变更的一种重要形式。理论界一般认为，撤县设区主要有这样两方面原因：一方面是改革开放后，大中城市经济得到迅速发展，原有的城市空间不同程度束缚了经济社会发展，且有的中心城市原有市辖区结构不合理，这样迫切要求重新调整市辖区的格局，拓展城市发展空间。另一方面，1997年国务院做出暂停审批县改市的决定，自此我国城市设置进入严格管理与控制的新阶段。撤县设区既满足城市发展的需要，又突破了停止审批县改市的限定。撤县设区分为主动适应型和被动调整型两类。主动适应型的撤县设区较好地顺应了市场机制以及城镇化发展的内在规律，因而更有可能与城镇化发展形成良性循环，而被动调整的撤县设区则由于通常并没有遵循城镇化发展的内在规律，在实践中会与城市化发展背道而驰。

从现有理论研究来看，从整体上分析和把握撤县设区存在的问题相对而言比较缺乏，大多集中在行政区划调整带来的虚假城市化问题上，认为中心城市城区人口、空间规模的扩大，形成了一种虚假的城市化，大面积城区内仍然是农村产业、农村人口、农村管理体制。这不仅不利于统筹城乡发展，而且容易导致农村、农民问题的进一步忽视。也有学者认为撤县设区是地级市对省直管县改革的应对，预防省里把经济强县划走。还有学者从撤县设区不利于城市间的竞争，尤其不利于大城市周边小城市的发展方面，指出撤县设区将行政权力高度集中在地级市，损害了地方发展的积极性、主动性和灵活性。

总体而言，改革开放以来，我国对于市一级行政区如何设置、如何发展经历了一个曲折的认识变化过程，由于种种因素，迄今为止，对于市一级应如何设置、如何管理仍然存在诸多争议，政策层面也因为此事的复杂性而基本处于停顿之中。随着我国城镇化进程的快速发展，政区设置上的"名"、"实"不符已成为一个突出的问题，急需研究解决。具体而言，应当考虑在条件成熟的时候，将经济强县改县为市。

二、经济强县率先设市的必要性与迫切性分析

县是中国一级重要行政区划单位，过去、现在和未来都承载着国家基本的时代发展主题。经济强县通常是一省经济发展的突出代表和重要支柱，具有以下几个特征：一是在本地区经济规模相对较大，对本地区经济社会发展贡献突出；二是在本地区县域经济基本竞争力持续提高，发展势头强劲；三是在本

地区城镇化发展相对领先，发展潜力大；四是在本地区经济社会发展均衡、协调，社会文明程度高。在经济强县率先设市主要是基于三个考虑，一是经济强县已经聚集了大量的产业与人口，城市化的程度已经比较高，二是在现行体制下，经济强县权力很小，公共服务与社会管理能力明显不足；三是从我国城镇化的发展来看，也需要通过新设一批"市"来主动引领城市化的发展进程，防止人口过多、过快向大城市集中。

从2011年的情况看，我国东部、西部、中部的城镇数量与平均人口有很大的差异，中西部地区明显滞后。如表6.1所示。

表6.1　2011年全国各地区城市发展情况

地区	全部地级及以上按城市市辖区年末总人口分组						地区面积占全国比重（％）	地区人口占全国比重（％）	城镇化率（％）
	400万以上（个）	200万至400万（个）	100万至200万（个）	50万至100万（个）	20万至50万（个）	20万以上（个）			
东部	8	19	29	34	11	0	58.55	48.81	61.01
中部	3	7	27	47	15	1	19.66	28.73	46.99
西部	3	5	26	27	23	3	21.79	22.46	42.99
全国	14	31	82	108	49	4	100.00	100.00	51.27

注：根据《中华人民共和国行政区划简册2012》数据计算制作。

进一步地，2012年底，西部地区共有地级市86个、县级市84个、县城783个、建制镇7275个。2011年西部地区城镇化率为42.99%，低于全国8.3个百分点，低于东部地区18个百分点，地区面积占全国比重21.79%，城镇人口占全国比重22.46%。如表6.2所示。

表6.2　西部地区十二省区城市发展情况（2012年底）

项目省区	地级市（个）	县级市（个）	县（个）	与县级市比例	镇（个）	总人口（万人）	城镇人口（万人）	城镇化率（％）
重庆			19		604	3330	1606	55.02
四川	18	14	122	9:1	1831	9058	3367	41.83
贵州	6	7	67	10:1	729	4238	1213	34.97

续表

项目 省区	地级市 （个）	县级市 （个）	县 （个）	与县级市 比例	镇 （个）	总人口 （万人）	城镇人口 （万人）	城镇化率 （%）
云南	8	11	105	10:1	659	4562	1704	36.80
西藏	1	1	72	72:1	140	302	69	22.77
陕西	10	3	80	27:1	1136	3909	1770	47.29
甘肃	12	4	65	16:1	470	2729	953	37.17
青海	1	2	37	19:1	138	558	263	46.30
宁夏	5	2	11	6:1	101	652	318	49.77
新疆	2	22	68	3:1	362	2203	962	43.55
内蒙古	9	11	69	6:1	490	2466	1405	56.61
广西	14	7	68	10:1	715	5369	1942	41.81
西部	86	84	783	9:1	7275	39376	15572	42.99
东部	99	157	363	2:1	6512	46028	28082	61.01
全国	285	368	1622	4:1	19881	135581	69079	51.27

注：根据《中华人民共和国行政区划简册2013》数据计算制作。城镇人口、城镇化率为2011年底数据。

2012年，中部地区有地级市80个、县级市89个、县城409个、建制镇5180个。如表6.3所示。

表6.3 中部地区六省城市发展情况（2012年底）

项目 省区	地级市 （个）	县级市 （个）	县 （个）	县与县级 市比例	镇 （个）	总人口 （万人）	城镇人口 （万人）	城镇化率 （%）
河南	17	21	88	4:1	1014	10922	3809	40.6
山西	11	11	85	8:1	564	3500	1785	49.7
湖南	13	16	71	4:1	1131	7135	2975	45.1
湖北	12	24	40	2:1	746	6164	2984	51.8
安徽	16	6	56	9:1	923	6887	2674	44.8
江西	11	11	70	6:1	802	4753	2051	45.7
中部	80	89	409	5:1	5180	39361	16278	46.99
东部	99	157	363	2:1	6512	46028	28082	61.01
全国	285	368	1624	4:1	19881	135581	69079	51.27

注：根据《中华人民共和国行政区划简册2013》数据计算制作。城镇人口、城镇化率为2011年底数据。

可以看出，人口 400 万以上的超大城市，西部有 3 个，与中部地区持平，东部地区有 8 个，是西部的 2.7 倍；人口 200 万至 400 万的特大城市，西部有 5 个，中部有 7 个，东部有 19 个；人口 100 万人至 200 万人的特大城市，西部有 26 个，中部有 27 个，东部有 29 个；人口 50 万人至 100 万人的城市，西部有 27 个，中部有 47 个，东部有 34 个。可以明显看出，与东部相比，中西部中小城市数量过于偏少。

三、中西部地区经济强县评价原则

如果要在中西部的经济强县启动设市的工作，首先必须形成评价经济强县的标准，我们考虑，有关评价指标体系应当遵循以下几个原则：

1. 评价体系简洁明了

选取的指标要真实、客观、可比，指标规律可以把握或大致可以把握，评价对象的范围有针对性，评价结果有确切导向性，评价工作具有可行性。由于中西部地区县域经济差异性大，影响因素众多，因此对经济强县的评价采用县域经济基本的核心数据来进行。

2. 不设经济结构指标

经济强县评价指标体系中没有经济结构性指标，如非农产业比重、经济密度、进出口额与 GDP 的比例等。因为在中西部地区，这些指标与经济强县的规律性不强或者没有可比性。由于县域经济的差异性非常大，有些指标没有统一规律。如进出口额与地区生产总值的比值反映的是外贸依存度，处在东部与处在中西部的县表现不一样，一些经济强县没有大的外贸需求，这些县的资源配置在国内就可以完成。有些指标，比如经济密度，对经济强县的影响是正相关或是负相关还需要深入研究。

3. 评价指标切实有效

经济强县评价指标多不一定就好，评价结果不一定就正确。这是因为：一是经济强县本身就没有唯一的标准，国内理论界对经济强县评价指标的选取存在很大分歧；二是在每个指标之间的规律没有被充分认识的前提下，众多的指标放在一起，评价出的经济强县未必科学。

四、中西部经济强县评价方法

根据我们的研究，中西部地区经济强县评价指标体系可分为总量、均量、速度和发展评价4个方面12个指标。前8个指标是评价经济强县的计量指标，后4个指标是评价经济强县评议指标。如表6.4所示。

表6.4 经济强县评价体系

总 量		常住人口	1
		城镇化率	2
		地区生产总值	3
		地方财政一般预算收入	4
均 量	经济均量	人均地区生产总值	5
		人均地方财政一般预算收入	6
	居民收入	农民人均纯收入	7
		城镇居民人均可支配收入	8
速 度	经济增长速度	地区生产总值增长速度	9
		地方财政一般预算速度	10
发展评价	县域公共基础设施	公路里程、城镇基础设施、教师数量等	11
	科学发展	城乡人均收入比、单位GDP能耗、环境发展投入等	12

我们尝试用层次分析法评价经济强县。层次分析法是一种定性与定量分

析相结合的多目标决策分析方法。该方法的优点是定性与定量相结合，具有高度的逻辑性、系统性、简洁性和实用性。层次分析法用人的分析、判断综合能力，解决那些结构性较为复杂、决策准则较多，且不易量化的问题。将定性和定量的分析相结合，把复杂问题逐层分解为各个组成因素，形成层次结构模型，将难于直接做出判断的问题转化为人对各层因素的两两对比判断问题。目前层次分析法已经广泛用于解决复杂的社会、经济以及科学管理领域中的问题。

我们选择对县域经济社会发展影响较大的 8 个重要指标：①地区生产总值；②地方财政一般预算收入；③城镇化率；④常住人口；⑤人均地区生产总值；⑥人均地方财政一般预算收入；⑦农民人均纯收入；⑧城镇居民人均可支配收入。建立经济强县评价模型，量化出主要指标对县域经济社会影响力排序位次。指标选取的原则是：所选指标必须有县际横向的可比性，能提供数量化比较排序，对县域经济发展有重大影响；具有科学性、客观性、代表性、不可替代性。

这里我们选取安徽省 2005 年全部建制县上述 8 个方面的县域经济社会发展数据进行技术处理，构造判断矩阵（评估指标附后），得出经济强县排序是：第一名当涂县，第二名宁国县，第三名无为县，第四名广德县，第五名芜湖县，第六名凤台县，第七名肥西县，第八名肥东县，第九名天长市，第十名繁昌县，第十一名长丰县，第十二名南陵县，第十三名铜陵县，第十四名霍山县，第十五名怀宁县，第十六名枞阳县，第十七名郎溪县，第十八名颍上县，第十九名青阳县，第二十名凤阳县。

排序结果与 2006 年安徽省政府公布的经济强县排名大体一致，只是有的名次或前移，或后移，但都在前 20 名之中。排名前 20 名的县总人口为 1384 万人，占安徽省总人口的 21%，占 61 个县总人口的 30%；这 20 个县地区生产总值 971 亿元，占 61 个县总产值的 39%；这 20 个县地方财政收入 44 亿元，占 61 个县地方财政收入的 53%。另外，我们研究发现人均 GDP 和人均财政收入较高的县，是经济强县的主要指标和显著标志。一省区三分之一左右的县可以划为经济强县。

五、中西部地区经济强县分布

按照上面确定的经济强县评价方法计算、评估出西部地区 12 省区、中部地区 6 省省域经济强县如下：

西部地区 205 个经济强县，其中：甘肃省 20 个经济强县（市），广西壮族自治区 25 个经济强县（市），贵州省 16 个经济强县（市），内蒙古自治区 25 个经济强县（市），宁夏回族自治区 7 个经济强县（市），青海省 9 个经济强县，陕西省 20 个经济强县（市），四川省 29 个经济强县（市），西藏自治区 6 个经济强县（市），新疆维吾尔自治区 21 个经济强县（市），云南省 18 个经济强县（市），重庆市 9 个经济强县（市）。

中部地区 131 个经济强县，其中：安徽省 21 个经济强县（市），河南省 29 个经济强县（市），湖北省 17 个经济强县（市），湖南省 23 个经济强县（市）；江西省 20 个经济强县（市），山西省 21 个经济强县（市）。

在选出西部地区、中部地区省域经济强县的基础上，通过对县域经济指标和评价指标进行加权，进一步评选出西部地区经济强县、中部地区经济强县（见表 6.5、表 6.6）。其中县域人均地区生产总值加权 60%，县域人均地方财政一般预算收入加权 25%，农民人均纯收入与城镇居民人均可支配收入比加权 5%，县域公共基础设施加权 5%，科学发展评价加权 5%。评价出西部地区经济强县、中部地区经济强县（见表 6.5、表 6.6）。

西部地区 2010 年经济强县平均规模：人口 51.69 万人，地区生产总值 156.39 亿元，地方财政一般预算收入 10.2 亿元，人均地区生产总值 49410 元，城镇居民人均可支配收入约 16670 元，农民人均纯收入 6720 元。城乡公共基础设施（财政投入充足为 A+，财政投入不足为 A−）。科学发展（主要考查城乡人均收入、经济发展转型等方面，比较好的为 A+，[1] 存在一些问题为 A−）。

---

[1] 2004 年全国村庄建设用地 1653.33 亿平方米（2.48 亿亩），按当年农业人口计算，人均村庄用地 218 平方米，高出国家定额最高值（150 平方米／人）45.3%。

表6.5 西部地区经济强县规模比值

	经济强县平均规模	县域平均规模	比值	经济强县判断标准
人口规模（万人）	51.69	29.42	1.8:1	是县域平均规模2倍以上
地区生产总值（亿元）	156.39	50.88	3.1:1	是县域平均规模3倍以上
地方财政一般预算收入（亿元）	10.20	2.77	3.7:1	是县域平均规模4倍以上
人均地区生产总值（元）	49410	17294	2.9:1	是县域平均规模3倍以上
人均地方财政一般预算收入（元）	1973	942	2.1:1	是县域平均规模2倍以上

注：以2010年西部地区县域经济基础数据计算比值，数据来源为西部县市《统计年鉴》。

中部地区2010年经济强县平均规模：人口71.75万人，地区生产总值200.26亿元，地方财政一般预算收入9.27亿元，人均地区生产总值31840元，城镇居民人均可支配收入15370元，农民人均纯收入7120元。城乡公共基础设施（财政投入充足为A+，财政投入不足为A−）。科学发展（主要考查城乡人均收入、经济发展转型等方面，比较好的为A+，存在一些问题为A−）。

表6.6 中部地区经济强县规模比值

	经济强县平均规模	县域平均规模	比值	经济强县判断标准
人口规模（万人）	71.75	53.18	1.35:1	是县域平均规模2倍以上
地区生产总值（亿元）	200.26	94.70	2.1:1	是县域平均规模2倍以上
地方财政一般预算收入（亿元）	9.27	4.24	2.2:1	是县域平均规模2倍以上
人均地区生产总值（元）	27910	17807	1.6:1	是县域平均规模2倍以上
人均地方财政一般预算收入（元）	1291	797	1.6:1	是县域平均规模2倍以上

注：以2010年中部地区县域经济基础数据计算比值，数据来源《统计年鉴》。

经济强县的判定，除了地区生产总值在本地区相对较大，对本省经济贡献突出外，还要包括人均生产总值、人均财政支出、城乡居民收入等。总量指标固然重要，但它往往会掩盖县域经济质量、结构、效益方面的问题，也难以反映出人民的富裕程度和区域整体协调发展状态。对县域经济发展水平的判定，不仅要看总量指标，而且要看其指标，特别是人均指标，如果人口基数计算得比较科学，人均指标是能反映县域经济发展真实水平的。对于中西部地区经济强县的判定，主要是两个指标：一是人均地区生产总值；二是人均地方财政预算收入。

六、中西部地区经济强县设市标准

根据前述研究，我们提出中西部经济强县设市的大小两种标准，供有关部门决策参考。

（一）小口径设市标准

所谓小口径设市标准，就是以西部地区或中部地区为单元，整体平衡设市标准。严格设市条件，保障设市质量。有这样几方面要求：一是经济强县中距离中心城市较远，中间有县（市）相隔，区位优势明显，具备发展成中心城市基础条件的县；二是经济强县经济规模较大，地区生产总值一般为西部或中部县域平均规模3倍以上的县；三是经济强县地方财政收入规模较大，一般为西部或中部县域平均4倍以上的县；五是经济强县通过市制改革，能够很快走出一条以城镇化带动工业化，并有效统筹城乡发展的路子。

1. 西部地区经济强小口径设市标准

（1）县人民政府驻地常住人口从事非农产业的人口不低于10万人，县总人口中从事非农产业人口比重不低于40%。

（2）全县国内生产总值不低于150亿元或人均国内生产总值不低于4万元，对第二产业和第三产业比重不做要求。

（3）地方财政一般预算收入不低于 10 亿元或人均地方财政不低于 2000 元，城镇固定资产投资不低于 100 亿元（含中央、省市转移支付）。

（4）具有良好的公共服务设施和可持续发展能力，县城医院床位、教师人数、自来水普及率、垃圾处理率、污水处理率等方面要达到本省中心城市平均水平。

（5）县域公共服务设施和社会服务设施比较完善，生态环境良好。

2. 中部地区经济县小口径设市标准

（1）县人民政府驻地常住人口从事非农产业的不低于 12 万人，县总人口中从事非农产业人口比重不低于 50%。

（2）全国国内生产总值不低于 200 亿元或人均国内生产总值不低于 3 万元，对第二产业和第三产业比重不做要求。

（3）地方财政一般预算收入不低于 10 亿元或人均地方财政一般预算收入不低于 1500 元，城镇固定资产投资不低于 100 亿元（含中央、省市转移支付）。

（4）具有良好的公共服务设施和可持续发展能力，县城医院床位、教师人数、自来水普及率、垃圾处理率、污水处理率要达到本省中心城市平均水平。

（5）县域综合实力和可持续发展潜力较强，一般要求位于规划城市群体系之中，或缺少中小城市地区。

（二）大口径设市标准

所谓大口径设市标准，就是以省区为单元平衡设市。我们认为，这样更有利于中西部地区城镇化的推进，有利于区域平衡发展。有这样几方面要求：一是经济强县距离中心城市较远，中间有县（市）相隔，区位优势相对明显的县；二是经济强县经济规模较大，一般为本省区县域平均规模 2 倍以上的县；三是经济强县地方财政收入规模较大，一般为本省区县域平均规模 3 倍以上的县；四是县城人口比较大，一般为县域人口 30% 以上的县；五是经济强县通过市制改革，能够有效集聚人口，提升城镇化水平。

第六章 新设市问题研究——以中西部经济强县为例

1. 西部地区省域经济强县大口径设市标准

（1）县人民政府驻地常住人口从事非农产业人口不低于8万人，县总人口中从事非农产业人口比重不低于40%。

（2）县域城镇化率要高出本省区10个百分点以上。

（3）对地区生产总值、地方财政预算收入不做明确要求，由省区统一平衡把握。

（4）县域公共服务设施比较完善，可持续发展能力较强，生态环境良好。

2. 中部地区省域经济强县大口径设市标准

（1）县人民政府驻地常住人口从事非农产业人口不低于12万人，县总人口中从事非农产业人口比重不低于50%。

（2）县域城镇化率要高出本省10个百分点以上。

（3）对地区生产总值、地方财政预算收入不做明确要求，由省统一平衡把握。

（4）县域公共服务设施比较完善，可持续发展能力较强，生态环境良好。

第七章
重新定位省直管县政策研究

党的十八届三中全会《中共中央关于全面深化改革若干重大问题的决定》指出,要"优化行政区划设置,有条件的地方探索推进省直接管理县(市)体制改革"。迄今为止,我国省直管县改革已大致经历了前后三轮:第一轮是2002年前后以财政省直管为主题的改革,第二轮是2005年前后以强县扩权为主的改革,第三轮是2010年后以行政省直管为主的改革试点。从现在的情况看,相关改革已进行了15年,但各方面对于省直管县的认识不是越来越清楚,而是越来越模糊;实践层面的省直管县改革的问题不是越来越少,而是越来越多;对于下一步省直管县如何进行,更是仁者见仁,智者见智。到底如何认识省直管县?如何定位省直管县?如何推进省直管县?本章试对此进行分析。

一、当前省直管县改革面临的窘境

省直管县改革是一个早已启动、迄今为止却仍没有完成的课题。继2002年、2005年两次高潮之后,2010年再次迎来了新一轮的省直管县改革试点。这一年,中央编办确定对安徽、河北、河南、湖北、江苏、黑龙江、宁夏、云南等8个省区30个县(市)进行试点,计划用三年左右的时间完成,以为全面深化省直管县改革提供经验。从参与试点的省来看,既有东部发达省份,也有中西部欠发达省份;既有普通省份,也有少数民族地区省份。从各省选择的试点县来看,既有经济强县,也有经济弱县;既有工业大县,也有农业大县和产粮大县,样本种类比较齐全。从试点内容看,各地推进省直管县主要围绕以下几个方面展开:一是进一步扩大试点县的经济社会管理权限。二是将调整试点县的管理体制,由原来的市管调整为省管,较多省对试点县采取了省内经济社会发展单列的方式。三是适度调整干部管理体制、垂直部门管理体制、司法管理体制、人大政协体制等。从效果上看,此次试点中无论是所取得的成绩,还是所反映出来的问题,都没有走出此前两轮改革的窠臼,而是与此前改革有着极大的相似性。比如在取得的成绩方面,试点县取得的主要成绩有提高了行政效率、释放了县域发展实力、增强了统筹能力、有效地扶持了区域节点城市、稳定了粮食生产和农业基础,等等。在出现的问题方面,也仍然是此前试点中一再反映出来的市县关系问题、省管理能力不足的问题、通过放权仍然不能促进当地经济社会良好发展的问题、县级政府履职能力素质不足的问题、垂直部门与当地发展所需脱节的问题、干部制度问题,等等。以此而论,这轮试点仍然没有达到效果,没有形成改革共识。事实上,现在各方面对于省直管县的认识不是越来越清楚,而是越来越模糊;实践层面的省直管县改革的问题不是越来越少,而是越来越多;对于下一步省直管县如何进行,更是仁者见仁,智者见智。具体可概括为以下三个"不清楚":

(一)省直管县的政策目标不清楚

从政策目标上看,2002年实施省直管县,主要目标是解决基层财政困难。2005年前后各地大力推行省直管县,主要目标是"强县扩权"(东部地区)或"扩权强县"(中西部地区)。2010年全国范围内的省直管县试点,主要想为全面实施行政省直管县积累经验。表面上看,每一次的政策目标都是清楚的,但连贯起来看,就会发现三轮省直管县的政策目标之间缺乏连续性,且每一轮的试点都未能"善终",而是不了了之。如财政部曾于2009年发布《关于推进省直接管理县财政改革的意见》,要求在2012年底全面实施财政直管县(民族自治县除外),结果不了了之。2005年前后,各地争相对强县进行扩权,或者用扩权来强县,但最终是强县扩权有限,扩权也很难说就强了县,结果不了了之。2010年中央编办推动的全国试点,拟拿出一套全面实施行政省直管县的方案,现在看来要达到这个目标也很难。换个角度,从各地的层面上看,省直管县在很大程度上成了万能药方,今天要应对基层财政困难,过两天要加快县域发展，再过些时候要保证农业大县、产粮大县不掉队，现在则是要推进新型城镇化，建设中小城镇等。总之，只要涉及纵向行政体制调整的问题，都试图用省直管县达到"一招鲜"的奇效。

（二）省直管县的改革方式不清楚

通过各地、各阶段的试点，各方面逐渐认识到，由于我国地域广大，各地情况千差万别，省直管县不能采用"一刀切"、"齐步走"的方式，应当"分类推进省直管县改革"。这一说法获得了广泛的赞同。但是，一旦落实到具体的操作层面，这里的"类"到底是指什么？如何"分类"？不同"类"该如何进行？现在看来仍然是大而化之，很不清楚。如有人认为"类"是地域概念，即分东、中、西部，在经济发达的东部地区，省直管县可先行一步；在经济相对不太发达的中、西部地区，省直管县可缓行一步。但是，一旦回到"真实世界"，就会发现这种建议在实践层面上基本没有价值，因为东部也有欠发达县，西部也有经济强县。还有一种"类"是按经济发展水平划分，其衡量指标主要是GDP总值与地方财政收入，以此划分，经济强县可率先进入省直管行列，或者通过赋予一些县相应的经济社会管理权限，将其培育成未来的强县。但在实践中也可以看到，2009年以后，一些经济相对落后的产粮大县，少数民族地区的落后县、贫困县也陆续进入了省直管县的名单。如果用"乱花渐欲迷人眼"来形容当前的省直管县改革，是一点也不为过的。

（三）省直管县的政策"出口"不清楚

省直管县这一命题提出之初，各方面广为认同其实质是要重视农村的发展，特别是考虑到我国有70%的人口生活在县所辖的范围内，重视县的稳定、重视农村地区的发展就显得尤为重要。这一认识在有限的时间界限内无疑是正确的，也是对早期工业剥夺农业、农村支援城市战略在一定程度上走偏的一种校正。但是，在基层财政困难得到初步缓解后，很多地方在选择省直管县的试点对象时，大多考虑的不是如何稳定农村，而是如何加快城市的发展，突出表现为强县扩权和扩权强县，以及第三轮试点中一些省份集中力量培育未来的中等城镇。更重要的是，相当部分早已经在事实上成为城市的经济强县、大县仍然滞留在省直管县的队列之中，与那些经济落后、财政匮乏的农业大县、民族自治县、边远县、贫困县争夺省直管县的帽子。这一现象所反映的实质是，对省直管县政策施行到一定阶段后，"已经发展起来的县应当往何处去？"这一政策"出口"不清楚。

由于以上三个"不清楚"，尽管中央对于省直管县的方向一直十分首肯，多次在党和政府的文件中指出要深化省直管县改革，但在实践层面上始终困难重重、疑虑重重，难于推进。

二、城市化已成为当代行政区划与行政层级的最大影响因素

我们认为，之所以出现以上三个"不清楚"，在相当大的程度上就省直管县论省直管县，没有将其与更加广阔、更加深远的两大背景因素相联系——一是我国行政层级与行政区划改革，二是我国工业化、城市化进程——进而导致省直管县政策本身负荷过重、独立难撑。

省直管县是行政层级改革的一个组成部分。表面上看，行政层级与行政区划是一个地域概念。但究其实质，行政区划与行政层级是国家权力结构的空间投射。行政层级多还是少、行政区划是大还是小，取决于国家治理是否有效，取决于当时的政治、经济、军事、民族、外交等多方面的需要，并现实地受制于当时交通、通信等技术手段。在我国漫长的古代时期，影响行政层级与行政区划的主要原因有两个：一是自然地理因素，即根据大江大河、崇山峻岭等形成的自然边界，这就是区划问题上所谓"山川形便"原则；二是政治需要，即越过自然地理边界的束缚，有意混杂民族、风俗甚至地理，形成你中有我、我中有你，相互制约、相互牵制的格局。这就是区划问题上所谓"犬牙相入"原则。此外，根据不同时期的不同需要，军事原因、民族自治、外交便捷等都可能对局部的行政区划产生影响。但总体而言，在传统中国，行政层级与行政区划问题更多是从中央政府有效统治的角度所做出的自上而下的政治安排，起决

定作用的是政治因素而非经济因素。及至到了计划经济时期，由于我国总体上实行赶超战略，需要最大限度地调动和集中全社会资源，为此建立了从中央到省、市、县、乡的五级政府，实施纵向上的层层控制（从下管两级到下管一级）。可以说直到这个时候，政治因素在我国行政层级和行政区划上始终发挥着最为重要的决定性作用。

改革开放以后，中国经济社会发生了巨大的变化。随着地方政府、企业、家庭、个人经济主体地位和积极性被激活，中国社会纵向控制、横向流动严格缓慢的特征逐渐被打破，社会扁平化特征加强，社会流动性极大增加。特别是随着工业化过程加速，大量人口从农村迁移到城市、从西部流动到中部，昔日以耕读传家的中国社会正缓慢地由"乡村中国"变成"城市中国"。1978年，我国城镇人口为17245万人，农村人口总数为79014万人，城市化率仅为10%左右。到2011年，我国城镇人口总数为69078.63万人，农村人口总数为65656.37万人，城市化率提高到51%，在城镇居住的人口总数首次超过在农村居住的人口数。如图7.1所示。

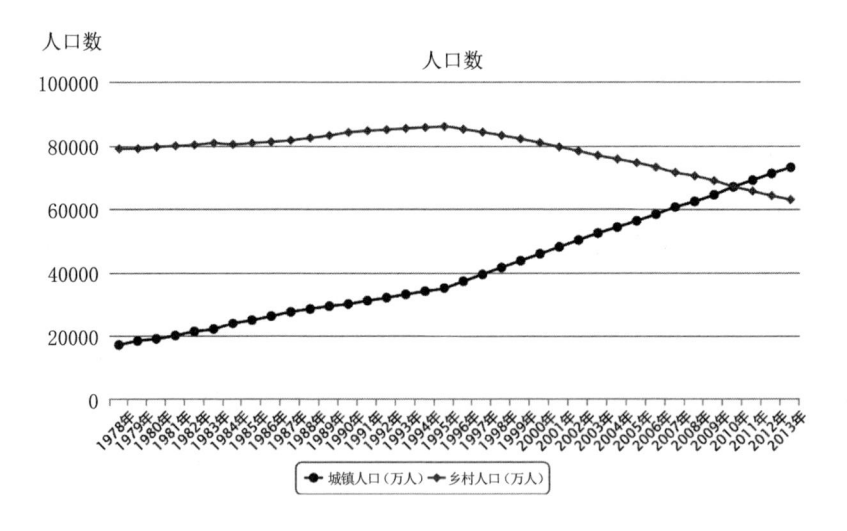

图7.1　1978—2013年我国城乡常住人口变化图

注：资料来源于国家统计局网站，www.stats.gov.cn。

到2013年，我国居住在城市的人口总数已达7亿人左右，城市化率提高到53.72%。也就是说，从1997年起到2013年，我国每年大约有1000—2000万人从农村迁移到城市。遍观历史，数亿人从农村到城市，称得上是"数千年来中国从未有过之大变局"，这一巨大流动所带来的冲击，正深刻地改变着中国社会的面貌。当前在行政层级与行政区划方面呈现出来的种种问题，无不与此相关，省直管县作为我国行政层级改革的一个组成部分，自然也与此紧密相连。

三、行政区划改革滞后是造成省直管县政策负荷过重的主要成因

随着工业化、城市化进程的展开，巨量非农人口和非农产业的不断集聚对城市、农村同时产生了巨大的影响。一方面，大城市走向特大、中小城市走向更大；另一方面，农村走向了城市，具体表现为原行政建制下属于农村政区的县甚至乡镇，因为非农人口和非农产业的集聚，成为了事实上的城市，这样的事例不胜枚举。但与此同时，我国行政层级和行政区划却没有能同步顺应这一历史潮流的变化，大量已经发展起来的、事实上成为城市的县没能进入城市型政区的行列，仍然被束缚在以县为名的农村政区之中。

1978年即改革开放之初，我国地区一级的行政有310个，县级行政区2653个，乡镇级行政区6198个。仅仅两年后即1980年，乡镇行政区就达到54183个，增加了8.7倍。同期，县级行政区划仅增加122个，为2775个，而地区级行政区划仅增加了8个，为318个。到1984年，乡镇行政区划数达到历史顶点106439个，其中虽然有各地跟风而上的嫌疑，但也确能反映出农村人口先行向镇汇集的趋势。同期，县级行政区划数小幅增加，达到2814个，地区级行政区划增长到322个。此后，区划改革方面的热点开始转向"撤县改市"，1986年，全国共有县级市150个，1991年增加到289个，到1993年增加到371个，1996年增加到445个，达到历史高点。1997年，国家紧急叫停

新型城镇化进程中的行政层级与行政区划改革研究

撤县改市政策，此后基本停止。①

　　有必要专门讨论和回顾一下撤县改市政策的前前后后。改革开放以后，东南沿海一些地方的县城率先发展起来，无论是非农人口的比重，还是经济总产值都很快达到了 1983 年国家出台的撤县改市标准，也正是在这些地方首先掀起了县改市的浪潮。客观地说，在这些地方进行撤县改市在相当大的程度上是顺时应势之举，而且确实促进了当地经济的迅猛发展，也得到国家层面的首肯。1993 年，民政部修订、颁布了新的撤县改市标准，这可以视为对基层首创行为的一种正面肯定。随后，广大内陆省份跟风而上，纷纷启动撤县设市的进程，有条件的要上，没有条件的创造条件也要上，以至出现了一些农村人口仍然占绝大多数的县虚假申报和"假性城镇化"现象，加之已获得批准的县大规模地进行城市基础设施建设，占用了大量耕地良田，威胁到我国粮食安全。1997 年，民政部全面叫停了撤县改市。

　　但人口流动、城市扩张的趋势并没有因为一纸公文而停止。撤县改市政策停止以后，这种由人口增长、经济发展驱动的行政区划改革欲望转而冲向"县改区"。从数字上可以看出，1997 年，我国仅有 727 个市辖区，但五年后即 2002 年就增加了 100 多个，达到 830 个，到 2005 年后，基本稳定在 850 个左右。2012 年后又呈快速增加态势，2013 年达到 872 个。

　　驱动县改区的成因当然是多方面的。但是，已有的研究清楚表明，在这场"县改区"的浩荡大潮中，市由于担心实施省直管县进而失去对县的控制，影响未来的发展空间，因而在省直管之前抢先改区，是诸多县被改区的主要动因之一。但吊诡的是，由于有省直管县这一政策通道，一些本应成为市辖区的县竭力回避，采取各种或明或暗的抑制措施，进一步延滞了合理的区划改变，加大了省直管县功能与定位的扭曲程度。

　　总之，在现行的行政体制下，农村政区与城市政区之间的转换极不顺畅，撤县设市基本停滞，县改区也绝非易事。由于只有省直管县是唯一被许可、鼓

---

① 1998—2012 年，民政部只批复了云南蒙自、文山两个县撤县改市和江西省德安县部分区域设立共青团市的申请。2013 年 1 月，民政部批准吉林扶余、云南弥勒两县改为县级市。2014 年 12 月，国家发改委、住建部等 11 个部委印发《国家新型城镇化综合试点方案》，批准 62 个县、2 个镇进行改市、设市试点，停滞多年的县改市政策才有所松动。

励和开放的政策通道,因此所有与基层政区有关的改革都被自觉或不自觉地置于省直管县之下,所有与县级发展稳定相关的问题都被置于省直管县之下……以至于达到今天这样省直管县"说不清、道不明"的境地,陷于极大的尴尬之中。

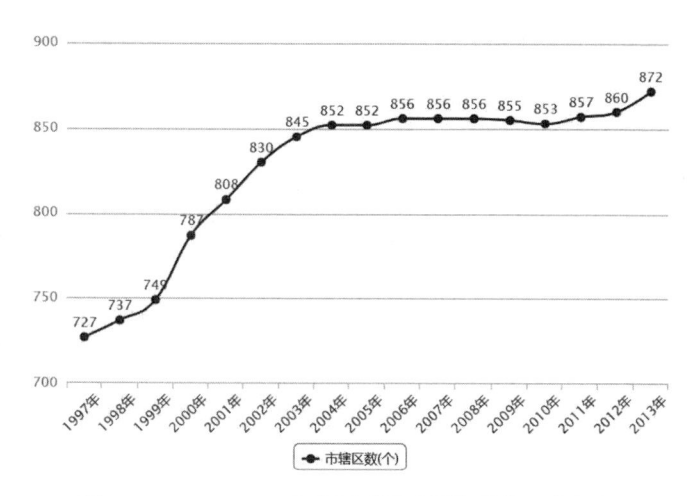

图 7.2　1997—2013 年我国"县改区"的数量变化图

注:资料来源于国家统计局网站,www.stats.gov.cn。

四、锚定省直管县的托底功能,配套推进行政层级与行政区划改革

我们认为,省直管县改革的实质是城镇化进程中县(或者说农村型政区)的出路问题。依情况与条件不同,县至少有三种出路:一是撤县设市,二是变成市辖区,三是继续保持县本身。一旦看清这一事实,就可以清楚地找到省直管县政策的主要应用对象,找到"分类推进省直管县"中那个至关重要的"类"。由此,省直管县改革推进的方式、出路等困惑各方面的问题都将迎刃而解。

（一）省直管县改革就是要为农村发展稳定托底

综合城市化进程以县为主的农村政区的改革，我们认为，省直管县的政策目标问题应当锚定为农村的发展稳定托底。市场经济、城市化是把双刃剑，在获得经济效率的同时，势必同时会造就一些相对弱势的地区、产业和人群。相对于城市，农村无疑是弱势的，政府要为农村发展托底，要防止城市化这个火车在轰隆向前时仅瞩意城市而将农村落下。这当然是一篇大文章，但在行政改革层面，就表现为省直管县。具体而言，一是通过财政转移支付制度，保证农业县在运转、民生、基本公共服务等方面的需要，而这正是财政部门早已施行的县级基本财力保障机制。未来，还应进一步在保障内容、标准上下功夫。二是发展现代农业、规模农业，要通过健全体制机制，将城市的工商业资本、人力资本等，通过市场机制合理、有序地引导到农村和农业之中，推动农业经营向现代化、规模化方向发展。三是深化农村土地制度改革，建立城乡之间要素平等交换、自由流动的机制，共享增长与繁荣。总之，保护农村、稳定农村并不意味着要将其与城市隔绝开来，而是一方面拥抱市场和城市，另一方面由政府出面，为其中可能蕴藏的风险托住底，保证城市与农村共享增长与繁荣。

一旦政策目标确定，"省直管县的出路"这一命题本身已经不成立了。不过，按照新型城镇化的规划，在广大的中西部欠发达地区，确有一些县要通过主动作为，将其培育为未来城镇体系一个节点，因此需要通过省直管县这种方式导入资源、导入机会。对于这些县，即使实行省直管，也只是一个方式和阶段问题，当其城市规模、非农产业、非农人口达到一定的程度，已具备城市的内核时，就应当及时撤县设市，或并入更大的区块发展。这一逻辑同样适用于在较长时期仍然以农业为主的县，长远而言，只要具备条件，就应当获得顺利转向城市政区的机会。

（二）修订设市标准，尽快重启撤县改市政策

城镇化的过程同时也是部分农村政区转化为城市政区的过程。基于我国城市化的现实情况，应当尽快重启县改市政策，一方面为省直管县政策减负，另

一方面对接新的政策出口。我们注意到,民政部冰冻多年撤县设市政策的背后,是对各地竞相争取行政级别、权力、机构、编制等上位的热烈诉求的畏惧与无力阻挡。因此,一旦要重新启动县改市政策,首先要解决的就是设市标准问题。对此,我认为需要掌握以下几个要点:第一,不宜再像 1993 年那样制订出基于 GDP、财政收入等量化指标,原因很简单,因为一旦定指标,就免不了下面"做指标",面对诸多完全符合定量指标,但实质上有水价的改市要求,民政部怎么选择都不会令各方满意。第二,要适度弱化行政级别与权力大小之间过于紧密的关联。从过往的经验上看,通过升格为市获得更高的行政级别、更大的权力、更多的资金支持是一些本来不具备设市条件的县采取种种措施"霸王硬上弓",创造条件升格的主要动因。这一条不改,重启县改市政策,仍然将面临极大的不确定性。第三,操作上可先对东部众多已经事实上城市化的县或镇进行设市确认。对于广大的中西部而言,一方面要追认部分已经发展起来的县设市,另一方面则通过预先设市、提前设市来主动培育一批节点城市,以优化我国城市体系,推动新型城镇化的健康发展。

(三)测试市县联系度,合理推进县改区

基于区域经济健康发展的考量,对一些在地理位置上邻近中心城市,与其经济、社会等关联度极强的县,其发展方向就不是设市,而应当是改区。市场经济是自动扩展的经济,能自动地将周围的要素、空间等内卷到某种自发的秩序之中,进而获得区域协同、规模发展的巨大效应,这在长三角、珠三角已经看得十分清楚。对此,只能顺应,不能违背,绝不能因一县之私、一人之私,将这些应当同周遭城市协同发展的县也变成市。原因很简单,在我国现行体制下,多一个市,就多一道行政藩篱,就多一道阻隔要素流动的无形之墙。这对于与临近中心城市已事实上融为一体的县而言,有百害而无一利。具体操作上,可通过一系列指标,测试县与邻近市的经济联系强弱程度判别:凡是那些与中心城市空间距离较近、产业联系度高、资金人员信息往来频密的县,其行政建制上的取向都是改区,以维护市场经济内在联系,促进区域经济一体化的逐渐生成。

（四）市县关系：从"市辖县"、"市管县"到市县分治和跨区域协作

必须说明，省直管县改革触动的是市县关系，而不是市本身的存废。正如本章一再想阐明的那样，城市化进程意味着越来越多的城市型政区的出现，意味着一些原来是农村的县将变成市。除了那些可改成区的县将融入市，成为市的一部分以外，那些撤县设市的县，那些未来仍然是县的县，与市之间应当是平行关系而非所辖关系。市县各自在特定的区域内实施行政管理，相互之间的往来与交换主要基于市场原则，将来也会根据具体需要发展出某种跨行政区的合作关系等，总之，市县之间的关系是分治、平等、共存，而非替代与包含。进一步地，在更多的农村型政区演变成为城市政区之后，逻辑上的确会引出省如何管理众多市县的难题。这是一篇大文章，既涉及省级行政区改革，也涉及政府与市场的边界划分、政府职能转变、政府间事权清单以及政府管理创新等多方面的问题。可以想象这是一个复杂、漫长的过程。但正是这样一个问题引出另一个问题、解决一个旧问题又迎来一个新问题，才可能在不伤筋动骨的情况下促使结构性变革缓慢地发生。而这正是我国渐进式改革的内在逻辑，关键在于改革方向的稳定明确，改革节奏的把握以及永远向前的改革态度。

总之，我们认为，省直管县问题的实质是城市化进程中县的出路问题，是城市化进程中我国城乡转化、城乡一体化中的一个问题。就省直管县论省直管县是没有出路的，必须将其与更深刻的背景（城市化）相联系，必须将其与更大的系统（行政区划改革）对接，必须与"撤县设市"、"县改区"等配套推进，才能看清楚当前关于省管县问题的出处和解决问题的出路，才能在纷繁复杂的各方诉求中坚持省直管县的政策初衷与方向，稳步推动省直管县改革向纵深推进。

第八章
省直管县中的司法体制改革创新研究

近年来,省直管县体制改革试点工作在多个省份展开,省管县与省级政府及部门实行直连直通,其经济社会管理和决策自主权扩大,行政效能明显提升,新体制优势作用逐步显现。按照党的十八届三中全会提出的"优化行政区划设置,有条件的地方探索推进省直接管理县(市)体制改革"的要求,继续推进省直管县体制改革,探索建立全新的省、市(地级)、县管理体制和权责关系,减少行政管理层级,降低行政管理成本,推动县域经济发展,加快城市化及城镇化建设进程,促进城乡统筹和经济社会协调发展,已经成为我国改革发展中的一个重要课题。随着这项改革试点工作的深入进行,现行司法体制与省直管县体制不相适应的问题日益凸显,迫切需要加强这方面的理论研究和顶层设计,实现司法体制与省直管县的行政体制、财政体制等相互衔接配套,进一步向更深层次推进改革。

司法是法治的基本保障,是社会公平正义的最后一道防线。司法体制是以司法为职能目的而形成的组织体系与制度体系,是司法机构组织体系和司法制度的统称,既是国家法律制度的重要组织部分,也是国家政治体制的重要组成部分。[1] 广义的司法体制,包括各级司法机关(法院、检察院、公安机关、国家安全机关、司法行政机关)的职权配置、机构设置、管理体制、内外部运行机制等。本章着重探讨在省直管县行政体制背景下,省以下地方审判、检察机关在司法管辖、管理体制等方面如何进行完善、创新问题。

---

[1] 刘海亮、李萍:《论司法体制改革的概念和特征》,《辽宁大学学报》(哲学社会科学版)2003年第31卷第6期。

一、现行司法体制基本情况

新中国建立以后，随着《宪法》、《法院组织法》、《检察院组织法》、《刑事诉讼法》、《民事诉讼法》、《行政诉讼法》等一批法律法规的通过和实施，具有中国特色的司法体制逐步建立起来。其最大特点，就是在司法机关设置上体现国家政体单一制原则，司法机关管辖范围与行政区域划分大体一致，从而在全国和地方各级人民代表大会的基础上形成了"一府两院"的权力架构。其中，检察院与法院存在级别对应关系，一旦明确了法院体制，检察院体制随之得以确定。

（一）司法机关设置

在我国，人民法院和人民检察院分别是完整的组织体系。根据《人民法院组织法》的规定，人民法院按照四级设置，即全国法院除专门人民法院外，分为最高人民法院、高级人民法院、中级人民法院和基层人民法院。从行政区划上看，四级人民法院分别对应于中央、省级（自治区、直辖市）人民政府、省辖市（地、州）人民政府、县级（市辖区、县级市）人民政府。根据《人民检察院组织法》的规定，人民检察院的设置与人民法院相类似。在案件审理程序上，我国实行两审终审制，当事人不服地方各级人民法院第一审裁判（刑事、民事、行政）的，有权向上级人民法院提出上诉；对于刑事案件，检察机关认为第一审裁判确有错误的，有权提起抗诉。所有案件经两级人民法院审理即告终结（最高人民法院直接受理的案件实行一审终审），第二审人民法院的裁判是终审裁判，当事人不得再行提出上诉，除非生效裁判确有错误的，按照审判监督程序进行再审。

根据上述规定，除海事法院、铁路运输法院、林业法院、军事法院等专门法院外，省以下各级法院、检察院通常情况下依行政区划对应设置。各县（区、市）设立基层人民法院和人民检察院，其上一级法院为省辖市（地、州）中级人民法院、人民检察院（检察分院）。

（二）司法管理

所谓司法管理（judicial administration）主要涉及两个广泛的领域：一是法院组织和人事的管理，一是诉讼的运行管理。"法院管理包括若干具体的事项，诸如法院的组织和管辖；法官的选任和任期以及法院中所有其他工作人员的聘用、训练和监督；以及例行文秘事务。诉讼的运行管理通常涉及案件处理的进程和花费以及建立法院运作的统一规则以减少案件处理过程中的混乱和不均衡。"[1]按此概念，司法机关管理包括司法机关内部管理和外部管理。

司法机关内部管理，主要包括司法职务任免以及上下级司法机关之间的关系。根据宪法及相关法律规定，各级人民法院院长由本级人民代表大会选举任免，审判人员由本院院长提请本级人民代表大会常务委员会任免；各级人民检察院检察长由本级人民代表大会选举，报上一级人民检察院检察长提请该级人民代表大会常务委员会批准任免，检察员由本院检察长提请本级人民代表大会常务委员会任免。各级法院、检察院之间的关系体现在两个方面：一是从业务上讲，上下级法院之间是审级监督关系，最高人民法院监督地方各级人民法院和专门人民法院的审判工作，上级人民法院监督下级人民法院的审判工作；上下级检察院之间是领导关系，最高人民检察院领导地方各级人民检察院和专门人民检察院的工作，上级人民检察院领导下级人民检察院的工作。二是从人事管理上讲，上级院协助党委组织部门管理下级院的领导班子成员，指导下级院的干部队伍建设。

司法机关外部管理主要体现在司法机关与同级人民代表大会和同级党委政府之间的关系上。根据《人民法院组织法》和《人民检察院组织法》的规定，最高人民法院和最高人民检察院对全国人民代表大会和全国人民代表大会常务委员会负责并报告工作；地方各级人民法院和地方各级人民检察院对本级人民代表大会及其常务委员会负责并报告工作。司法机关与地方党委政府之间的关

---

[1] Henry R. Glick, *Courts, Politics, and Justice,* New York: McGraw-Hill Book Company, 1983，pp. 48-49. 转引自贺卫方：《中国司法管理制度的两个问题》，《中国社会科学》1997年第6期。

系主要体现在人财物的管理方面。长期以来，我国司法机关人员和经费实行分级管理、分级负担，司法机关经费主要来源于同级财政部门核拨，法院收费被纳入地方财政预算范围，实行"收支两条线"管理。

（三）司法管辖

司法管辖作为司法体制的重要组成部分，是指司法机关在司法管理、级别设置、案件受理等方面的一系列原则、制度、规定的总称，其核心是司法机关履行职权的司法区域和权限划分。司法管辖主要包括司法机关的级别管辖、地域管辖和指定管辖。[①] 划分级别管辖的依据主要是案件的性质、复杂程度、影响大小以及人民法院在审判体系中的地位、职责、条件等，据此，我国三大诉讼法分别规定了各级人民法院直接受理的第一审案件的种类和范围。划分地域管辖的依据主要是方便当事人诉讼，便于收集证据、案件事实以及不同层级法院辖区对应关系等。一般而言，在明确了级别管辖和地域管辖之后，司法管辖问题即可得以解决。但出于审判公正、效率等的考虑，可能发生案件管辖权发生变更的情形。如三大诉讼法均规定，上级人民法院可以指定下级人民法院审判管辖不明（或不宜管辖）的案件，也可以指定下级人民法院将案件移送其他人民法院审判（指定管辖）。下级人民法院对它所管辖的第一审案件，认为案情重大、复杂需要由上级人民法院审判的，可以请求移送上级人民法院审判（管辖权转移）。上级人民法院有权审判下级人民法院管辖的第一审案件（提级管辖）；除刑事案件以外，上级人民法院可以把自己管辖的第一审案件移交下级人民法院审判。

按照现行的司法管辖制度，地方各级人民法院、人民检察院的管辖区域与行政区划高度重合。省辖市（地、州）中级人民法院、县（区、市）基层人

---

① 中共中央政治局委员、中央政法委书记孟建柱在《人民日报》撰文专论深化司法体制改革，指出："探索与行政区划适当分离的司法管辖制度。司法管辖包括司法机关的地域管辖和案件管辖。通过提级管辖、集中管辖，审理行政案件或者跨地区民商事、环境保护案件。"（孟建柱：《深化司法体制改革》，《人民日报》2013年11月25日。）从诉讼法的角度来看，司法管辖、案件管辖并非严格的管辖法律概念，司法管辖的外延可作扩大理解，级别管辖、指定管辖、管辖权转移等亦应属于司法管辖的内容。

第八章　省直管县中的司法体制改革创新研究

民法院,依据审判权限分别审理所在市(地、州)、所在县(区、市)的案件。县(区、市)基层人民法院一审裁判不服的上诉案件、县(区、市)内发生的按诉讼法规定应由中级人民法院审理的一审案件,全部由省辖市(地、州)中级人民法院负责受理。

二、省直管县对现行司法体制的影响

省直管县体制改革是优化行政区划设置的重要举措。省直管县体制改革的理论依据是现代管理的扁平化理论、区域空间开发理论、分权化理论、民本理论和城乡统筹理论。[①] 我国现行行政区划设置某些地方违反了现代管理理论,表现在:因管理层级过多难以在管理幅度与管理层次之间形成动态平衡;因管理层级分散难以形成新的经济增长极;因管理层级增加导致下级单位工作难度加大并影响其自主权;因管理的核心层级(县级)资源有限难以更好地贯彻以人为本的执政理念;因政策、资源等向大城市过于集中而形成城乡分离的二元结构模式。[②] 同时,现行"省—市—县—乡"四级行政区划设置也与现行宪法相背离。根据《宪法》第三十条的规定,中华人民共和国的行政区域划分为省(自治区、直辖市)、县(自治县)、乡(民族乡、镇)三级,在省和县之间并不存在省辖市一级。省直管县体制改革的核心内容是将现行的"省—市—县"三级管理体制转变为"省—县(市)"二级管理体制,即对县的管理由现在的"省管市—市管县"模式变为由省替代市,实行省直管县,实现市、县分治是实行省直管县改革的目标。[③] 实行省直管县后,市与县(市)同为省直管的行政单位,不再承担对县的管理职权,相互之间不具有行政隶属关系,实际是原来同时管辖市与县的地级市被撤销。

[①] 程乐意主编:《机构编制管理教程》,河南人民出版社 2013 年版,第 79 页。

[②] 沈荣华:《统筹城乡发展背景下的省直管县改革——兼评〈中国省直管县改革研究〉一书》,《中国行政管理》2012 年第 2 期。

[③] 徐元明、刘远、周春芳:《省直管县体制改革相关问题研究——以江苏省为例》,《江海学刊》2007 年第 6 期。

新型城镇化进程中的行政层级与行政区划改革研究

省直管县体制改革不仅影响到行政区划本身,而且会对现行司法体制产生重大影响。正如周道鸾教授在《外国法院组织与法官制度》前言中所指出的,法院改革最根本、最要害的,还是法院体制改革,也就是所谓的深层次改革的问题。主要是:法院设置问题;法官管理体制改革问题;法院经费管理体制问题。[1] 省直管县后对司法体制的影响主要表现在以下方面。

(一) 中级人民法院是否废止问题

按照我国目前的司法体制,每个地级市都设置有中级人民法院。中级人民法院的管辖范围与地级市的管辖范围保持一致。如果省直管县体制改革之后地级市这一级政权设置被撤销,那么,中级人民法院也面临着是否需要被撤销的问题。

从我国现行司法体制来看,如撤销中级人民法院,与我国《宪法》和《人民法院组织法》确立的四级两审终审制不符,也不便于人民群众行使诉权。我国地域辽阔,很多地方交通不方便。如果只设三级法院,若当事人不服县级法院的判决,势必要到较远的省高级法院上诉,会给当事人上诉造成大量人力、物力、时间上的浪费。目前我国省(区)设立的基层人民法院一般都有一百个左右,如果由高级人民法院直接受理对基层人民法院判决不服而提起的上诉案件,也将大大增加高级人民法院的办案压力,甚至会降低其办案质量和效率。因此,基于我国司法体制历史传统、现行司法体制要求以及司法实践的现实考量,中级人民法院作为一级司法审判层级应当予以保留。否则,让省高级人民法院直接作为省管县法院的上级法院,既不现实也与级别管辖相冲突。

(二) 保留中级人民法院面临的问题

1. 司法管辖范围问题

省直管县体制改革之后,由于市的管辖范围缩小,不再对县进行管理,中

---

[1] 周道鸾主编:《外国法院组织与法官制度》,人民法院出版社2000年版,第8—11页。

级人民法院的管辖范围是否需做相应变更。如果中级人民法院的管辖范围只包括市不再包括县,在不另增设中级人民法院的前提下,将会出现一部分基层人民法院的上诉法院不是中级人民法院而是省高级人民法院,如果对基层人民法院的判决不服则不能向中级人民法院上诉,而只能直接向省高级人民法院上诉,这种四级两审和三级两审并存的体制必然会引起司法工作混乱。如果各地区中级人民法院的管辖范围仍与体制改革前的管辖范围保持一致,既包括城区,也包括县,如何构建适应省管县体制的司法管辖体制成为需要研究解决的问题。

2. 权力赋予来源问题

我国《宪法》规定:"地方各级人民法院对产生它的国家权力机关负责。"目前,中级人民法院是由地级市国家权力机关产生,亦须向地级市国家权力机关负责,并对县(区)基层法院进行审判监督。实行行政省直管县后,地级市人大发生根本性调整,各县(市)人大与地级市人大完全脱钩,既不参加市人大选举,市人大代表中也不含县(市)代表。由市人大产生的地市级中级人民法院,继续对县(市)基层法院进行审判监督和业务指导则失去了法理性基础。

3. 法律职务任免问题

《法官法》规定,"地方各级人民法院院长由地方各级人民代表大会选举和罢免","副院长、审判委员会委员、庭长、副庭长和审判员由本院院长提请本级人民代表大会常务委员会任免"。中级人民法院是由地级市国家权力机关产生,其法官需要由地级市的国家权力机关任免。省直管县体制改革后,中级人民法院还将面临着干部管理和法律职务任免权究竟由谁来行使的问题。同时,按照现行《检察官法》的规定,人民检察院检察长的任免除本级人大选举外还须报上级人民检察院检察长提请该级人大常委会批准。如省人民检察院分院检察长由省级人大选举产生,这样省级人大实际上要选举产生省级院和中级院两级检察长,实践中尚无先例(直辖市除外)。还有,按照现行《检察官法》的规定,省人民检察院分院检察长由省级人大选举产生后,是否还要报最高人民检察院检察长报请全国人民代表大会常务委员会批准?这些均缺少法律规定。

4. 干部提拔交流问题

省直管县以后，为便于和省级政府及其行政部门对接、调动试点县干部的工作积极性，试点县党委、政府、人大、政协主要领导职级普遍实行高配，即由原来的处级调整为副厅级。一些试点省份担心，如试点县法院院长、检察院检察长的职级仍为副处级，该种状况不利于司法权监督行政权，即司法权、行政权相互之间不能形成有效制衡。同时，省直管县后试点县法院、检察院领导班子成员的交流、提拔也受到制约，与同级非试点县之间的交流途径被切断，与省级司法机关、其他试点县司法机关之间的交流途径也不顺畅，长此下去也会影响部分干部的工作积极性。

5. 增加诉讼成本的问题

省直管县以后，为坚持级别管辖和两审终审制，拟在试点县和省之间跨行政区划增设中级人民法院和省检察院分院，或者为保证案件公正审判而将案件集中管辖、指定管辖。由此带来的一个不利后果是，试点县与新设司法机关之间，以及案件当事人与新设司法机关、指定管辖法院、集中管辖法院之间的空间距离比较远，可能产生不方便法院审判和不方便当事人诉讼的问题，增加司法的成本。该种状况也与"司法为民、以人为本"的司法理念不相协调。

6. 司法架构特殊性问题

《中华人民共和国宪法》第三章第一百三十五条规定："人民法院、人民检察院和公安机关办理刑事案件，应当分工负责、互相配合、互相制约，以保证准确有效地执行法律。"公、检、法三家应该相互对应，一存俱存、一亡俱亡。《公安机关办理刑事案件程序规定》第二十一条规定："县级公安机关负责侦查发生在本辖区内的刑事案件。设区的市一级以上公安机关负责重大的危害国家安全犯罪、恐怖活动犯罪、涉外犯罪、经济犯罪、集团犯罪案件的侦查。"由于各级公安机关是同级人民政府的工作部门，省直管县以后不可能在试点县以上单独设立市一级公安机关，应当由市级公安机关侦查的案件由哪级公安机关侦查就成为法律的空白。根据《刑事诉讼法》的规定，危害国家安全、恐怖活动案件，可能判处无期徒刑、死刑的第一审刑事案件由中级人民法院受理，这些案件一般由县级公安机关负责侦查，侦查终结后最终由市检察院向市中级人民法院提起公诉。问题是，在没有市级公安机关的情况下，由哪级公安机关移送市检察院审查起诉？① 还有，《行政复议法》第十二条规定："对县级以上地方各级人民政府工作部门的具体行政行为不服的，由申请人选择，可以向该部门的本级人民政府申请行政复议，也可以向上一级主管部门申请行政复议。"第十三条规定："对地方各级人民政府的具体行政行为不服的，向上一级地方人民政府申请行政复议。"据此规定，省直管县体制下，对省直管县人民政府具体行政行为不服的，相对人只能选择向省人民政府申请复议；对省直管县人民政府行政部门（如公安局）的具体行政行为不服的，只能向省人民政府行政部门（如公安厅）申请行政复议，如此将会导致省人民政府及其行政部门工作量大大增加。再者，《行政诉讼法》第二十五条规定："经复议的案件，复议机关决定维持原具体行政行为的，作出原具体行政行为的行政机关是被告；复议机关改变原具体行政行为的，复议机关是被告。"省直管县体制下，一旦省人民政府及其行政部门改变直管县人民政府及其行政部门做出的具体行政行为，依照《行政诉讼法》的规定必然成为被告，省人民政府及其行政部门将会应接不暇。上述问题均需考虑并加以解决。

7. 经费保障问题

按照我国目前的财政体制，各省、自治区市（地）的中级人民法院的经费来源主要是中央财政的补贴和同级地方政府的财政拨款。《诉讼费用交纳办法》出台后，诉讼费、执行费的收费比例较以往呈较大幅度下调，中央财政加

---

① 在该问题上，各地做法并不一致。有的是由基层公安局执行逮捕后向同级检察院移送审查起诉，同级检察院移送市级检察院审查后向中级人民法院提起公诉；有的是由基层公安局执行逮捕后移送市级公安机关，由市级公安机关移送市级检察院，由市级检察院向中级人民法院起诉。上述第一种方式无须经过市级公安机关，第二种方式则必须经过市级公安机关。2012 年以来，四川省成都、绵阳、资阳等 11 个市级检察院先后与当地市级公安局会签文件，建立死刑案件同级移送审查起诉制度。根据该制度，死刑案件审查起诉必须由市级公安局向市级检察院移送，改变以往由基层检察院直接向市检察院移送审查起诉材料的方式。参见王丽、刘德华：《四川建立死刑案同级移送审查起诉制度——11 市死刑案件由市级公安局移送检察机关》，《检察日报》2012 年 3 月 30 日。

大了对各级法院的补贴。但地方同级政府对法院在经费保障上的支持无疑是最稳定、力度最大的。实行省直管县体制改革之后，由于市的管辖范围不再包括县，中级人民法院法官的任免也不再由地级市的人大及其常委会负责。这无疑会导致中级人民法院的财政经费来源发生变革。

三、省直管县司法体制的路径选择

省直管县不仅是行政区划的调整，还有利于区隔司法区划，在人事、财政等重大问题上形成司法与行政的体制化脱钩，有利于破除市县级政府的干预。贺卫方也认为，省直管县体制改革恰好为司法区划改革提供了一个宝贵机遇。[①] 党的十八届三中全会提出"推动省以下地方法院、检察院人财物统一管理"，更为省直管县后的司法体制改革提供了强有力的保障。从地方实践来看，省直管县基层法院的上一级法院的设置形式有多种。如何选择理想化的改革路径，要坚持依法治国基本方向，遵循精简统一效能，保障依法独立行使司法权。

（一）已经实行省直管县地方的实践探索

从目前采取省直管县体制的地方所施行的司法体制来看，主要有三种模式。

1. 并行模式

该模式下，既有以行政区划设立的法院、检察院，又有针对省直管县单独设立的法院、检察院。以河南、湖北等直管县数量较多的省份为代表，采用增设中级人民法院和省检察院分院的做法。

（1）河南。2013年11月26日，河南省委、省政府印发了《河南省深化省直管县体制改革实施意见》，决定从2014年1月1日起，在10个县（市）实行由省直管县体制，法院、检察院的司法体制相应调整：设立河南省第一中级

---

① 贺卫方：《借行政区划改革东风重构司法区划》，《东方早报》2005年9月9日。

人民法院、河南省人民检察院第一分院，依法行使中级人民法院、检察分院的职权，管辖巩义、汝州、邓州、永城、固始、鹿邑、新蔡等7个试点县（市）；原济源市中级人民法院更名为河南省第二中级人民法院，原河南省人民检察院济源分院更名为河南省人民检察院第二分院，管辖兰考、滑县、长垣3个直管县和济源市（县级市）。河南省第一、第二中级人民法院均由省高级人民法院直接管理；河南省人民检察院第一、第二分院均为省人民检察院派出机构，由省人民检察院直接领导。

（2）湖北。2001年7月，设立江汉中级人民法院和省人民检察院江汉分院，管辖仙桃、潜江、天门3个直管市。并行模式的特点在于，原有的按照行政区划设置的中级人民法院、市（地）级检察院和基层法院、县级检察院不变，把实行省直管的县单列出来，通过新设中级人民法院、相当于市（地）级的检察院（即检察分院），来解决这些县基层法院、检察院的司法管辖问题。这种模式简单易行，不影响现行的司法区划，且便于一些司法改革探索可在新设立的法院先行先试。

2. 单行模式

例如，北京设置第一至第三中级人民法院，分别受理若干区县基层法院的上诉案件；天津设置第一、第二中级人民法院；上海设置第一、第二中级人民法院；重庆设置第一至第五中级人民法院。海南作为省域全部实施省直管县的省份，除设立海口、三亚、三沙3个中级人民法院，另设有第一、第二中级人民法院，受理16个县基层法院的上诉案件。直辖市作为省直管县的特殊模式，汪玉凯甚至建议，应该通过新增直辖市为推进省直管县创造条件。[①] 单行模式下，在省（自治区、直辖市）范围内打破市（地）行政区划的藩篱，在保障便民诉讼的情况下，跨区域设置若干个中级人民法院，有利于摆脱市县级各部门的干预，保证司法机关独立地行使职权；同时有利于集中审判力量，集约化使用司法资源。

---

① 汪玉凯：《可增设直辖市以推进行省直管县》，《21世纪经济报道》2013年12月29日。

3. 过渡模式

以宁夏回族自治区等省直管县数量较少的省份为代表，采用不增设新的中级人民法院和检察院，指定某一中级人民法院和检察院管辖试点县的做法。如，宁夏回族自治区高级人民法院和自治区人民检察院指定吴忠市中级人民法院和人民检察院管辖同心、盐池 2 个试点县，负责试点县重大案件的一审和基层法院、检察院二审案件的审理及法律监督工作。在省直管县体制改革的试点阶段，特别是在局部省份开展小范围试点的地区，暂时保持司法区划体制不变，县级法院的案件仍然可以上诉到原来所属市的中级人民法院，既在一定程度上实现了司法区划与行政区划的分离，也不涉及司法管辖的调整，不失为一种积极稳妥的过渡措施。

（二）全面深化司法体制改革背景下的理想模式

随着十八届三中全会决定的出台，司法体制改革已是"开弓没有回头箭"。从零打碎敲、单点创新到系统推进、全面变革，司法体制改革进入深水区，传统的利益羁绊即将被打破。[①] 按照中央确定的司法体制改革方案，从确保依法独立公正行使审批权检察权、健全司法权力运行机制、完善人权司法保障制度三个方面，提出了改革地方法院、检察院人财物管理体制、探索建立与行政区划适当分离的司法管辖制度、实行司法人员分类管理制度等多项改革具体举措。与行政、财政省直管县体制相适应的司法体制，必须在中央全面深化司法体制改革的背景下，积极探索建立。

1. 构建省管县司法体制应遵循的基本原则

一是坚持依法独立行使司法权的原则。这是改革的出发点和落脚点。人民

[①] 2014 年 7 月 9 日，最高人民法院向社会公布《人民法院第四个五年改革纲要（2014—2018）》（以下简称《纲要》），作为未来五年法院改革工作的纲领性文件。《纲要》明确提出：探索建立与行政区划适当分离的司法管辖制度。通过提级管辖和指定管辖，确保行政案件、跨行政区划的民商事案件和环境保护案件得到公正审理。初步建立统一管理、两级保障的人民法院经费保障体制。

法院、人民检察院依照法律规定独立行使审判权、检察权，不受行政机关、社会团体和个人的干涉，是宪法、诉讼法确立的基本原则，但在司法机关的人财物受制于地方政府、本应作为中央事权的司法权演变为地方事权的情况下，独立行使审判权、检察权难免畏首畏尾。实行司法统管（在司法中央统管尚不现实的条件下，本着循序渐进的原则，先实行司法省级统管）、司法权去地方化是保证司法权独立行使的前提。

二是坚持精简统一效能的原则。这是任何体制改革都应遵循的基本准则。所谓精简，是指依法设置国家机关，严格控制机构编制，定员定岗，国家机关之间职责明确，层次明晰，不能简单理解为数量上的减少，主要是指减少运行成本，提高运行效能。所谓统一，是指职责体系和机构设置的有机统一，各个审级的法院职责明晰，法院之间管辖范围清晰，法院内部运作协调顺畅。所谓效能，是指通过科学规范部门职能，合理设置机构，优化人员编制，不断改善司法资源的配置效率。省直管县体制改革在试点县选择、划分司法管辖区方面为司法资源提供了重新分配的机会，必须统筹平衡一定区域内的司法资源。

三是坚持依法治国的原则。依法治国，即依照法律治理国家，它强调应当确立宪法法律在国家生活中的至高地位，奉行法律统治，国家公权力机关必须依据宪法法律的授权，按照宪法、法律规定的实体与程序规则运行；公权力运行的状况，必须由依法设立的专门机关进行监督，公民的权利与自由必须由依法设立的专门机关进行维护。省直管县司法体制改革，在打破司法区划与行政区划高度重合的同时，又必须符合宪法法律精神，围绕司法权力合法性来源以及司法机关内、外部管理等方面形成整套的法律体系。

2. 改革方案选择

不管选取哪种模式，最根本的是以精简统一效能为原则，实现依法独立行使司法权之目的。细究前述三种模式，按照改革的上述原则，笔者认为，在省直管县的试点阶段，应适用第三种过渡模式，即暂时保持司法区划体制不变，县级法院的案件仍然可以上诉到原来所属市的中级人民法院；随着省直管县范围的扩大，对有条件的地方可逐步实行第二种单行模式。以下对三种模式进行比较分析。

第一种并行模式,弊端比较明显。首先,另起炉灶,易造成司法资源的浪费、司法体系的混乱。对此,刘大生教授认为,在我国现行的制度环境下,司法区划与行政区划是一种相统一的体制。我国实行的是四级二审终审制,实行省直管县体制后,市不再对县具有管辖权,县级基层法院的案子就不能再上诉到原来地级市的中级人民法院,如此一来,我们就需要增加中级人民法院和人民检察院。如果每一个地级市周边县区都需要增加一个外围地区中级人民法院和外围地区人民检察院的话,仅"江苏就要增加13个中级人民法院和13个检察院",实际造成司法机关的膨胀。[①] 河南省既有按行政区划设置的司法机关,又有部分县从原有行政区划中抽离出来单独管辖的司法机关,造成司法体系上的割裂,影响裁判统一性。其次,客观上存在增加诉讼成本、影响办案效率问题。以河南省的方案为例,除郑州的巩义市、1997年已由省直管的济源市外,其他9个省直管县(市)的诉讼当事人都将舍近求远,到设在郑州市、济源市的两个中级人民法院(检察分院)进行诉讼,其中原在信阳市的固始县诉讼当事人得跑400多公里到设在郑州市的第一中院(一分院),反而增加了诉讼成本,不能体现便民诉讼的法律原则。省直管县(市)检察院办理的自侦案件,需远途提请两个检察分院批捕,也影响办案效率。

第二种单行模式,当前条件还不成熟。按照这一模式,所有中级人民法院需全部拆分重建,且完全不对应行政区划设置,有关司法区划、司法权限划分、干部人事管理、财政经费保障等方面均需重新确定,调整范围、幅度过大,实施起来难度大、风险高,不符合积极稳妥、循序渐进的要求,也不利于发展稳定。

第三种过渡模式,是当前情况下的最佳选择。省直管县体制改革的核心内容是扩大县级政府经济社会管理权限,在财政体制上由省与县直接联系。与行政机关不同,各级法院、检察院依据《宪法》和法律独立行使审判权、检察权,省级与县级政府间行政管理关系调整,并不意味着法院、检察院司法管辖关系也要相应调整。按照法院组织法、检察院组织法规定,地方各级法院、检察院按行政区划设置,省直管县(市)的行政区划并未做调整,市(地)、县

---

① 刘大生:《城市宪法地位及城市体制改革研究》,《中华人文社会学报》2004年第1期。

级法院、检察院维持现行的审级关系、业务领导关系，不致影响审判、检察工作，且今后省以下地方法院、检察院人财物统一管理后，还可以进一步避免地方司法干预和地方保护主义等问题。走过渡模式，除前述优点外，改革维持了现有的司法区划，符合目前的法律规定，也方便诉讼主体就近参与诉讼。作为过渡措施，在经济社会管辖权限收归省一级管理后，试点县的上级法院仍由原中级人民法院管辖。需要提请注意的是，"官本位"作祟的司法机关可能不甘于"低就"，更多的会谋求第一种模式，即要求为这些试点县新设中级人民法院并配备人员编制、领导职数。

四、深化省管县司法体制改革的保障要求

省直管县以后，为保证司法体制改革的顺利进行，确保司法体制改革给省直管县整个管理体制带来有利影响，必须处理好以下六对关系。

（一）行政体制改革与司法体制改革之间的关系

省直管县体制改革与司法体制改革分属行政和司法两个不同的领域，二者既有内在联系也有不同的价值追求。一方面，省直管县体制改革必然对现有的司法体制带来冲击和影响（表现为积极影响，其效果是正面的），从该角度来看，司法体制改革是省直管县体制改革的配套措施和附属行为；另一方面，从摆脱司法权受制于行政权，确保法院、检察院依法独立公正行使审判权、检察权的角度看，司法体制改革有其独立的价值追求，与省直管县体制改革在最终目标和实际操作上并不必然相同。[1] 实践中要妥善处理好行政体制改革与司法

---

[1] 省直管县体制改革的最终目标是提高行政管理效率，促进县域经济快速发展，统筹城乡发展水平；司法管辖体制改革的最终目标是确保人民法院、人民检察院依法独立行使审判权、检察权，保证国家法律的统一正确实施。最终目标的差异决定了这两种不同领域的改革即有内在联系，但在具体改革措施上又不完全一致。如前所述，省直管县后从节约司法成本上来看，可保持原有的司法管辖体制不变。至于民众所担心的司法地方化问题，可通过十八届三中全会决定、人民法院《四五改革纲要》提出的"省以下地方法院、检察院人财物统一管理"的问题得以避免。

体制改革之间的关系，做到法律先行，通过立法引领改革，确保改革名正言顺。当前省直管县后司法体制出现的诸多问题和不适应之处，均与司法体制改革滞后于行政体制改革进程有关。

（二）顶层设计与实践探索之间的关系

习近平总书记在中央全面深化改革领导小组第三次会议上讲话指出："完善司法人员分类管理、完善司法责任制、健全司法人员职业保障、推动省以下地方法院、检察院人财物统一管理、设立知识产权法院，都是司法体制改革的基础性、制度性措施。试点工作要在中央层面顶层设计和政策指导下进行，改革具体步骤和工作措施，鼓励试点地方积极探索、总结经验。"我国作为单一制国家，司法职权属于中央事权，涉及面广、政策性强，必须做到顶层设计与实践探索相结合。在中央全面深化改革领导小组第三次会议审议通过的《关于司法体制改革试点若干问题的框架意见》中，选择上海等6个省市先行试点，为全面推进司法改革积累经验。在目前司法机关人财物完全由中央统管尚无法做到的情况下，推动省级以下地方法院、检察院人财物由省一级统一管理，不失为理性的选择，该项改革措施对破除地方保护主义，保证法院、检察院依法独立行使职权意义重大。

（三）坚持党的领导与保证司法机关独立行使职权之间的关系

人民法院依法独立行使审判权、人民检察院依法独立行使检察权，是我国宪法确立的基本原则，坚持党的领导是司法体制改革的政治优势和重要保障，司法体制改革进程中要处理好独立审判原则与坚持党的领导之间的关系。党对司法工作的领导体现在中央对司法体制改革方案的顶层设计、党委政法委对司法改革方向的把控、组织部门对司法干部的推荐考核上，并不意味着党委直接插手甚至干预司法机关处理具体案件。具体到司法体制上，就是党委在推荐各级法院院长、检察院检察长人选方面要发挥作用。

（四）实现法制统一与法律修改完善之间的关系

行政体制改革和司法体制改革必须从现行宪法的框架内着手，"一府两院"的国家政体结构是省直管县体制改革和司法体制改革的前提和基础，如各级法院院长、检察院检察长仍必须通过人大选举产生；法院、检察院的工作报告必须提交人民代表大会审议等。[①] 但与此同时，相关法律也应与时俱进，通过修改完善相关内容以适应社会发展的需要。省直管县以后，现行《法院组织法》、《检察院组织法》、《法官法》、《检察官法》等有关法律规定与省直管县后行政机关"省—县—乡"的三级设置不相协调，应当及时加以修订。具体到省级以下法院、检察院的司法管理体制，可做如下考虑：（1）试点县法院院长、检察院检察长由试点县人大选举和罢免，其中试点县人民检察院检察长的任免，须报省人民检察院检察长提请省人民代表大会常务委员会批准。（2）试点县法院副院长、审判委员会委员、庭长、副庭长和审判员由本院院长提请本级人民代表大会常务委员会任免；试点县检察院副检察长、检察委员会委员和检察员由本院检察长提请本级人民代表大会常务委员会任免。（3）跨行政区设立的中级人民法院的院长、省人民检察院分院的检察长由省人民代表大会选举和罢免；法院副院长、审判委员会委员、庭长、副庭长和审判员、检察院分院副检察长、检察委员会委员和检察员，由省人民代表大会常务委员会任免。（4）试点县法院院长、检察院检察长向试点县人大报告工作，接受试点县人大监督；跨行政区设立的中级人民法院院长、省检察院检察长向省人大报告工作，接受省人大监督。

（五）遵循司法规律与全面深化改革之间的关系

两审终审制的审判制度，地域管辖、级别管辖、指定管辖、管辖权转移等

[①] 中央全面深化改革领导小组第三次会议审议通过的《关于司法体制改革试点若干问题的框架意见》提出改革法官、检察官选任方法。主要内容是："在省一级设立法官、检察官遴选委员会，从专业角度提出法官、检察官人选。由组织人事、纪检监察部门在政治素养、廉洁自律等方面考察把关，人大依照法律程序任免。"该项改革举措的目的是规范现有法官、检察官人选的提名方法，以保证其专业能力。

管辖制度,是我国诉讼法长期坚持的基本制度,实践证明,这些制度适应审判工作的需要,符合司法规律。省直管县以后,适应司法体制改革的需要,在坚持两审终审制的前提下,有必要对传统的司法制度进行深入改革,增加、变通现有管辖制度的种类,通过提级审理、集中审理,跨行政区划审理民商事、行政、环境保护等案件,[①] 去除地方保护主义的干扰、优化司法资源配置,切实保证人民法院依法独立行使审判权,在全社会实现公正正义,提高司法的公信力。

(六) 加大改革力度与突出以人为本之间的关系

《中共中央关于全面深化改革若干重大问题的决定》指出:促进社会公平正义、增进人民福祉是全面深化改革的出发点和落脚点。因此,是否有利于实现公平正义、人民群众满意与否,是衡量各项改革是非成败的标准。司法体制改革既要着力革除损害公平正义的各项弊病,又要体现以人为本的改革理念。在跨行政区划设立中级人民法院、检察分院,以及对案件指定管辖、集中管辖时,要把保护人民群众利益、方便当事人诉讼放在第一位。《中共中央关于全面深化改革若干重大问题的决定》同时指出:建立符合职业特点的司法人员管理制度,健全法官、检察官、人民警察统一招录、有序交流、逐级遴选机制,完善司法人员分类管理制度,健全法官、检察官、人民警察职业保障制度。为健全省直管试点县法官、检察官有序交流机制和职业保障制度,在试点县司法人员职级确定、职务提升、岗位交流方面应当适当高配、优先考虑、拓宽渠道,[②] 充分调动和激发试点县司法人员的工作积极性,释放行政体制改革和司法体制改革的红利。

党的十八届三中全会决定开启解决司法地方化问题新的历史征程,实现省级以下司法机关人财物统一管理,维护司法机关在人财物上的独立性,迈出了

---

① 十八届三中全会提出的"建立与行政区划适当分离的司法管辖制度",不是要废除现有的地域管辖制度,而是要通过指定管辖、提级审理、设立专门法院(如知识产权法院),实现跨行政区划审理行政案件、民商事案件和环境保护案件。

② 陈国权、黄振威:《省管县改革中的党政领导干部管理问题》,《探索与争鸣》2011 年第 1 期。

极为关键和务实的一大步,也对省直管县体制下的司法体制改革问题打下坚实的基础。随着全面深化司法体制改革的实施和省管县体制改革的试点铺开,与省管县相一致的中国特色社会主义司法体制将逐步健全完善,确保公正高效权威的司法组织体系和运行机制将逐步调整到位,司法机关的法律地位更加独立,人民群众亦将更真切地感受到公平和正义。

第九章
构建动态调整的县级行政区等次体系

从古至今,每一次行政区划的重大变革均对后世经济发展和社会进步产生了深远而重大的影响,当前我国行政体制制度正面临重大改革的关键时期,以强县扩权、强镇扩权为突破口的改革试点正在全国如火如荼地进行,笔者通过对现行政策建议考察,以及对新中国成立以前政区等次制度及日本、美国城镇化发展历程的参考借鉴,建议行政区划层级制度改革应该以打破市、县、镇之间严格的行政隶属关系,在省级政区以下构建分等排序、动态调整的县级行政区等次体系,这样有利于实现行政区划层级改革各种建议、思路的逻辑统一,也有利于切实避免新型城镇化快速发展给行政区划和行政层级改革带来的一系列理论和实践难题,从而最终推动我国新型城镇化的健康发展。

一、城镇化发展使县级政区改革迫在眉睫

目前我国常住人口城镇化率已经突破50%,城镇化进入快速发展阶段,李克强总理在政府工作报告中提出了三个"一亿"的宏伟奋斗目标,预计在未来几年将由数以亿计的农村人口涌入各类城镇。在这一时代背景下,政府官员、学者乃至普通民众均认为现有行政区划层级制度必须进行改革,以促进城镇化的健康发展,但对于如何变革却面临许多难题和困惑,迫切需要我们进行深入研究并找到可行的解决之道。

第九章　构建动态调整的县级行政区等次体系

（一）现有县级政区设置难以满足城镇化需要

我国目前的行政管理体制是以行政层级为基础确定相应的人员编制和行政管理权限，这一模式在现实中面临较大挑战。以县级政区为例，全国最大的县新疆维吾尔自治区若羌县面积19.9万多平方公里，比内地许多省份面积都大，而全国最小的县山东省长岛县仅58平方公里，二者相差3400多倍；根据第六次人口普查数据，作为全国百强县的江苏江阴市、昆山市常住人口约为160万和200万，而山西省大宁县、永和县常住人口只有6.3万和6.5万，如果将"市辖区"列入考查范围，则人口规模差距将会更大，经济因素将驱动越来越多的人向经济发达地区流动，可以预见县级政区之间的常住人口规模差距仍呈日益扩大趋势。

再例如，温州市龙港镇在镇级市改革试点前，常住人口近40万，却只能具有镇级的行政机构设置，例如当地派出所在编只有20多人，上路执勤的交警编制只有8个人，另外相关经济社会管理权限也基本集中在苍南县，这种"小马拉大车"、"人大衣服小"的窘况严重制约了当地经济的发展和居民公共服务的获取。

我国地域广大，各地区在面积、人口（特别是常住人口）、经济发展水平等方面差异巨大，但在行政级别、机构设置、人员编制等方面差别并不十分明显，这种以行政层级为基础"一刀切"的行政管理体制显然不能适应日益变化的经济社会发展需要，特别是新型城镇化的发展需要。因此我国现阶段迫切需要进行更加全面、科学、系统的行政区划层级改革顶层设计，以适应并促进快速发展的新型城镇化建设。

（二）行政区划、行政层级的改革需要整体设计

从现实的角度看，目前我国涉及行政区划和行政层级的改革实践主要集中在县、镇两级，具体措施包括强县扩权和省直管县、撤县划区、强镇扩权和镇级市，值得注意的是，强县扩权和省直管县、强镇扩权和镇级市的直接目的是赋予经济较发达县、镇以更多的经济管理权限、更强的社会服务能力，从而促

新型城镇化进程中的行政层级与行政区划改革研究

进其经济社会更好更快地发展,但从长远影响看,这些改革对于行政区划和行政层级改革探索也有"架桥铺路"的作用。但较为遗憾的是,由于当前这些改革的主要目的是减少县、镇经济社会发展的束缚,因此从行政区划和行政层级改革的角度衡量,这几项措施在现实应用和逻辑分析上还存在一些问题,难以实现减少行政区划层级的意图。

1. 现有政策建议不具有普适性

以强县扩权、强镇扩权改革试点为例,二者均从浙江开始,随后在全国其他地方推广,例如2012年《中央编办关于开展省直管县体制改革试点的通知》确定的全国省直管县体制改革试点县共有34个,2010年《关于开展经济发达镇行政管理体制改革试点工作的通知》确定的经济发达镇改革试点有25个。

这些改革试点在促进经济发展、完善公共服务、维护社会稳定等方面取得了明显的成效,但这种改革模式只是针对经济发展情况比较好的县和镇,覆盖面较小,虽然许多地方在中央改革试点基础上也增加了不少县、镇作为省级改革试点,但基本也是选择本省区内经济条件较好的地区进行复制推广,这样在促进这些试点地区发展的同时,也在一定程度上扩大了同一行政层级政区间的差异性。

省直管县、强镇扩权等改革试点在推动县、镇经济社会发展方面积极作用明显,但应用到行政层级改革领域则明显不适应。以河北省为例,截止到2012年底,河北省有11个地级区划单位,172个县级行政区划单位,包括37个市辖区、22个县级市、107个县、6个自治县;2234个乡级行政区划单位,包括1个区公所、1019个镇、889个乡、51个民族乡、1个民族苏木和274个街道。[①] 如果全面推行省直管县,则一省需要管理135个县级单位(扣除市辖区),如果全面推行镇级市,则平均一个地级市需要管理178个镇(扣除街道),这显然是难以实现的。因此可以预见,强县扩权、强镇扩权改革模式只能覆盖小部分县、镇,地方管理结构将出现省—市—县—乡、省—县—乡、省—市—县(镇)多种模式长期并存的局面,明显较为烦琐复杂,与我们减少行政区划层

---

① 资料来源于《中华人民共和国行政区划简册2013(政务版)》,中国地图出版社2013年版。

级的初衷不符。

2. 现有改革措施在行政层级改革中存在政策对冲隐患

"政策对冲"指的是一类政府政策的实施，将对另一类相关政策的实施效果产生明显的抵消作用，行政区划层级改革的政策对冲，主要是指中央和省任何取消某一级行政区划层级的努力，被取消对象都会提前采取行动，利用现有改革措施来抵制上级意图撤销或削弱自己的努力。在省直管县改革中，主要表现为撤县划区、强镇扩权对省直管县政策可能存在抵消效果。

中央大力推行强县扩权、省直管县改革，其政策本意在于提高经济强县的经济、政治地位，实现强县发展的相对独立性，最终目标是实现市、县同治，也就是说在发展趋势上是有一点取消地级行政区划的意味的，这一政策在受到经济强县欢迎的同时，势必导致原来辖县地级市的利益严重受损，因此在省直管县改革稳步推进的同时，各地级市"撤县划区"步伐也在明显加快。

2012年我国14个地区获批县级以上行政区划变更中，[1]10个涉及县、县级市的全部或一部分划区，地级市撤县划区除了促进本区域协调发展的目的外，也不能排除个别地方为"抢地盘"，违背下级政府、群众意愿强行划区的可能性。例如较早进行省直管县财政改革的浙江省，曾在2013年5月爆发了长兴县反对湖州市"撤县划区"的集会游行和群众、官员上访，经济强县与其所属相对地级市在"是强县扩权还是撤县划区"问题上的矛盾可见一斑。目前省直管县改革仍处在试点阶段，试点县数量相对不多，如果地级市"撤县划区"速度远快于试点县改革速度，一段时间后地级市足可以"拥区自重"，省直管县改革必然受到强烈冲击，改革的初衷也就难以实现。

省直管县改革面临的另一个可能的政策对冲是"镇级市"改革。强镇扩权探索始于浙江绍兴，目前以县级部分权力下放但不调整行政级别的温州"镇级市"模式和将镇行政级别升格的安徽巢湖"副县级镇"模式较为典型，而中央编办2010年4月1日公布的《关于开展经济发达镇行政管理体制改革试点工作的通知》国家目前推行改革试点的是"副县级镇"模式。不论哪种模式，强

---

[1] 资料来源于《中华人民共和国行政区划简册2013（政务版）》，中国地图出版2013年版。

镇扩权背后的逻辑与强县扩权如出一辙，即尽可能取消中间管理层的制约直接赋权，如果强县扩权的自然结果是省直管县，那么强镇扩权的必然要求只能是"市直管镇"。因此如果省直管县改革试图在一般预算收入分成、财政收入超收返还、规费和土地出让金留成等方面全面绕过地级市，向市、县分治迈出实质性步伐，那么地级市为了维护自身利益，完全有可能抢先行动，让经济强镇首先与所属县级政府实行分治，成为地级市的"行政飞地"，其结果是大量县级行政区涌现使省级政府无法直管，只能委托地级市代管，这样地级市对辖区的领导和控制力非但没有削弱反而得到强化，而且考虑到很多经济强镇极可能隶属于经济强县，这样通过撤县划区和强镇扩权的效果叠加，地级市的地位得以强化，原先经济强县的地位被相对削弱，省直管县的政策效果也就难以得到保证。

应当指出的是，省直管县、强镇扩权等改革举措在增强经济强县、经济强镇发展能力，克服现行城乡关系管理体制的弊端，探索地方政府间最优管理幅度等方面具有十分重要的意义。笔者仅靠现有政策措施难以实现减少行政区划层级的意图，并不是要否定这些政策措施，而是应当加强行政区划和行政层级改革的顶层设计，坚持"有所废必有所立"，用系统化的改革思路统一原有政策措施的改革逻辑。笔者认为，不管是从中国历史沿袭还是现代西方的历史经验看，构建分等排序、动态调整的等次体系都应当成为当前我国县级行政区改革的主要方向。

二、主要理论建议评述

目前我国学者、政府官员均将行政区划和行政层级作为一个问题的两面予以关注，并作为一个相对独立的领域进行研究，取得了一些普遍认同的研究结论。

首先，多数学者肯定行政区划和行政区划层级研究的价值和必要性。例如戴均良、张占斌认为在我国工业化城镇化发展过程中，城镇型行政区划建制在整个行政区划体系中的比重越来越大，而且在今后一段时间仍呈进一步增大趋势，因此城镇化是推动行政区划调整的首要原因。[1] 王贤彬、聂海峰认为，行政区划是基于政权建设、经济建设、行政管理三方面需要进行设置的，而随着生产力的发展，经济因素在其中所起的作用越来越大。[2] 国内学者基本认同城镇化和经济发展是行政区划层级调整的主要推动力。

其次，多数学者认为减少行政区划层级是行政体制改革的应有之义，政策建议也向几个方面聚焦。谭其骧、周振鹤早在20世纪90年代初就提出改变现有省区规划的主张，后继学者基本认同通过增设直辖市可以减小阻力、实现缩小省区的目的；戴均良认为市领导县体制弊端很多，应该逐步撤销地级、乡镇走向自治，最终实现省、县（市）两级制[3]；贾康、张占斌、薄贵利、汪宇明、孙学玉等许多学者对省直管县、强县扩权的意义及实现路径等进行了较为充分的论述，普遍认为应该加大推行力度。此外陈剩勇、张丙宣、姚莉等学者对源于浙江的"强镇扩权"改革探索进行了研究，认为强镇扩权增强了沿海发达地区小城镇的发展活力，权力下放应该成为乡镇体制改革的主要方向。[4]

刘君德在《新时期中国城市型政区改革的思路》一文中对各类政策建议做了系统梳理，他认为新时期行政区划层级改革主要措施包括增设直辖市、取消市管市制度、创新设市模式（控制县改市、鼓励镇改市、试点县辖市）、创新城市内部区划体制（主要指社区管理体系）、试行行政区与服务区分离模式、制订并完善中国行政区划法等。[5] 浦善新、孙关龙等学者也表达过类似观点。

上述政策建议得到了多数学者的认同，但也有部分学者提出了自己的质疑和相对立的观点。肖金成认为大部分地级市在带动区域经济发展方面功不可没，是区域发展中最重要的经济单元，行政体制改革应该通过"弱省虚

---

[1] 戴均良：《适应我国现代化进程要求推进行政区划改革》，《红旗文稿》2004年第4期。张占斌：《政府层级改革与省直管县实现路径研究》，《经济与管理研究》2007年第4期。

[2] 王贤彬、聂海峰：《行政区划调整与经济增长》，《管理世界》2010年第4期。

[3] 戴均良：《行政区划实行省县二级制——关于逐步改革市领导县体制的思考》，《中国改革》2001年第9期。

[4] 陈胜勇、张丙宣：《强镇扩权：浙江省近年来小城镇政府管理体制改革的实践》，《浙江学刊》2007年6期；姚莉：《财权与事权配置视角下的乡镇改革趋势——兼评"乡财县管"与"强镇扩权"》，《农村经济》2009年第2期。

[5] 刘君德：《新时期中国城市型政区改革的思路》，《中国行政管理》2003年第7期。

县、强市扩镇"来完成,并提出了将行政体制简化为中央政府、市政府、镇政府三级,将省政府改组为中央政府的派出机关,将县政府改组为市政府的派出机关,将乡政府改组为镇政府的派出机关。[①]J. 弗农·亨德森（J. Vernon Henderson）认为,与巴西、美国等国相比,中国的城市虽然数量众多但人口规模明显不足,以 1997 年数据计算,许多地级市实际人口规模只及有效规模的一半。而如果地级市规模范围扩大一倍,则劳动力的实际产出将增加 20%—35%,这也就意味着地级市不仅不应该被大规模撤销,而且需要大规模强化。[②]刘尚希就认为,政府层级变化是一个自然的过程,目前市管县与省直管县两者是互补关系,可以共存,目前省直管县的效果有待进一步观察,不适于大规模施行。[③]此外王健等还提出了"复合行政"的改革思路,他认为要解决现阶段区域经济一体化与行政区划的矛盾,应该摆脱行政区划调整的传统思维,通过推动职能转变使政府管理范式由统治变为治理,用多中心、自主治理的"复合行政"理念来促进区域经济一体化发展。[④]

笔者认为,行政区划和行政层级改革牵扯面广、影响深远,应当谨慎为之,而且行政区划和行政层级改革不是简单地扩大谁、缩小谁,或者取消哪一层、保留哪一层的问题,而是应该从城镇化发展和城镇结构变化之间的基本规律出发,探求行政区划、行政层级改革的可能途径。

三、日美借鉴:城镇结构、数量处于动态变化之中

日本和美国作为世界经济强国和人口大国,其城市化进程的演变规律对我国现阶段城镇化的发展和行政区划改革具有较高的借鉴价值,城市化过程涉及

---

① 肖金成:《地级市地位论——兼与撤地强县论商榷》,《学术界》2004 年第 2 期;《关于我国行政区划体制改革的初步思考》,《经济研究参与》2005 年第 26 期。
② J. Vernon Henderson:《中国的城市化:面临的政策问题与选择》,《城市发展研究》2007 年第 4 期。
③ 刘尚希:《改革成果存续时间是否太短——对省直管县欢呼背后的冷思考》,《人民论坛》2009 年第 4 期。
④ 王健、鲍静、刘小康、王佃利:《"复合行政"的提出——解决当代中国区域经济一体化与行政化冲突的新思路》,《中国行政管理》2004 年第 3 期。

第九章 构建动态调整的县级行政区等次体系

政治、经济、人口、社会组织等诸多方面，笔者重点考察了与行政区划和行政层级相关的城镇数量的变化情况，以期对我们的研究有一些参考作用。

（一）日本市町村数量规模变化情况

日本作为典型的单一制国家，地方行政区划层级分为都、道、府、县和市、町、村两级，其中都、道、府、县相当于我国省级行政区划单位，而市、町、村则基本相当于我国市县及以下行政区划单位，截止到2008年7月1日，日本地方行政区划单位总共包括1都、1道、2府、43县，783市、811町、193村。

表9.1 日本明治维新以来市町村数量、人口比重情况

典型年份	市 数量	市 人口占比（%）	町村 町	町村 村	町村 人口占比（%）
明治二十一年（1888）	37		12002	58433	
明治四十一年（1908）	66		1164	11223	
大正二年（1913）	69		1246	11033	
大正十四年（1925）	101	21.59	1532	10385	81.96
昭和五年（1930）	109	23.96	1704	10051	76.04
昭和十五年（1940）	168	37.72	1708	9260	62.28
昭和二十年（1945）	206	27.81	1803	8527	72.19
昭和二十五年（1950）	254	37.29	1889	8357	62.71
昭和三十年（1955）	496	56.10	1873	2508	43.90
昭和六十年（1985）	652	76.74	2001	601	23.26
平成二年（1990）	656	77.37	2003	587	22.63
平成十七年（2005）	751	86.30	1178	288	13.70

资料来源：笔者根据日本总务省统计局资料整理，http://www.stat.go.jp。

日本都、道、府、县行政区划单位源于原先的幕府和大名领地，这类高层级行政区划受历史沿袭因素影响较大，因此单位数量和辖区范围基本保持稳

定。而市町村的情况则相对复杂得多，从明治维新至今经历了三次大的合并，即"明治大合并"（1888—1889）、"昭和大合并"（1953—1961）和当前的"平成大合并"（2000—2007）。

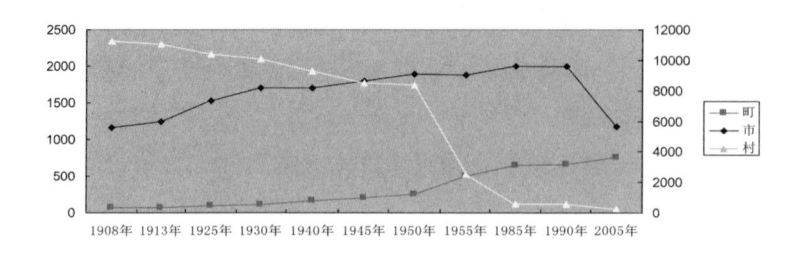

图9.1　20世纪以来日本市町村数量变化情况（单位：个）

资料来源：笔者根据日本总务省统计局资料整理，http://www.stat.go.jp。

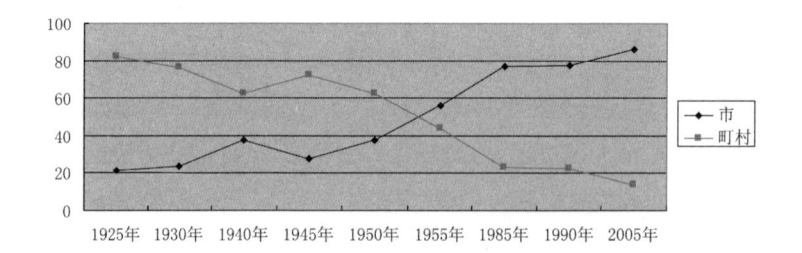

图9.2　1925年以来日本市町村人口占比变化情况（%）

资料来源：笔者根据日本总务省统计局资料整理，http://www.stat.go.jp。

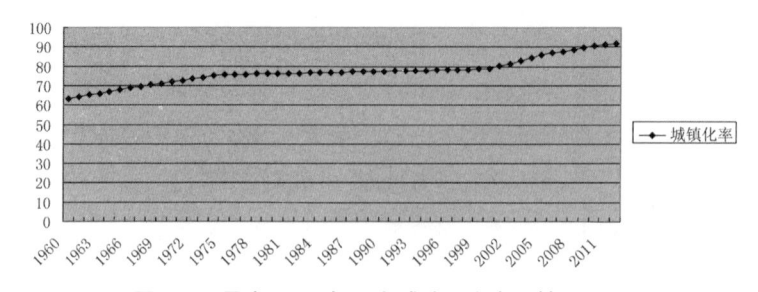

图9.3　日本1960年以来城镇化率变化情况（%）

资料来源：笔者根据世界银行国别数据库资料整理，http://data.worldbank.org.cn。

从城镇化率的变化情况看,根据世界银行国别数据库资料,日本 1960 年城镇化率为 63.27%,2000 年城镇化率已经提高到 78.65%,2012 年则达到了 91.73%。显然在市町村合并与城镇化率提高二者关系上,上级政府相关政策的引导激励、日本地方政府的优化重组是原因,而城镇化率逐步提高是结果,也就是说城镇合并的主要目的是利用合并产生的规模效应提高地方公共服务能力和行政运行效率,较高的城镇化水平只是伴随而来、自然产生的结果。

(二)美国较大城市数量规模变化情况

美国作为世界上最发达的国家,同时也是世界上面积最大、人口最多的国家之一。由于美国采用联邦制国体,因此按照联邦制原则,州政府并不是联邦政府的次级行政单位,而是联邦的组成成员,只有州以下行政单位才能称为地方政府,即只有州以下地方政府才是由州政府授权立法成立的、隶属于州政府管理的地方行政区划单位。由于美国州以下的行政区划单位包括县(county)、市(city)、镇(town)、乡(township)、村(village)以及特别行政区(special district)等诸多类型,而且各州对上述行政区划的建制标准规定各不相同,因此较难按照州、县、市、镇、乡、村这种顺序对美国城镇进行考察。因此笔者根据美国普查局(United States Census Bureau)有关美国 100 个最大城市的人口统计数据,对美国城镇变化情况进行了考察。

根据联合国对城市规模划分的标准,人口 10 万人以下为中小城镇,人口 10—100 万为大城市,人口 100 万以上为特大城市。从美国 100 个最大城市的数量分布看,从 1900 年到 1990 年,人口 100 万以上特大城市中,只有人口 100—300 万特大城市数量出现明显增长趋势变化较小;在人口 10 万至 100 万大城市中,人口规模 30 万以下城市数量从 1950 年开始呈逐步下降趋势,而 30—50 万规模城市数量显著增加,说明美国人口更多地向这两类城市聚集。

表9.2 美国1900—1990年100个最大城市数量及人口分布变化情况

城市规模	1900年 数量	1900年 人口	1950年 数量	1950年 人口	1970年 数量	1970年 人口	1990年 数量	1990年 人口
700万以上	0	0	1	789.2	1	789.5	1	732.3
300—700万	1	343.7	1	362.1	1	336.7	1	348.5
100—300万	2	299.2	3	589.2	4	750.9	6	914.5
50—100万	3	164.5	13	918.7	20	1298.9	15	1011.8
30—50万	5	172.4	18	688.7	22	831.1	28	1107.8
10—30万	27	440.9	64	1024.2	52	990.6	49	1060.9
10万以下	62	363.4	—	—	—	—	—	—

资料来源：美国人口调查局网站，http://www.census.gov。

图9.4 美国100个最大城市数量分布（1900—1990）

资料来源：美国人口调查局网站，http://www.census.gov。

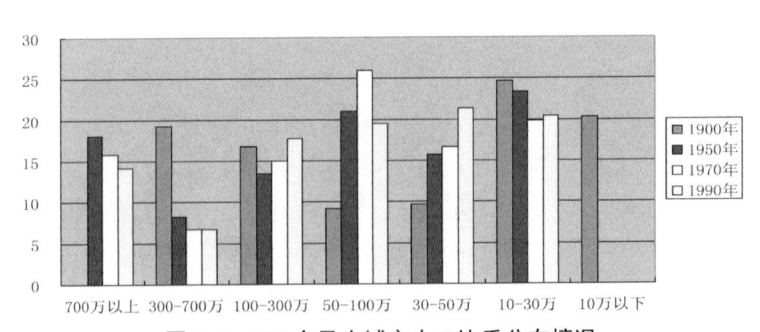

图9.5 100个最大城市人口比重分布情况

资料来源：美国人口调查局网站，http://www.census.gov。

从美国 100 个最大城市的人口比重分布看，美国人口 300 万以上的城市占 100 个最大城市总人口比重持续下降，这与美国郊区化的发展趋势基本一致；而 30 万—50 万规模城市人口比重呈明显上升趋势，100 万—300 万规模城市在 20 世纪 50 年代以后人口比重也呈上升趋势，说明这两类城市对人口有相当的吸引力。

值得注意的是，美国 20 世纪 20 年代城镇化率已经达到 50%，60 年代已突破 70% 进入平稳发展阶段，虽然其后城镇化率仍有缓慢提升，但显然城镇化不是 20 世纪后半期美国人口持续流动和向某些类型城市聚集、迁移的主要原因。笔者认为这种迁移流动的主因应该与日本市町村合并的动因相一致，是行政效率提高、社会服务优化、基础设施规模效应以及交通、信息化共同作用下城市最优人口规模的现实反映，其与日本的不同之处在于，日本有政府政策目标的明确引导激励，而美国则是人口自由流动产生的一种自然结果。

（三）日美城市数量、规模变化的启示

考察日本、美国城市数量、规模变化的基本结论是，城市结构不仅在城镇化初期、快速发展阶段会发生显著变化，而且在城镇化率超过 70% 进入平稳发展阶段以后，城镇结构、布局仍然会随着人口的不断迁移、流动发生明显的变化，这就要求我们在进行行政区划和行政层级改革过程中，不仅要考虑到短期内我国城镇化快速发展阶段的需要，还要考虑到中长期城镇化进入平稳发展阶段以后城镇结构优化调整的需要。

四、县级政区等次划分传统

从纵向比较看，我国古代直至新中国建立初期，县级政区都有划分等次的基本传统；从横向比较看，邻国日本也有县级政区分等传统，这应该成为我国行政区划、行政层级改革过程中认真研究，进而继承、借鉴的基本经验。

（一）中国古代和近现代县级政区分区传统

我国最早实行的地方行政制度是国野制，《周礼》有云："惟王建国，辨方正位，体国经野，设官分职，以为民极。"此处的"国"指诸侯国的都城，后来某些较大的卿大夫封邑和军事、商业地位显著的城市也被称为"都"；"野"又称为"鄙"，泛指"都"以外的广大地区，因此国野制也称都鄙制。春秋战国时期征战频仍，许多诸侯开始变革原来的封邑领地制度，纷纷强化对所辖区域的直接控制能力，在交通要冲、战略要地设置郡治或其他类似机构来加强各地区的防御能力，在基层设置县治来有效完成征兵、征粮、征税等战争动员活动，郡县制开始逐步取代国野制。公元前221年，秦统一六国，设三十六郡，郡下县邑数百，郡县制成为我国封建社会的主流行政区划层级制度，行政区域层级、等次制度也正式推行。

1. 秦汉郡、县制度

在地方行政制度上，汉朝基本继承了秦朝设立的郡县制度，加上秦朝存续时间较短，许多制度由汉朝补充完善，因此我们可以将秦汉合并研究。

在郡制方面，《汉书·百官公卿表》明确记载的有监御史、郡守、郡尉三职。监御史，汉时有刺史、牧之别，主要职能是"掌奉诏条察州"；郡守主要"掌治其郡"；郡尉"掌佐守典武职甲卒"。从中不难看出，秦汉郡制实行监察、民政、军政三分，彼此相对独立，但郡之间没有大小等次的区别。

在县制方面，秦朝时有大小之分，《汉书·百官公卿表》记载："县令、长，皆秦官，掌治其县。万户以上为令，秩千石至六百石。减万户为长，秩五百石至三百石。"可见秦朝已按照辖区人口户数将县划分为大小两级，并对县治内主要官吏的俸禄进行了明确区分。《后汉书·百官五》有"每县、邑、道[①]，大者置令一人，千石；其次置长，四百石；小者置长，三百石"的记载；《宋

[①] 汉时有县、道、国、邑四种不同称谓，即"列侯所食县曰国，皇太后、皇后、公主所食曰邑，有蛮夷曰道"，这主要是根据县的归属关系进行的命名，彼此之间并没有行政等次高低之分。

书·百官下》另有"汉制，置丞一人，尉大县二人，小县一人"的记载，这说明汉朝时已经将县划分为大县、次县、小县三类，不仅县令、县长的俸禄各有差别，而且大、小县的县尉人数也有差别，说明县制分等差别已由行政首长逐步向县内主要官吏延伸。

2. 魏晋南北朝州、郡、县制度

魏晋南北朝时期的"州"在汉朝就已出现，是汉武帝出于对地方郡守监察的需要设置，后来这些监察区的行政首长刺史（牧）逐渐由监察向掌管地方行政过渡，在东汉末年，"牧"最终成为对郡县具有直接管辖权的封疆大吏，"州"也就正式成了一级行政单位。

魏晋在沿袭汉制的同时，与秦汉明显不同在于，除了对各级政府的官职种类进行限制的同时，对各级官吏的数量上限也进行了明确规定。《晋书·职官》明确记载，对于州一级，"置刺史、别驾、治中从事、诸曹从事等员。……凡吏四十一人，卒二十人"；对于郡一级，则划分了不满五千户、五千户以上、万户以上等几个等次并配备不同数量属吏；对于县一级则分户不满三百以下、三百以上、五百以上、千以上、千五百以上、三千以上配备相应数量属吏，可见晋朝在州这一层级没有等次差别，但郡县等次划分较秦汉更加细致。

南北朝时北齐对州郡县等次制度进行了较大变革，将州、郡、县均由高到低依次分为上上、上中、上下、中上、中中、中下、下上、下中、下下九等，并根据不同等次配置、不同人数的官吏及其俸禄，九品官阶制度开始逐步代替原先的官秩制度。《隋书·百官中》明确记载州、郡、县按等次高低官吏人数依次递减，上上州府官吏编制总数为393人，而下下州只有242人；上上郡编制为212人，而下下郡103人；上上县编制为54人，而下下县递减为39人。州郡县行政长官的俸禄也按等次相应调整，依次递减。

3. 隋朝郡、县制度

隋文帝杨坚建立隋朝后，在行政区划层级制度上基本沿袭了北齐以来的州、郡、县九等次制度，仅仅是在各等次政府官吏配置数量和俸禄上进行了调整。

新型城镇化进程中的行政层级与行政区划改革研究

隋朝行政区划层级最大的变革是隋炀帝"罢州置郡，郡置太守"，将原来的州郡县三级地方行政区划层级重新简化为郡县两级。《隋书·百官志》中只记载了"五千户以上县令"和"五千户以下县令"，而没有出现"县长"，说明隋时县一级可能只有大小之分，而没有官职名称的区别。隋炀帝罢州置郡时，也对县的等次做了相应规定，"大兴、长安、河南、洛阳四县令，并增为正五品。诸县皆以所管闲剧及冲要以为等级"。说明隋朝开始考虑行政事务和地理位置对政区等次的影响。

4. 唐宋道（路）、州（府）、县制度①

唐朝设"道"始于唐太宗，道之间有大中小的区别。《旧唐书·地理一》记载，"贞观元年，悉令并省。始于山河形便，分为十道"，也就是说根据自然地理走势将全国分成了十个道。北宋设"路"始于宋太祖，赵匡胤为了避免藩镇割据，对节度使"收其支郡、夺其兵权、制其钱谷"，使之成为虚职。但当时全国共有367个州府，中央管理极为不便，因此又以唐朝时的"道"为基础设置"路"。

唐朝的"道"和宋朝的"路"都没有严格的行政等次区分。根据《旧唐书·地理一》的记载，唐朝"每道置采访使，检察非法，如汉刺史之职。……又于边境置节度、经略使，式遏四夷"，也就是说"采访使"主要作用是监察地方，而"节度使"主要是为了防御少数民族侵犯边境，二者刚开始都不是正式的地方行政单位，也就没有行政等次划分的必要，至于后来"道"及节度使所管辖的"镇"逐渐超越监察和军事职能，成为统揽地方军、政、才、监等于一体的地方割据势力，其结果是中央失去了对地方的控制力，也就无法进行等次划分了。而宋朝时的"路"，其财政、司法、军事权利由转运司、提点刑狱司、安抚司分别掌管，这些职能部门统称为"监司"，但转运司、提点刑狱司、安抚司掌管的"路"的辖区范围不尽相同，而且即使各监司辖区范围相同，其治所也往往不在同一个地方，这样大大降

---

① 宋朝的府州军监是处理地方总务的常设行政机关，其中军、监有领县和不领县两种，领县军、监与州同级，不领县则与县同级，因此宋朝实际上的地方行政机关仍是三个层级，与唐朝基本一致。

· 138 ·

第九章 构建动态调整的县级行政区等次体系

低了"路"成为割据势力的可能性，同时"路"之间也就难以进行行政等次的划分。

唐朝的州有府、辅、雄、望、紧、上、中、下之分。《通典·职官十五》记载，开元年间有三府、四辅、六雄、十望、十紧及若干上、中、下州，其中"户四万以上为上州，二万五千以上为中州，不满二万为下州"。参考翁俊雄[①]的解释，笔者认为唐朝州府等次的划分的首要依据是该州的政治军事地位，其次是人口规模，另外还参考行政长官是否为皇亲国戚做临时调整。与州的等次划分相类似，唐初的县有赤、畿、望、紧、上、中、下七等，而唐中后期则有赤、次赤、畿、次畿、望、紧、上、中、中下、下十等。[②]《通典·职官十五》记载"京都所治为赤县，京之旁邑为畿县。其余则以户口多少、资地美恶为差"。可见唐朝的县与州一样，也是首先突出都城的重要性，然后根据各县的经济实力情况划分等次。值得注意的是，唐朝除了考虑县的人口规模，还开始考虑该县的实际财政税收情况。[③]

宋朝的州府有府、州、军等不同种类，但就行政等次划分而言，与唐朝基本一致，《宋史·地理志》中的记载有府、次府、雄、望、紧、上、中、下七等，即宋朝用"次府"代替了唐朝的"辅"这一等次。宋朝县的等次划分也基本采用前朝的标准，分为赤、次赤、畿、次畿、望、紧、上、中、中下、下十等。《宋会要》记载："太祖建隆元年十一月诏：天下县除赤畿、次赤畿外，重升降地望，取四千户以上为望，三千户以上为紧，二千户以上为上，千户以上为中，不满千户为中下，五百户以下为下。自今每三年一次升降。"这说明宋朝除了实行行政等次制度以外，还定期（每三年）以人口规模为标准对县进行等次评定。

---

① 翁俊雄：《唐代的州县等级制度》，《北京师范学院学报》（社会科学版）1991年第1期。
② 杜佑所著《通典》中县分为七等，而欧阳修、宋祁所著《新唐书》则将县分为十等，笔者认为二者不一致产生的原因在于，《通典》主要记录唐朝前期情况，而《新唐书》记载侧重唐朝整体特别是中后期情况，这说明了唐朝县的等次由最初的七级演化为后来的十级。二者虽然等次数量不同，但划分标准并无二致，因此并不影响我们的研究结论。
③ 笔者认为，所谓"资地美恶为差"，对于古代政府而言，衡量的主要指标必然是钱粮等政府税赋的多寡。

5. 元朝行省、路、府、州、县制度[①]

元朝行省制度效仿金代，"国初，有征伐之役，分任军民之事，皆称行省"，这也就是说，元朝行省不是按照山川地形进行划分的，而是根据军事需要产生的。但随征伐时间的增长，行省由临时机构变为定制，由原来的只管军政变为兼管民政，成为一级地方行政机关。根据《元史·地理一》的记载，元朝从中央到县的行政层级是隶属关系，都城所在的中书省是省管路、路管府、府管州、州管县，其他行中书省则是省管路、路管府（州）、府（州）管县，而省直接管辖的府、州与路同级，路直接管辖的录事司、县与府、州同级，府（州）管县条件下的"县"比府管州、州管县条件下的"县"高一级，因此元朝的府、州、县因隶属关系不同具有不同的行政级别。

元朝行省之间没有等次差别，甚至行中书省和作为中央机关的中书省在主要官员配置上也基本一致。根据《元史·百官七》的记载，"元行中书省，凡十一，秩从一品，掌国庶务，统郡县，镇边鄙，与都省为表里"，行中书省和中书省一样，其下都设有丞相、平章等职位。而各行中书省，不仅行政首长级别一样，而且连都事（从七品）及以上官员的职位名称、人数、品级也都一样，只有掾史、通事等低级官吏各行省才有人数上的差别。

元朝建立后，将"路"进行了等次区分，但没有继续沿用唐宋州县首先依照拱卫京畿的军事地位定等次的做法，而只是简单根据人口数量将州县划分为大中小三类。据《元史·百官七》记载，至元二十年（1283）"路"的标准是，十万户以上为上路，十万户以下为下路，但处于军事要冲的州，不足十万户也定为上路。州的标准是，北方一万五千户以上为上州，六千户以上为中州，六千户以下者为下州（至元三年）；南方则是五万户以上为上州，三万户以上为中州，不到三万户为下州（至元二十年）。县的标准也分南北，北方六千户以上为上县，二千户以上为中县，不到二千户为下县；南方则是三万户以上为

[①] 由于行省地域广大，元朝每一行省还分置几个"道"来分区管理各路、府、州、县，称为"某某道宣慰司"。元灭南宋后，将原来南宋的"路"也改为"宣慰司"，因此元朝除了"省"作为地方最高等级行政单位与下级单位隶属关系较为清晰外，其下道、路、府、州、县之间呈现异常复杂的复式隶属关系。

第九章 构建动态调整的县级行政区等次体系

上县，一万户以上为中县，一万户以下为下县。路、州、县各等次都有相应的职位、品级、人数限制。

6. 明清省、府（州）、县制度

明清的地方行政机构大致可以分为省、府、县三级。明朝建立后，朱元璋改行中书省为布政使司，在全国设立了十三布政使司，又改路为府，并通过增设直隶州、属州来调节府管县的数量和范围；①清朝统一全国后，将总督、巡抚由明朝的中央派出机构变为地方行政机构，将明末的十五省（布）演变为清朝的内地十八省，清朝的"州"分直隶州和散州，另外清朝设"厅"，也分为直隶厅和散厅，但基本也是直隶州、厅级别与府相近，散州、厅与县相近。明清时省下还设有"道"作为派出机构，明朝设"道"主要是为了加强对地方的监察控制，清朝的"道"有粮道、海关道、河道、巡警道、劝业道等，主要是为能够在较大区域内统筹协调管理某项地方事务，不具有统管地方的功能，因而不成为一级地方机构。

明清时的省基本没有等次之分。明初虽然设立十三布政使司，但布政使司并不是统管全省事务，而是三司分权，即布政使司管行政、提刑按察使司管刑狱司法、都指挥使司管军事，这种制度与宋朝各路的"监司"制度类似，各省间没有等次高低之分。清朝省级行政单位中，虽然有的总督管理数省并可以节制巡抚，但也有的省只有总督没有巡抚，或只有巡抚而没有总督，因此总督和巡抚虽有官职品级差别，但在行政区划上属于一个层级，因此可以认为清朝也没有对各省进行等次划分。

明朝的州、县有大中小之分，根据《明史·职官志》的记载："洪武六年，分天下府三等：粮二十万石以上为上府，知府秩从三品；二十万石以下为中府，知府正四品；十万石以下为下府，知府，从四品。已，并为正四品。""吴元年，定县二等：粮十万石以下为上县，知县从六品；六万石以下为中县，知县正七品；三万石以下为下县，知县从七品。已，并为正七品。"

---

① 《明史·职官志》记载："凡州二：有属州，有直隶州。属州视县，直隶州视府，而品秩则同。"因此州可以视同府或县。当然明朝也存在一定数量的"省、府、州、县"四级管理体系，但"省、府（州）、县"三级制度占大多数。

这就是说，明代取消了以前历代主要按人口户数划分州县大小的做法，改以税赋钱粮多少为标准确定州县等次，这是明朝与以前朝代地方行政等次制度上的主要区别。

清朝各州县分为最要缺、要缺、中缺、简缺四等。雍正时确定以"冲、繁、疲、难"四个指标来区分州县，《宫中档案雍正朝奏疏》记载，雍正六年（1728），广西布政使金铁（亦名郭铁）上奏，建议以"地当孔道者为冲，政务纷纭者为繁，赋多逋欠者为疲，民刁俗悍、命盗案多者为难"，即按照地理位置、政事繁杂程度、税赋有无拖欠和地方治安难易程度等因素给天下州、县分等，其中四字全占为最要缺，占三字者为要缺，占两字为中缺，只占一字或一字也不占的为简缺。这说明清朝地方政府等次制度已经摆脱了单一指标的局限性，对地方的考察评价制度更加科学化、合理化。

7. 民国时期省、道、县和省、县制度

民国时期地方行政区划经历较大变革，北洋政府时期，1913年废除了清朝原有的府州设置，而确立了省、道、县三级行政区划体制；南京国民政府时期，1928年宣布废除"道"制，实行省、县两级制，但从1932年以后实行了"行政督察区"制度，在一省内分区设立若干行政督察专员公署，作为省政府的派出机构管理地方。

另外，民国时期行政区划对后世影响较大的是，除了调整、新设了一些省区外，还成立了城市型政区，即行政院直辖市（院辖市）和省直辖市（省辖市）。按照1930年《市组织法》规定，成为行政院直辖市应符合下列三种情形之一："其一，中华民国首都；其二，人口在百万以上者；其三，在政治上、经济上有特殊情形者。"而成为省直辖市也有三种情形，即一是省政府所在地；二是人口在30万以上；三是人口在20万以上，其所收的营业税、牌照费、土地税每年合占该地区总收入的1/2的城镇。[①]

民国时期地区行政区划等次依然存在，但划分比较混乱。根据1919年所

---

① 参见刘君德、冯春萍、华林甫、范今朝：《中外行政区划比较研究》，华东师范大学出版社2002年版。

第九章 构建动态调整的县级行政区等次体系

编《全国州道县等级员名表》，京兆地区的县分为特别一等、一等、二等、三等共计四个等次，其他省区有的将县分为一、二、三等，有的则没有划分等次。南京国民政府在1939年的《县各级组织纲要》规定，由各省根据面积、人口、交通、经济文化状况等要素将所辖县划分为三到六等。鉴于民国时期时间较短、时局动荡、战乱不断，而且军阀掌握地方实际控制权，中央没有实现真正意义上的统一，因此该时期行政区划等次制度对我们相关研究的借鉴价值相对有限。

另外新中国成立初期也曾在1950年做出规定，将县分为甲、乙、丙、丁四等，但在1959年国务院明确宣布原来的县分等制度已经过时，予以废止。

表9.3 新中国成立前政区分等情况简表

历史时期	政区层级	政区分等	分等标准
秦汉	郡县	县：大、小 东汉：大、次、小	万户
魏晋南北朝	州郡县	州：大、小 县：大、次、小 北齐：州郡县九等	州：万户、五千户 县：三千、一千五、一千、五百、三百户（西晋时）
隋朝	文帝：州郡县 炀帝：郡县	文帝：州郡县九等 炀帝：郡县三等	县：五千户
唐宋	唐：道州县 宋：路府县	州、府、辅、雄、望、紧、上、中、下 县：赤、次赤、畿、次畿、望、紧、上、中下、下	府辅雄、赤畿等为近畿之州、县 唐州：四万、两万户 唐县：户口多少、资地美恶为差 北宋县：四千、三千、两千、一千、五百
元朝	行省 路府州县	路：上、下 州：上、中、下 县：上、中、下	路：十万户 北方州：一万五千、六千 南方州：五万、三万 北方县：六千、二千 南方县：三万、一万
明清	省府县	明州县：大、中、小 清州县：最要缺、要缺、中缺、简缺	明府：二十万、十万石 明县：十万、六万、三万石 清：冲、繁、疲、难
民国	北洋：省道县 南京：省县	北洋：一、二、三等 南京：三到六等	北洋：政务繁简、税赋多寡 南京：面积、人口、交通、经济文化状况

主要资料来源：刘君德等著《中外行政区划比较研究》（华东师范大学出版社2002年版）、"二十四史"及《清史稿》。

从新中国成立前行政区划层级制度沿革看，我国政区除了地方高层级政区越来越多、县级政区相对稳定、政区层级数以二三级为主、乡及以下实行自治以外，在政区等次划分方面还有如下几个特点：

第一，最高层级政区一般不分等次。从古代政区各层级间的考量看，除了西晋时期明确记载对"州"进行了大小区分以外，秦汉和隋朝的郡、唐朝的道、宋朝的路、元朝的行省、明清和民国时期的省都没有进行明确等次划分。笔者认为不进行等次划分原因有二：一是最高等级政区数量较少，如唐朝分为10路，民国最多也不过48省，其他朝代一般最高层级的政区只有20个、30个左右，进行分类管理的必要性不大；二是由于最高等级政区一般辖区范围大，政区间地理位置、经济情况等差别大，往往经济条件相对较差的战略位置重要，交通、军事地位重要性相对较差的地方却往往是国家税赋的主要来源地，彼此间可比性差，因此对最高等级政区进行分等比较困难，例如唐朝的"路"根据国土的地理走势进行划分，各"路"间差异性很大，自然无法分等次管理。

第二，最高层级政区以下基本实行分等次管理。我国从秦朝到民国漫长的历史发展演变过程中，虽然经历了数度统一和割据局面，但无论是统一的中央政权还是地方割据政权均对县级行政区划通常进行分等次管理，例如秦朝以万户为标准，将县分为两类，万户以上行政首长称为县令，万户以下行政首长称为县长。笔者认为县分等主要是因为，县作为基层政区数量庞大，中央要实现对县级政区进行有效管理，必须建立起一些标准化、普适性的管理制度来约束基层政权管理的行为。除了最为基层的县级政权，最高层级政区下的其他中层地方政区也基本实行等次管理制度，例如元朝的州、明朝的府均有大中小之分，而唐朝时期的州不仅有大中小之分，还根据对于首都的军事防卫作用划分府、辅、雄、望、紧等一系列等次，宋朝也类似设置有府、次府、雄、望、紧等。

第三，中央对地方官员和机构设置以等次制度为基础。古代中央对地方人事任用方面的管理，体现在对地方主要官吏的选拔、任用、激励和机构内部的人员职位、数量配置两个方面，而各地在这两个方面的不同规定均源于地方政区的不同等次。例如汉朝时，县级行政长官因县的等次不同，每年的俸禄不同，大县的县令每年俸禄千石，次县的县长每年俸禄四百石，而小县的县长每年俸禄只有三百石；另外作为主要属吏的县丞，大小县设置也有区别，大县有两人而小县只有一人。从西晋开始各朝代均对各地方政府的人员编制按照政区等次进行了明确限定，例如唐朝时期，不仅对州县的人员编制数量进行了规定，就连以军事功能为主的都督府和都护府，都进行了分等定编，按照《旧唐书·职官三》记载，贞观时都督府分为上（大）、中、下三等，大都督府属官数量限额为154人，中都督府为139人，下都督府则为135人。

第四，分等由简入繁再入简，标准由单一指标向综合评价演进。从县级行政区等次数量上看，秦朝只有大小两个等次，汉朝分为大、次、小三个等次，而到了唐宋则分成了赤、次赤、畿、次畿、望、紧、上、中、中下、下十个等次，其后开始化繁就简，基本稳定在三四级，经历了由简入繁再入简的一个演变过程。从政区分等的标准看，元朝及以前朝代主要以政区人口（户数）作为等次区分的主要标准（虽然唐朝有"资地美恶为差"的记载，但户数仍是主要衡量指标），明朝改以税赋多寡作为划分府县等次的主要标准，清朝、民国则改变了以前以单一指标定等次的做法，将人口、面积、赋税、政务、治安等与地方经济社会相关的诸多因素综合起来衡量地方政区等次，说明地方等次评价体系日趋科学合理。

（二）日本县级政区也有等次之别

根据日本的《地方自治法》，设市的基本要求是人口5万以上、市区户数和工商业人口均占60%以上；町的要求各地不一，但基本均要求人口5000以上、城市人口占60%以上；而村的限制几乎没有，人口少的几百，多的几千甚至更多。市又有普通市、政令指定市、核心市、特例市之分，普通市即遵循设市基本条件设立的市；政令指定市人口标准为50万以上（政府实际审批标准为人口100万左右）；核心市人口标准为30万以上，但城市人口少于50万，要求城市面积不低于100平方公里；特例市人口标准为20万以上，此外不同的市享有不同的经济、社会管理权限。

日本市町村特别町村合并过程中，中央政府规划引导起了重要作用，而合并的主要目的在于提高地方政府的公共服务能力和行政运作效率。焦必方、孙彬彬认为，以1889年"市制町村制"的推行为标志的"明治大合并"是与1886年提出的普及小学四年义务教育制紧密联系在一起的，町村合并的标准以一所小学所要求的最优人口规模为基础；1953年《町村合并促进法》开始的"昭和大合并"确立的町村合并标准是以一所初级中学所需要的人口规模为基础，而其历史大背景则是1947年《地方自治法》颁布实施，市町村地方公共团体需要承担起初级教育、消防、卫生医疗、社会福利等方面的职责，迫切需要提高行政事务的运作效率；新世纪以来的"平成大合并"则是在地方分权改革，更多上级权利下放到市町村后，出于提高行政效率、减轻财政压力、获得规模效应的考虑。①

五、动态调整的县级行政区等次体系设想

构建动态调整的县级行政区等次体系，不仅是秦朝以来我国基层政区管理的基本经验总结，也是推动新型城镇化快速发展、既满足理论创新需要又满足现实发展需要、既立足当前发展需要又符合长远发展趋势的重大战略举措。

（一）动态调整的县级行政区等次体系的基本构想

动态调整的县级行政区等次体系，就是逐步取消市县间、县镇间原有的严格行政隶属关系，特别是增强县和县级市在财政、行政、组织人事等的相对独立性，在省域范围内建立一个包含一系列相关指标的评价体系来定期或不定期评定城镇等次，并根据城镇的不同等次赋予该行政单位不同的经济社会管理自

---

① 焦必方、孙彬彬：《日本的市町村合并及其对现代化农村建设的影响》，《现代日本经济》2008年第5期。

主权，给予该行政机构不同的行政级别、人员编制额度和相应的薪酬待遇。在城镇等次体系制度完备、运行通畅的情况下，强县、强镇在城镇化进程中人口不断流入、经济实力不断增强，在满足人口规模（密度）、经济发展等相关评价指标的标准后，可以申请升格，即行政辖区保持基本不变，但行政级别和相关管理权限、人员编制规模等获得相应提升，即县升市、镇升县，在特殊情况下甚至可以镇升市；相应地，弱市、弱县、弱镇在人口流出、经济竞争力明显弱化的情况下，则会面临降格的风险，其中镇则有可能被撤销或合并。通过城镇等次体系的建立，市、县、镇之间形成一个能上能下的动态调整过程，从而适应我国城镇化发展的现实需要。笔者认为，动态调整的县级行政区等次体系的构建，应该包括以下几方面的核心内容。

第一，等次体系构建的主要原则。

一是服务原则。行政区划和行政层级改革的主要目的在于适应城镇化快速发展的需要，为城乡居民提供更加便捷、优质的教育、医疗、安全、娱乐等多方面的社会服务，因此城镇等次体系的确立及相关权限、人员配比应该基于社会服务对城镇最优规模的要求，如果城镇等次确立不合理，人口规模庞大的城镇只有很小的权限和很少的人员，就会跟有些经济强镇那样出现"人大衣服小"的情况。

二是效率原则。城镇等次标准的确立和相关权限、人员配比必须有利于提高政府的行政运行效率，与"人大衣服小"的情况相反，如果给某级城镇过渡赋权和增加人员，则可能出现机构臃肿甚至各部分相互竞争管理权限的情况，不利于行政效率的提高。

三是动态调整原则。我国正处在城镇化快速发展阶段，庞大规模的人口迁移、聚集使部分城镇规模急剧扩大的同时，也会导致部分偏远落后地区的城镇和乡村逐步衰退、消失，因此城镇等次体系必须进行动态调整，周期性地进行城镇等次调整，以反映并适应城镇发展的变化。

四是区别对待原则。城镇等次标准的确立和相关权限、人员配比应该在全国范围有一个基本模式，在此基础上应该允许各地方根据地方实际进行评价指标的微调。另外边疆地区、民族地区与其他地区的情况有较大区别，可考虑对这些地区区别对待，在城镇等次体系中作为特例进行专门规定。

第二，等次体系构建的主要衡量指标。

城镇等次标准的确立，是一项科学而细致的工作，通过借鉴新中国成立以前政区分等的经验，并参考西方发达国家的做法，城镇等次体系的确立应该重点考虑以下几个因素：

一是人口规模和密度。城镇化首先是人的城镇化，城镇等次的确立也需要首先考虑人口规模，人口规模既要考虑城镇行政区划范围内的户籍人口和常住人口总量，也要考虑行政区划范围内城镇人口的比重，在当前阶段还应该特别考虑城镇区域的人口密度，将城区人口密度作为一项关键衡量指标予以考核，以克服土地城镇化快于人口城镇化的问题。

二是经济实力。经济实力是包括经济总量、地方财力、产业竞争能力和发展潜力等要素的综合能力的考核，既要有量的限定又要有质的要求。人口规模反映出地方公共服务的需求总量，而经济实力则决定了地方政府提供这些公共服务的能力水平，二者结合起来决定了地方政府公共服务提供的范围和质量。

三是地理和交通因素。地理因素包括区划总面积和区划内的地形地貌，交通因素则包括机场、铁路、公路、水路等交通线和站点的布局情况，这两个因素往往相互交织在一起，例如某些地区地域广大、地形复杂、交通不便，虽然人口较少、经济相对落后，但为了方便管理，也应该适当提高其城镇等次。

四是政治军事因素。有些城镇等次的确定不是主要考虑公共物品的提供，而是着眼于国家安全和社会稳定，例如某些边疆地区、民族地区的城镇在全国范围看人口不多、经济欠发达，但国防地位重要或在民族地区具有较大的经济、政治、文化辐射作用，则应该赋予相对较高的城镇等次。

五是其他因素。例如我们可以将科技创新、产业升级转化为指标引入等次评定系统，以突显国家对这两方面的重视；在高等次城镇评价标准中引入城市的经济辐射能力和经济带动作用；将资源富集情况和自然环境保护情况纳入其中，从而促进城镇发展和自然环境的和谐统一。

第九章 构建动态调整的县级行政区等次体系

表9.4 县级行政区等次体系的主要衡量指标

主要因素	指标分类	具体评价指标
人口因素	人口总量	常住人口总数 户籍人口总数
人口因素	人口结构	常住人口城镇化率 户籍人口城镇化率
经济因素	总量因素	地区GDP和人均GDP 人均可支配收入 地方财政收入和可支配财力 城镇居民人均可支配收入 农村居民人均纯收入 进出口贸易额
经济因素	结构因素	地区基尼系数 人均财政支出 三次产业比重 公共服务财政预算占比
地理交通因素	地理因素	行政区总面积 每平方千米常住人口
地理交通因素	交通因素	公路、铁路、航空线路密度 距离高等次城镇距离
社会文化因素	社会因素	社会治安稳定情况 城乡医疗、养老等参保比重 地区贫困人口占比
社会文化因素	文化因素	义务教育普及程度 高等教育人口比重
政治军事因素	政治因素	地区民族构成 是否改革试点特区
政治军事因素	军事因素	距离国境线、首都距离 地区军事地位重要性

第三，等次体系构建的政府分权和管理。

城镇等次体系确立后，各级政府间就可以按照城镇等次建立相应的机构、履行相应的服务职责，各等次城镇间的区别主要体现在以下四方面：

一是经济社会管理权限。经济社会管理权限设定，可以参考日本市町村在事权上的分配和我国财税体制改革中关于事权分配的有关思路，将跨越某级城镇区划范围的事务、需要全国或全省统一协调处理的事务，例如跨区域的环境治理、警察治安权力、教育医疗等基本公共服务统筹管理权等交由上级政府处理，而其他事务则尽量放权给各等次城镇自行处理。另外一些经济管理权限也可以根据地方经济发展需要尽可能放权到地方。

二是机构设置和人员编制。根据城镇等次高低和经济社会管理权限的大小确定行政机构的部门设置和人员编制，例如日本的警察权属于都道府县政府，因此市町村就没有自己的警察机构；而消防由于地域性强，市町村设立相应的消防本部、消防署和消防团，而中央政府和都道府县政府只起业务指导作用，而且市町村根据城镇人口等具体情况，设立常设消防本部、消防署或非常设的消防团。

三是政府工作人员的职级和薪酬。应该改革我国目前以行政级别定政府工作人员等次和相应薪酬的做法，特别是要取消不同行政级别之间的领导和被领导、管理和被管理关系，在省级以下政府实行平行管理。可以参考美国文官制度，根据城镇等次不同，确定政府文官的职级和薪酬待遇。

四是政府绩效考核评价体系。在强调各级政府的公共服务能力、社会发展能力的同时，不同等次城镇的绩效考核应有不同的侧重，高等次城镇应该更加注重考察其对区域经济、政治和社会文化的影响力，而低等次城镇则应更加注重对辖区居民的服务需求的响应能力。

表9.5　县级行政区等次设想[①]与现有行政区权限对照表

设想的县级行政区等次	现有行政区
一等省辖市	地级市
二等省辖市	省直管县（市）
三等省辖市	财政省直管县（市）
一等县	县级市
二等县	县
三等县	扩权后的经济强镇

---

① 这里的等次名称只是笔者的一种设想，我们也可以借用历史上或者现在这种层级称谓。

第四，等次体系构建的动态调整。

城镇化、规模效应、交通、信息化等诸多因素导致人口始终处于不断流动和迁移过程中，有些城镇在兴盛的同时，有些城镇可能在衰落下去，为了保证城镇等次体系能够适应不断变化的人口规模和经济社会发展，就需要对其进行动态调整。

动态调整的可能方式有两种：一是申请变级，即地方政府在该地区人口、经济情况发生较大变化时，可以主动申请进行城镇等次评估，只要达到相关标准，就准予提升等次，并在权利权限、人员职级和薪酬等方面给予相应配套；二是定期调整，例如在城镇化快速发展阶段三到五年调整一次，城镇化平稳发展阶段七到十年调整一次，如果某级地方政府人口大量流出、经济社会吸引力明显下降，则面临行政级别降格、人员编制压缩、经济社会管理权限上收的可能。

（二）动态调整的县级行政区等次体系的可能优势

笔者认为，动态调整的县级行政区等次体系作为未来行政区划改革的长远目标，具有以下明显的优势：

第一，动态调整的县级行政区等次体系使我国行政区划理论架构和实践探索统一起来。现阶段的省直管县、强镇扩权等改革试点对我们深化行政区划层级改革具有重要的作用，但其相互之间产生政策对冲、无法真正实现行政层级减少的理论困扰也对我国的行政区划改革发展产生了一定的消极影响；市、县、镇之间的人口、管理权限、人员编制等进行科学合理的配置是城镇等次体系建立的基本要求，这样省直管县、强镇扩权进行的各种探索就成为城镇等次体系建立的"先手棋"，为城镇等次体系的建立奠定了基础，省直管县、强镇扩权最终在城镇等次体系理论架构中实现逻辑上的统一。

第二，动态调整的县级行政区等次体系不仅适用于城镇化发展的现实需要，也适应于城镇化发展的长远需要。目前我国处于新型城镇化快速发展的阶段，未来几年将有数以亿计的农业人口转移进入城镇，这必将对城镇的基础设施、公共服务等提出了更多更高的要求，城镇等次体系的建立能够有效解决"小马拉大车"、"人大衣服小"等突出问题，从而为城镇居民提供更多更优质的服务；从长远看，人口流动导致一些城镇发展壮大的同时，必然导致另一些城镇的萧条衰落，这样便会出现"大马拉小车"、"人小衣服大"的现象，城镇等次体系使市、县、镇处于动态调整过程中，这样便可以有效解决目前行政区划层级能上不能下的问题，使城镇体系与自然界有机体一样可以"新陈代谢"。

第三，动态调整的县级行政区等次体系使各城镇更加重视吸引人口，能够克服原来城镇化"要地不要人"的弊端。城镇等次体系注重以人为本，特别是将人口规模和密度作为城镇升格的核心评价指标，这样各县、镇行政首长如果想要提升所领导城镇等次体系中的等次，获得更高的行政级别和管理权限，就必须将更多的精力放在降低进入门槛、提高教育、医疗、社保等各类公共服务供给水平上，以增强城镇对外来人口的吸引力，这样城镇等次体系的建立就能够有效克服城镇化发展的许多弊端，实现城镇化真正"以人为本"，从而推动新型城镇化的健康发展。

（三）动态调整的县级行政区等次体系构建的配套政策措施

城镇等次体系的建设不可能一蹴而就，在其实践探索过程中，还需要许多配套改革措施的协调配合。

一是科学探索省级行政区划改革，积极研究增加省级行政单位的可能性。根据管理学的基本原理，管理层级和管理幅度呈反比关系，考虑到我国城镇化处于快速发展阶段，市、县两级行政单位数量将呈明显增加的趋势，省级行政单位的管理幅度将显著增加，这样就可能出现因管理幅度太宽导致出现沟通不畅、管理混乱的情况，有学者提出将市作为省的派出机构协调各地方政府的设想，这样的话仍存在市、县间的管理权限冲突问题，而且从我国历史上看，派出机构往往经历一段时间后变成一级行政实体，这与我们的改革目标明显不符，因此笔者认为增加省级单位数量才是一种较为可取的做法。

二是建立全国统一的基本公共服务信息系统，实现基本公共服务均等化。

人口流动的目的是寻找对自己生存发展更加有力的经济社会环境，其中基本公共服务大体一致并可以"随身携带"是实现人口流动的基本条件，因此动态调整的县级行政区等次体系要想运转顺畅，必须实现人口可以自由流动，也就是要实现基本公共服务均等化。各城镇要想增强城镇对于流动人口的吸引力，可以提供具有地方特色、地方优势的基本公共服务"增值包"，而前提是国家层面能够提供社会公共服务的"基本包"。

三是将城区人口规模（密度）、外来人口吸引能力和数量等纳入地方政绩考核和干部任用调整的重要衡量指标。政绩考核制度对地方政府行为，特别是地方行政首长的行政决策具有明显的激励作用，应该将城区人口规模（密度）、外来人口吸引能力和数量等与城镇化有直接、密切关系的指标纳入考核评价体系，通过城镇等次体系和政绩考核体系的双重激励，使地方在城镇化建设过程中更加重视以人为本，从而推动新型城镇化的健康可持续发展。

四是进一步深化财税体制改革。动态调整的县级行政区等次体系建设过程中，市、县、镇之间的财政关系面临较大调整，从一定意义上说，行政等次升格、降格时相应的财税收入分配能否顺利实现将决定城镇等次体系改革的成败，因此在这一问题上我们仍需要认真研究。

综上所述，笔者认为动态调整的县级行政区等次体系的建立，使行政区划层级改革更加注重人的因素，不仅能够推进我国现阶段的城镇化快速发展，而且为未来城镇化平稳发展时期城镇结构的持续优化调整奠定了基础，是我国县级行政区划和行政层级改革的主要努力方向。目前我国正在进行的省直管县、强镇扩权改革试点为我国城镇等次体系相关指标和管理权限、机构人员配置等积累了宝贵经验，我们应该以此为基础，加强行政区划和行政层级改革的顶层设计，建立适合中国发展需要的城镇等次体系。

第十章
乡镇行政体制改革研究

2013年11月,党的十八届三中全会通过的《中共中央关于全面深化改革若干重大问题的决定》指出:"科学的宏观调控,有效的政府治理,是发挥社会主义市场经济体制优势的内在要求。必须切实转变政府职能,深化行政体制改革,创新行政管理方式,增强政府公信力和执行力,建设法治政府和服务型政府。"乡镇政府作为基层政权组织,是国家大政方针和省、市、县三级政府相关政策的最终落实者。党的十八届三中全会对新形势下基层政治、经济、文化和社会发展提出了新的更高要求。乡镇政府作为我国最基层的政权组织,其政府职能的完善、行政体制改革的深化、行政管理方式的创新,无疑具有重要意义。

一、从历史角度思考乡镇行政体制改革

乡镇,是乡村和集镇的统称,是中国行政区域的基层组织,设有国家阶层政权及其行政机构。乡镇行政管理体制是指依据宪法和法律规定,对乡镇政府系统权力划分、组织结构、职能配置、运行机制等的关系模式的总揽。它包括六个方面:第一,乡镇行政权力的划分和乡镇政府职能的配置是乡镇行政体制的核心内容;第二,乡镇行政体制的表现形式是乡镇政府组织结构;第三,运行机制是乡镇行政体制的灵魂;第四,乡镇行政体制与立法体制、司法体制是乡镇政治体制的有机组成部分;第五,党委对政府的领导权主要体现在政治、思想和组织方面;第六,乡镇政府规范、乡镇政府环境与各级机关的行政体制也有密切关系,并且对乡镇行政体制也有重大影响。

《中华人民共和国地方各级人民代表大会和地方各级人民政府组织法》第

32条规定：地方各级人民政府都对本级人民代表大会和上一级国家行政机关负责并报告工作。这部法规还规定：全国地方各级人民政府都是国务院同意领导下的国家行政机关，都服从国务院的领导。第36条又规定：乡人民政府执行本级人民代表大会和上级国家行政机关的决议和命令。根据上述条文的规定，可以把乡镇人民政府的权力来源划分为两个方向：一个方向来自于本级人民代表大会；另一个方向来自于上一级人民政府。第一个方向即乡镇人民代表大会，是由全乡镇选民民主选举产生的代表所组成。代表来自于全乡镇各村，代表人民依法行使权力。乡镇人民政府有权力和责任执行来自于这一方向上的决议和命令。来自于这一方向上的权力，从根本上来说来自于全镇人民。这一点是较为直接和明显的。另一个方向即上一级人民政府，这是由我国的政治组织结构所决定的。根本上，乡镇政府不仅要服从于本地利益，还应该逐级服从于大的地区的利益，最终服从于国家利益。

宪法对乡镇人民政府管理权限的规定是指导性的和概括性的，《中华人民共和国地方各级人民代表大会和地方各级人民政府组织法》则对此做出了相对详细的规定。其中第61条指出：乡、民族乡、镇人民政府行使下列职权：（1）执行本级人民代表大会的决议和上级国家行政机关的决定和命令，发布决定和命令；（2）执行本行政区域内的经济和社会发展计划、预算，管理本行政区域内的经济、教育、科学、文化、卫生、体育事业和财政、民政、公安、司法行政、计划生育等行政工作；（3）保护社会主义全民所有的财产和劳动群众集体所有的财产，保护公民私人所有的合法财产，维护社会秩序，保障公民的人身权利、民主权利和其他权利；（4）保护各种经济组织的合法权益；（5）保障少数民族的权利和尊重少数民族的风俗习惯；（6）保障宪法和法律赋予妇女的男女平等、同工同酬和婚姻自由等各项权利；（7）办理上级人民政府交办的其他事项。

乡镇政府管理跟其他各级政府管理相同，具有我国政府管理带共性的职能，又有其根据自己的地位和特点所决定的特殊功能。我国宪法和地方各级人民政府组织法，对乡镇政府的职责和职权做了明确的规定。根据法律规定的内容和乡镇行政管理的地位、特点，具体地说，新时期乡镇政府管理经济和社会事务的基本职能，主要体现在以下几个方面：

表10.1 乡镇政府管理的基本职能

类别	内容
经济发展职能	发展经济是乡镇政府一项最基本也是最重要的职能。社会主义初级阶段的主要矛盾，始终是人民日益增长的物质文化需求同落后的社会生产力之间的矛盾，根本任务是发展社会生产力。乡镇政府在发展经济方面主要包括如下内容： ①参与制定本行政区域内的经济和社会发展规划并组织实施。 ②协调本行政区域内各村、各经济组织之间的关系。 ③保障各经济组织和个体户的合法经营权益，取缔违法经营，并监督其认真执行国家法律、法规和政策。 ④保护公民合法私有财产，打击经济犯罪活动。 ⑤管理乡镇财政，指导和监督各类经济合作组织，做好财务会计、经济统计和其他经济管理工作。 ⑥管理和推广农业科技成果。
公共服务与社会管理职能	随着我国政府向现代服务型政府转变，乡镇政府管理也要加快从传统型的政府管理向现代型的公共管理转变，转变政府的行政理念和行政方式，提高政府的公共管理水平，为实现农村经济社会的全面可持续发展提供保障。 ①基础设施建设。基础设施建设是改善投资环境，提高人民群众生活质量的需要，也是一个地方经济社会发展水平高低的重要标志。在加强农田水利等基础设施建设的同时，还要整合小城镇建设资源，提升小城镇建设功能。 ②农业服务。乡镇政府要在发展农村市场经济中充当"掌舵者"和"引路人"的角色，帮助群众出点子、找路子、想法子，引导村组干部和农民转变观念，提升素质，并及时提供产前、产中和产后服务，为农民生产的农副产品的"产、供、销"解除后顾之忧。 ③社会管理。除了发展经济和民主政治之外，乡镇政府还要承担文化、教育、科学、卫生、民政、司法等方面的社会管理职能。在市场经济条件下，主要运用经济、法律手段，通过执行和制定有关政策、命令、条例和公约等来进行管理。
民主政治职能	建设高度的社会主义民主，是我国社会主义现代化建设的一个重要目标和任务。只有建设高度的社会主义民主，才能最广泛动员和依靠人民群众，对极少数敌对分子实行有效的执政。 ①依法打击不法分子。乡镇政府必须加强对公安、司法工作的领导，依法打击敌视和破坏社会主义制度的敌对分子，抓好社会治安的治理工作，使乡镇社会风气得到长期、稳定的好转，以保证乡镇经济社会和改革的顺利进行。 ②进一步推进以"村民自治"为主体的乡村民主建设。胡锦涛同志强调指出，要扩大农村基层民主，搞好村民自治，健全村务公开制度，开展普法教育，确保广大农民群众依法行使当家做主的权利。
执行与协调功能	乡镇政府的执行和协调功能主要是从组织体系内外来说的。对于乡镇政府的上级组织来说，乡镇政府发挥着执行的功能，而对于乡镇内部以及区域内的组织而言，则主要起着协调功能。 ①执行功能。贯彻执行党和国家的路线、方针、政策，国家的宪法，上级国家机关下达的决定、命令和各项任务，本级人民代表大会的决议以及行政区域内的经济和社会发展计划、预算，保证上述各项任务落到实处。作为国家最基层的一级政府管理，主要任务在于执行，特别是对于党和国家的方针政策，上级的各项指示、决定，要确保真正落到实处，变成广大人民群众的行动。 ②协调功能。协调上下、左右、内外关系，处理好各方面的矛盾和利益。主要有协调本级政府与同级人大以及和上级政府之间、乡镇政府各部门之间的关系，本乡镇各个经济组织之间的关系，各村之间，各村委会之间的关系，国家、集体、个人三者之间的关系，以及本乡镇经济组织与非经济组织之间的关系等。

以上各项职能也不是孤立的,它们相互联系、相互作用,组成乡镇政府管理的总体功能,忽视哪一方面都是不对的。这些都是乡镇政府管理最基本的职责。

(一)1949—1978 年的乡镇行政体制变迁

中华人民共和国建立之后,乡镇行政体制经历了数次改革。新中国成立初期,为了实现工业化的发展目标,国家以新的面貌开始了政权建设。从完成土地改革开始,党和国家着手变革乡村的生产关系,进而国家对乡镇体制进行了一系列变革,把乡村纳入到了国家政权体系中,以实现对农村社会的政治和经济影响。新中国成立之后的乡镇体制大致经历了如下阶段:

1. 1949年至1958年

这一时期是乡镇行政体制的初创时期。乡镇作为国家基层政权机关,在全国范围内逐渐建立起来。1950 年 12 月,政务院通过了《乡(行政村)人民代表会议组织通则》和《乡(行政村)人民政府组织通则》,规定乡人民行使政权的机关为乡人民代表大会(或乡人民代表会议)和乡人民政府。在乡人民代表大会闭会期间,乡人民政府即为乡人民行使政权的机关。乡人民政府为乡一级的地方政权机关,受县人民政府及区公所的监督指导。此时,乡和行政村同为农村基层行政区域。基层行政机关只配备数名专职甚至是不脱产的工作人员,分管民政、公安、财政、粮食、调解等事务。镇政府此时期一般称镇人民委员会,按民政、财政、建设、生产合作、文教卫生等业务设专职干部。3 万人口以上的镇可根据各项业务分设若干业务股或科。1954 年的《中华人民共和国宪法》第 53 条第 3 款规定:"县、自治县分为乡、民族乡、镇。"至此,镇作为县辖国家基层行政建制载入了国家的根本大法。1954 年 9 月颁布的《中华人民共和国地方各级人民代表大会和地方各级人民委员会组织法》第 35 条规定:乡、民族乡、镇人民委员会按照需要可以设立民政、治安、武装、生产合作、财粮、文化教育、调解等工作委员会,吸收本级人民代表大会代表和其他适当的人员参加。乡、民族乡、镇人民委员会在需要的时候,可设文书一人。

之后几年基本都是沿袭上述机构设置。1955年11月，国务院公布《关于城乡划分标准的规定》，统一了全国设镇的标准，使镇的建制走上了健康发展的道路。到1957年12月，除台湾和西藏昌都地区，全国共有120753个乡、镇政府，其中乡政府117081个，镇政府3672个。

2. 1958年至1966年

这一阶段，人民公社逐渐取代乡镇体制。自1958年，人民公社在全国范围内推行。镇政府体制被取消，人民公社成为国家政权的基层单位。1958年8月颁布的《中共中央关于在农村建立人民公社问题的决议》和12月颁布的《关于人民公社若干问题的决议》，对公社的体制做了规定。人民公社实行政社合一体制，镇党委改称公社党委，原镇人民委员会改为社务委员会。人民公社时期的管理机构，一般分为公社管理委员会、管理区、生产队三级。公社管理委员会受县人民委员会的领导，下设各种管理机构，负责管理生产建设、财政、粮食、贸易、民政、文教卫生、治安、民兵、调解民事等。公社管理委员会设主任1名，副主任若干名。管理区，包括生产大队，是分片管理工农商学兵和进行经济核算的基本单位。生产队是劳动组织单位。八届三中全会通过的《农村人民公社工作条例》对人民公社的组织机构、职权等问题做了规定。1962年6月，中共中央颁布《农村人民公社工作条例修正草案》（以下简称《草案》）。《草案》规定：人民公社的管理体制可以是两级，即公社和生产大队；也可以是三级，即公社、生产大队和生产队。在此时期，镇的政权建制基本上与人民公社相同，其农村部分也分为生产大队及生产队。生产大队一般设大队长1名，副大队长1至2名，设治保、调解、民政等委员各1人，设民兵连（或营）长1人，仍保留妇联、共青团等机构，一般设队长、会计等。到1962年，全国共建成人民公社74771个。

3. 1966年至1979年

在"文化大革命"期间，革命委员会在全国普遍成立，取代原有的行政机构，行使党政领导权。革命委员会的组织模式是"三结合"模式，即革命委员会由群众组织负责人、当地驻军负责人和"革命领导干部"三个方面的人员结合而成，组成新的权力机构。各级地方政权机构的革命委员会一般只设政治组、生产组、保卫组、办事组。工厂的革命委员会一般只设革命、生产、生活三个办公室。虽然当时革命委员会只被当作临时性的权力机构，但后来被确立为各级地方政府和政府各部门、企事业单位的行政管理机构，甚至取代了基层自治组织，一直存在了12年之久。直到1979年7月1日，五届全国人大二次会议通过的《关于修正〈中华人民共和国宪法〉若干规定的决议》将地方各级革命委员会改为地方各级人民政府，"革命委员会"的行政管理体制才最终退出中国的历史舞台。

（二）1978年之后的乡镇行政体制改革

1. 1979年至2004年

在这一阶段，乡镇政府在全国范围内恢复。并且随着政治社会经济发展，历经了数次改革。1982年12月，五届人大五次会议通过的新宪法明确规定，改变政社合一体制，建立乡人民政权，要求农村人民公社实行政社分开，建立乡政府。1983年10月，中共中央、国务院正式发布了《关于实行政社分开建立乡政府的通知》，指出："随着农村经济体制的改革，现行农村政社合一的体制显得很不适应。宪法已明确规定，在农村建立乡政府，政社必须相应分开。"由此，公社党委改为乡党委，一般设正副书记1人；建立乡人民政府，一般设正副乡长、正副镇长各1人，较大的乡、镇增加副职1人，做好公安、民政、司法、文教卫生、计划生育等工作。人民公社瓦解后，原来的生产大队、生产队组织开始瘫痪。农村基层社会公共管理无人负责的状态促使了农民诱致性的制度创新，农民自发成立了自己的群众自治组织——村民委员会。到1985年底，全国废除人民公社，建立乡政府的工作基本结束，全国共建立了91590个乡、镇人民政府。1986年9月4日，中共中央办公厅、国务院办公厅联合下发的《关于全国区、乡、镇党政机关人员编制的有关规定》中规定："区、乡、镇党政机关人员编制坚持党政合理分工、政企职责分开的原则，认真贯彻精兵简政、加强农村基层政权建设的精神。"文件要求，作为县派出机构的区，除边远山区、交通不便的地区和管辖范围过大、乡镇数量过多的地区外，一般不设置，以减少管理层次。设镇的地方，不再设乡镇府，由镇管村。文件对审定区、乡、镇党政机关人员编制的标准、范围、定编定员和经费来源等问题，都做了明确规定。1986年9月26日，中共中央、国务院发出《关于加强农村基层政权建设工作的通知》，文件就县镇党政分工、政企分开、简政放权、完善乡镇政府职能、乡镇人民代表大会制度、乡镇党委建设和村委会建设等问题，做了明确要求。1986年12月2日，第六届全国人大常委会第十八次会议通过第二次修订的《中华人民共和国地方各级人民代表大会和地方各级人民政府组织法》，该法明确规定了乡镇人民代表大会的13项职权、乡镇人民政府的7项职权。1987年12月24日，第六届全国人大常委会第二十三次会议通过了《中华人民共和国村民委员会组织法（试行）》，该法明确规定："乡、民族乡、镇的人民政府对村民委员会的工作给予指导、支持和帮助。村民委员会协助乡、民族乡、镇的人民政府开展工作。"1991年11月29日，中共十三届八中全会通过的《中共中央关于进一步加强农业和农村工作的决定》强调："加强乡镇党委和政府的自身建设，充分发挥乡镇党委领导核心作用，健全乡镇政府职能，使之成为有权威、有效能的基层党委和政权组织。县有关部门设在乡镇的机构，除少数不宜下放的实行双重领导外，一般都要放到乡镇管理。实行双重领导的机构，干部的调动、任免、奖惩应征得乡镇党委的同意。乡镇党委和政府对这些单位要加强领导，使之相互配合，形成合力，共同为农村的经济和社会发展服务。"1992年，中共中央下发《县级机构改革方案》，对县乡机构改革进行部署。其中，明确要求撤销县辖区、撤销村公所，依据乡镇社会发展总产值、人口和面积三个因素，中央将当时全国48366个乡镇分为大、中、小三种类型，并制定了相应的分类标准。大型乡镇编制在45人以内；中型乡镇编制在30人以内；小型乡镇编制在15人以内。全国核定乡镇机关人员编制总额为200万人。乡镇机关人员编制一般包括：乡镇党委正副书记、组织委员、宣传委员、纪检委员等职位；政府机关正副乡镇长、文秘、民政、财政、计划统计、计划生育、文教卫生、生产、乡镇建设助理的职位；群团的团委书记、妇联主任等职位。乡镇机关人员编制不包括事业单位和企业的人员。1994年，中共中央在《关于进一步加强农村基层组织建设工作的通知》要求："增强乡镇的管理和协调功能，理顺条块关系。"文件指出，乡镇党委是乡镇各项工作的领导核心，要尽职尽责，充分发挥作用。要围绕中心任务，组织动员县（市）直驻乡镇单位的力量，共同贯彻落实上级党委、政府布置的工作，为村级组织建设服务，为发展农村经济、促进农村进步服务。县（市）有关部门设在乡镇的机构，要区别不同的情况，有的放到乡镇管理，有的由乡镇和县直主管部门双重领导。实行双重领导的机构，干部的调动、任免、奖惩必须征得乡镇政府的同意。1998年10月，中共十五届三中全会通过《中共中央关于农业和农村工作若干重大问题的决定》指出：“要坚持和完善乡镇人民代表大会代表的直接选举制度。乡镇人民代表大会要认真履行法律规定的各项职权。乡镇政府要切实转变职能，精简机构，裁减冗员，首先要解决把不在编人员精减下来，做到依法行政，规范管理。乡镇政权都要实行政务公开，方便群众办事，接受群众监督。”1998年11月，第九届全国人大常委会第五次会议通过修订后的《村民委员会组织法》，重申乡镇政府与村委会之间指导与协助的关系，并进一步指出，乡镇政府不得干预村民自治范围内的事。1999年2月，中共中央下发《中国共产党农村基层组织工作条例》，规定乡镇党委和村党支部是党在农村的基层组织，是党在农村全部工作和战斗力的基础，是乡镇、村各种组织和各项工作的领导核心。2000年6月13日，中共中央、国务院在《关于促进小城镇健康发展的若干意见》中指出，要积极探索适合小城镇特点的新型城镇管理体制，大力精减人员，把小城镇政府精简成职能明确、结构合理、精干高效的政府。镇政府可以根据实际需要设置结构和配备人员，不要求上下对口。小城镇政府的行政开支要实行预决算制度，不得向社会摊派。2000年12月6日，中共中央办公厅、国务院办公厅发出《关于在全国乡镇政权机关全面推行政务公开制度的通知》，在全国乡镇政权机关和派驻乡镇的站所全面推行政务公开制度。2000年12月26日，中共中央办公厅、国务院办公厅下发了《关于市县乡人员编制精简的意见》。文件指出，市县乡机关行政编制总的精简比例为20%，3年内分流人员的工资由财政保障。2001年3月15日，第九届全国人民代表大会第四次会议批准的《中华人民共和国国民经济和社会发展第十个五年计划纲要》指出："全面推进农村税费改革，转变乡镇政府职能，适度撤并乡镇，精简乡镇机构和人员，减少村组干部补贴人数，切实减轻农民负担。"2001年4月5日，中共中央办公厅、国务院办公厅在《关于确保机关事业单位职工工资按时足额发放的通知》中指出："各级党委和政府要按照中央有关文件精神，积极稳妥地推进市、县、乡机构改革，精简优化机构人员，减轻财政负担。……要进一步完善县、乡财政管理体制，改革财政转移支付制度，在财力分配上适当向县、乡倾斜，确保基层工作正常进行和农村义务教育等公益事业顺利开展的经费需要。"2001年7月27日，中共中央发出通知，转发《中共全国人大常委会党组关于全国乡级人民代表大会换届选举工作有关问题的意见》。文件就乡镇长的选举特别指出："依照宪法和地方组织法规定，乡长和副乡长、镇长和副镇长由乡、民族乡、镇的人民代表大会选举产生。过去有的地方曾提出进行直选乡镇长试点的要求，个别地方出现了选民直接投票选举产生乡镇长的情况。这与宪法和地方组织法的有关规定不符。在这次乡级人大换届选举中，各地乡镇长的选举要严格依照宪法和有关法律的规定进行。"2001年9月5日，中共中央、国务院在《关于进一步加强社会治安综合治理的意见》中指出："乡镇（街道）的综合治理工作，是将社会治安综合治理各项措施落到实处的关键，是维护社会秩序和社会稳定的基础性工作。乡镇（街道）党委、政府的主要领导要强化政权意识，大力加强乡镇（街道）的综合治理工作。进一步强化乡镇（街道）综治委（办）建设，配齐、配强专职干部，确保这项工作有人抓、有人管。要进一步加强基层公安派出所、人民法庭、司法所等政法基层组织建设，充分发挥它们在社会治安综合治理工作中的重要作用。"2002年4月14日，国务院办公厅发出《关于完善农村义务教育管理体制的通知》，强调农村义务教育实行"在国务院领导下，由地方政府负责、分级管理、以县为主"的体制。2003年1月16日，中共中央、国务院在《关于做好农业和农村工作的意见》中指出，要积极发展农产品行业协会和农民专业合作组织，建立健全农业社会化服务体系。2003年12月召开的中央农村工作会议讨论并通过的、作为2004年中央"一号文件"的《中共中央国务院关于促进农民增加收入若干政策的意见》指出，要"进一步精简乡镇机构和财政供养人员，积极稳妥地调整乡镇建制，有条件的可实行并村，提倡干部交叉任职。优化农村学校布局和教师队伍。进一步清理和规范涉农行政事业性收费。积极探索化解乡村债务的有效途径"。

2. 2004年至2012年

这一阶段，在农村税费改革的背景下，乡镇体制开始了新一轮的机构改革。随着农村税费改革的推进，乡镇机构面临的环境和拥有的资源也发生了变化。与此同时，2004年3月，为配合农村税费改革，中央决定开展乡镇机构改革。2004年7月，《国务院关于做好2004年深化农村税费改革试点工作的通知》指出，要加快乡镇政府职能转变，加强乡镇政府社会管理和公共服务功能。要精简乡镇机构和人员，严格核定和控制乡镇行政和事业编制，由省一级实行总量管理，五年内不得突破。乡镇事业编制总量的调整，由县级机构编制部门报上一级机构编制部门审核，省级机构编制部门审批。按照将事业单位公益性职能和经营性职能分开的原则，整合乡镇事业站所。乡镇政府不再新设自收自支事业单位。要清退机关、事业单位超编、借调、临时聘用人员。严格控制领导职数。妥善安置分流人员，切实维护社会稳定。有条件的地方，要继续做好撤并乡镇和村组工作。任何地方和部门不得违反法规干预乡镇机构设置和人员配备。要把乡镇编制管理工作列为对县级主要领导干部的考核内容，对不按规定设置机构、超职数配备领导干部、超编制招聘人员的，要严肃处理。2005年7月《国务院关于2005年深化农村税费改革试点工作的通知》指出，按照切实转变乡镇政府职能、努力建立服务型政府和法治政府的要求，对乡镇内设机构实行综合设置。严格控制乡镇领导职数，从严核定和控制乡镇机构编制和财政供养人员数量，由省级政府实行总量管理，确保五年内乡镇机构编制和财政供养人员数量只减不增。按照在合理区分公益性和经营性职能的基础上实行分类管理的要求，整合现有乡镇事业站所。强化公益性事业单位公共服务功能，其经费主要由财政保障；强化经营性事业单位自我发展能力，使其逐步走向市场。2006年中央"一号文件"《中共中央国务院关于推进社会主义新农村建设的若干意见》指出，要"通过试点、总结经验，积极稳妥地推进乡镇机构改革，切实转变乡镇政府职能，创新乡镇事业站所运行机制，精简机构和人员，五年内乡镇机构编制只减不增。妥善安置分流人员，确保社会稳定。要按照强化公共服务、严格依法办事和提高行政效率的要求，认真解决机构和人员臃肿的问题，切实加强政府社会管理和公共服务的职能"。2006年3月14日，经第十届全国人民代表大会第四次会议批准通过的《中华人民共和国国民经济和社会发展第十一个五年规划纲要》指出，要"巩固农村税费改革成果，全面推进农村综合改革，基本完成乡镇机构、农村义务教育和县乡财政管理体制等改革任务"。2007年中央"一号文件"《中共中央国务院关于积极发展现代农业 扎实推进社会主义新农村建设的若干意见》指出："有条件的地方要在全省范围内开展乡镇机构改革试点，暂不具备条件的省份要进一步扩大市、县试点范围，从乡村实际出发转变乡镇政府职能，完善农村基层行政管理体制和工作机制，提高农村公共服务水平。认真落实农村义务教育经费保障机制改革措施，搞好教育人事制度改革，加强农村教师队伍建设。建立健全财力与事权相匹配的省以下财政管理体制，进一步完善财政转移支付制度，增强基层政府公共产品和公共服务的供给能力。"2007年，党的十七大报告提出，要深化乡镇机构改革，加强基层政权建设，完善政务公开等制度，实现政府行政管理与基层群众自治组织有机衔接和良性互动。2008年2月27日，中国共产党第十七届中央委员会第二次全体会议通过的《关于深化行政管理体制改革的意见》提出："推进地方政府机构改革。根据各层级政府的职责重点，合理调整地方政府机构设置。在中央确定的限额内，需要统一设置的机构应当上下对口，其他机构因地制宜设置。调整和完善垂直管理体制，进一步理顺和明确权责关系。深化乡镇机构改革，加强基层政权建设。"2008年10月，《中共中央关于推进农村改革发展若干重大问题的决定》指出，继续推进农村综合改革，2012年基本完成乡镇机构改革任务，着力增强乡镇政府社会管理和公共服务职能。完善与农民政治参与积极性不断提高相适应的乡镇治理机制，实行政务公开，依法保障农民知情权、参与权、表达权、监督权。2009年中央"一号文件"《中共中央国务院关于2009年促进农业稳定发展农民持续增收的若干意见》指出："推进农村综合改革。按照着力增强社会管理和公共服务职能，到2012年基本完成改革任务的要求，继续推进乡镇机构改革。推进'乡财县管'改革，加强县乡财政对涉农资金的监管。力争用三年左右时间，逐步建立资金稳定、管理规范、保障有力的村级组织运转经费保障机制。总结试点经验，完善相关政策，扩大农村公益事业一事一议财政奖补试点范围，中央和试点地区省级财政要增加试点投入。积极稳妥化解乡村债务，2010年基本完成全国农村义务教育债务化解，继续选择与农民利益直接相关的农村公益事业建设形成的乡村债务进行化解试点。""加大从优秀村干部中选任乡镇领导干部、考录乡镇公务员、招聘乡镇事业编制人员的力度。"2009年，中共中央办公厅、国务院办公厅正式印发《中央机构编制委员会办公室关于深化乡镇机构改革的指导意见》，提出2012年基本完成乡镇机构改革任务，此次乡镇机构改革将以转变政府职能为核心，理顺职责关系，创新体制机制，优化机构和岗位设置，严格控制人员编制，推动乡镇行政管理与基层群众自治有效衔接和良性互动，建立精干高效的乡镇行政管理体制和运行机制，建设服务型政府，巩固农村税费改革成果，减轻农民负担，促进农村经济社会又好又快发展。提出改革后的乡镇要在四个方面全面履职：加强社会管理、维护农村稳定，推进基层民主、促进农村和谐。2010年，中央编办会同中央农办、国家发改委、公安部、民政部和财政部发布了《关于开展经济发达镇行政管理体制改革试点工作的通知》，决定在全国正式推广"强镇扩权"改革。2010年十七届三中全会指出："依法赋予经济发展快、人口吸纳能力强的小城镇相应行政管理权限，促进大中小城市和小城镇协调发展，形成城镇化和新农村建设互促共进机制。"

截至2012年底，全国共有乡级行政区划单位40446个。镇19881个、乡12066个，其中区公所2个、苏木151个、民族乡1063个、民族苏木1个、街道7282个。

表10.2 乡镇数目变化情况（2005—2012年）　　　（单位：个）

指标	2005年	2006年	2007年	2008年	2009年	2010年	2011年	2012年
乡	15951	15306	15120	15067	14848	14571	13587	13281
镇	19522	19369	19249	19234	19322	19410	19683	19881

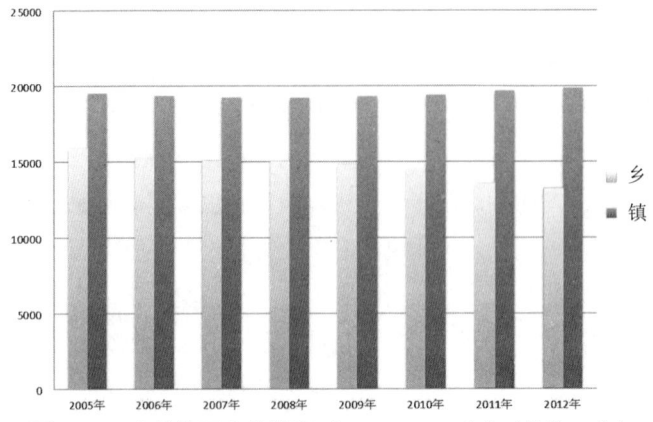

图 10.1 乡镇数目变化情况（2005—2012 年）（单位：个）

注：乡镇包含乡、民族乡、民族苏木。

数据来源：《2012 年社会服务发展统计公报》，中华人民共和国民政部门户网站：http://www.mca.gov.cn/article/zwgk/201306/20130600474640.shtml，2013 年 6 月 19 日。

二、新型城镇化对乡镇行政体制的影响

在一定条件下确立的乡镇行政体制，随着时间的推移及其所依存的经济社会环境的变迁，必然会出现与现实环境不相适应的情况。这就需要适时地调整乡镇行政体制，使行政管理和行政环境保持动态平衡。自改革开放至今，随着城镇化的发展，乡镇行政体制受到了方方面面的影响。

（一）新型城镇化的内涵

城镇化来自英语"urbanization"，也翻译为都市化、城市化，是指人口不断向城市集中的过程。由于我国的特殊性，我国的城镇化与其他国家相比具有显著的特征。近年来，中央政府已经明确，新时期，积极稳妥推进城镇化事关国家现代化建设的重大战略，即"新型城镇化"。依据"十一五"和"十二五"规划纲要，我国的新型城镇化发展的重点内容包括四个方面：一是进一步改革城镇户籍制度，继续实行亦工亦农、城乡双向流动的人口政策，分类引导农村

第十章 乡镇行政体制改革研究

人口城镇化,把符合落户条件的农业转移人口逐步转为城镇居民作为推进城镇化的重要任务;二是因地制宜,加强规划与引导,优化城镇化的空间格局;三是统筹城镇发展与生态文明建设的关系,建设资源节约型、环境友好型、社会和谐型城镇;四是积极稳妥深入推进城镇化,促进工业化、信息化和农业现代化同步发展。与传统城镇化相比,新型城镇化具有更为显著的特点:一是扩大国家内需的最大潜力所在;二是经济结构调整的重要内容;三是推进经济发展方式转变的主要载体;四是带动区域协调发展的重要途径;五是解决"三农"问题的根本方法;六是深化对外合作特别是中欧合作新的着力点;七是让全国人民共享改革开放成果和城市文明的基本路径。

从改革的角度而言,当前推进新型城镇化主要涉及六个方面的内容,即户籍制度改革、土地制度改革、住房政策完善、财税体制改革、地方投融资体制改革以及行政区划改革。考察城镇化进程与乡镇行政体制的关系,主要有两个方面:一方面,城镇化为乡镇行政体制的优化提供了机遇。例如促进乡镇经济的发展,增加农民就业、促进农民增收,增加社会资源供给,增加乡镇政府财力,有利于传播先进文化、解决农村矛盾等。另一方面,城镇化也为现行的乡镇行政体制带来了挑战。例如农民利益保障难度加大、社会管理难度增加、城镇规划水平亟待提高等。(见图10.2)

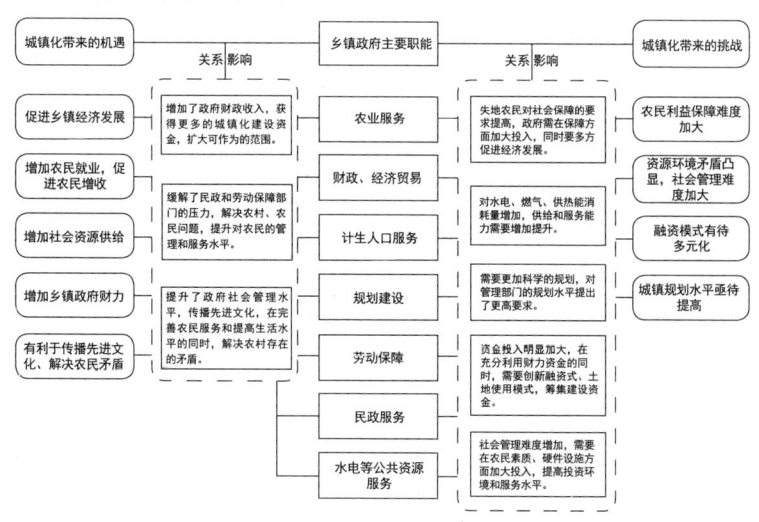

图 10.2 城镇化对乡镇行政体制的互动关系:机遇和挑战

（二）城镇化与乡镇行政区划体制的关系

与世界上其他国家相比，目前我国城镇化发展的总体水平是比较低的，有统计资料显示，目前全世界平均城镇化水平约为48%，发达国家城镇化的水平更是高达70%—80%，我国目前却只有30%多。加快以中心城镇为主体的小城镇建设便成了农村现代化发展的首要选择，而这一进程的成功实现仅仅靠中央的政策是不够的，关键是要充分调动作为小城镇发展战略具体实施者——乡镇政府的积极性，着力推进乡镇行政体制改革。

在推进乡镇行政体制改革诸多方面中，调整乡镇行政区划是重点所在。行政区划调整变更的内容分为建制变更、行政区域界线变更、行政机关驻地迁移、隶属关系变更、行政等级变更、更名和命名共六类。行政区划属于上层建筑，而城镇化是生产力发展到一定阶段人们的一种聚居形式，是一种生产、生活方式，是一定经济基础的反映。

城镇化不仅对乡镇行政区划设置提出了新的要求，同时也为乡镇行政区划体制创新提供了条件。首先，市场经济体制下政府职能的转变，对行政管理幅度的扩大提出了新的要求。随着社会主义市场经济体制的逐步建立健全，各级政府都在进一步转变职能，特别是经济管理正在从微观管理转向宏观调控，区域经济的运行逐渐由以纵向为主的计划经济转向以横向为主的市场经济，这就要求行政区划的结构体系由层次多、幅度小向层次少、幅度大的方向转变。其次，城镇化发展势必影响乡镇行政区划建制的结构、数量和规模。我国已进入城镇化的中期阶段，城镇化呈现出加快发展的趋势。城市经济社会结构与农村有很大的不同，需要不同的管理体制和管理方式，城镇化的发展必然对乡镇建制提出新的要求。第三，交通通信状况的日益改善，为行政区划体制的结构性调整创造了条件。过去，由于生产力水平低，交通通信欠发达，一定程度上乡镇行政区划建制的规模小、层次多。现在，科学技术的进步、交通通信的发达和管理手段的现代化，提高了行政管理效率，也为从整体上适当减少行政管理层次、扩大行政区域管理的幅度创造了条件。

城镇化过程重点强调"以城带镇"促进农村发展和实现城乡统筹发展。首先，在科学技术进步、制度创新的双重作用下，城乡之间生产要素、劳动力资源实现双向流动，经过要素和资源的重组，最终将促进农业机械化、产业化的经营方式，进而提高农业生产力水平，最终实现工农收入差距缩小的目标；其次，农村的"城镇化"建设，使农村居民在住房、出行、消费等方面和城市居民类似，体现为城乡一体，城乡共发展、共繁荣。因此，下文主要从经济发展、人口城镇化两个层面，考察城镇化与乡镇行政体制之间的关系。

三、经济发达乡镇的行政体制改革

经济发达乡镇通常是建制镇政府所在地，具有一定的人口、工业和商业聚集规模，是当地的行政、经济和文化中心，并引领区域主导产业和产业群的发展。尽管目前各界关于经济发达乡镇还没有形成统一概念和衡量标准，但是经济发达乡镇一般有如下特征：经济实力强，居民收入较高；聚集人口多，规模达到城市水平；产业发达，经济发展特色明显；城镇化水平高，基础设施较完善。

目前，经济发达乡镇的行政管理体制存在着四方面主要问题：第一，经济发达的镇政府缺乏与之匹配的经济社会管理权与执行权。在现行行政管理体制中，乡镇政府名义上是一级政府，但在实践中却在相应的管理职能设置上缺位，缺乏城市发展需要加强的城建、环保、治安、节能、消防、卫生防疫等职能，缺乏作为基层政府应该具备的行政许可权、处罚权、强制权。按照法律规定，我国行政执法权以县一级政府为主体，当出现环保、村民违规建房、安全生产事故、食品卫生等问题时，乡镇政府无权查处，只能上报上一级主管部门。公共服务和社会管理能力与人口规模的不匹配，严重削弱了经济发达地区乡镇政府的管理能力。第二，管理对象不断增长，机构编制却严重缺乏。目前，经济发达乡镇的机构编制由上级政府统一配备，乡镇在人事调配上缺乏自主权。而且，经济发达乡镇核定的编制数是按照本地户籍人口的基数来制定，并没有考虑到实际管理人口的需求。随着经济的发展，大量外来常住人口超过了本地户籍人口的数倍,原有编制数量的行政管理人员难以完成当前的管理目标,一些地方只好采取聘用政府雇员来缓解人力不足,但这种做法只能作为现行体制机制下的权宜之举,无法从根本上解决问题。第三,现行的财税体制亟待理顺。从 1994 年开始,我国建立了以分税制为框架的财税制度。但这一制度只实行到县,县级政府对镇级政府实行的是统收统支的财政体制。由于乡镇没有独立财权,尽管部分经济发达乡镇的财政收入已经达到几十亿元甚至上百亿元,但是其中的绝大部分要上交到上级政府,而上级政府则根据镇级政府的人头费下拨财政支出数额。这样就造成了乡镇自身可支配能力收入偏低的局面。第四,多数经济发达乡镇的规划建设相对滞后。按照《城乡规划法》规定,乡镇规划建设管理的行政审批和监管,主要是由县级以上地方人民政府行使。目前,经济发达乡镇规划建设活动数量增加,复杂性增大,规划编制的层次和范围与其经济社会发展水平不相适应。规划的不科学、不完善极大地阻碍了经济发达乡镇的科学合理发展。

近年来,围绕着小城镇行政管理体制改革问题,国家相关部门组织开展了一系列改革试点工作。例如,国家发改委自 2004 年起先后两批共确定 270 多个小城镇开展全国小城镇发展改革试点工作,积极推进行政管理、规划、土地管理等方面的改革。2010 年 6 月,中央编办会同中农办、国家发改委、公安部、财政部等部门在 13 个省 25 个镇开展经济发达乡镇行政管理体制改革试点工作,进一步探索如何"依法赋予经济发展快、人口吸纳能力强的小城镇相应行政管理权限"。山东、浙江等地在实践中积极探索经济发达乡镇行政管理体制改革的不同做法,取得了宝贵经验。以山东为例,山东省委、省政府于 2007 年 12 月发布了《关于统筹城乡发展加快小城镇建设的意见》(以下简称《意见》),明确提出要大力推进乡镇机构改革和小城镇管理体制改革。该《意见》指出,大多数小城镇可在乡镇编制不变的前提下,调剂人员从事规划建设管理工作。一些经济强镇还可建立市政、环保、环卫、绿化、城管监察等日常管理队伍。2008 年,山东在全省确定了 10 个镇进行分层级、系统性综合配套改革试点。试点工作主要针对镇级行政管理中所亟待解决的矛盾和问题,重点就经济发达乡镇如何履行经济管理职能、公共服务职能、社会化服务职能、社会管理职能和推动社会主义新农村、农村城镇化等方面进行探索,试图建立与这些职能相适应的行政管理体制与机制。近期，山东省又以 96 个国家重点镇和 252 个省级中心镇为重点，实施扩权强镇，赋予其相应的管理权和执法权，增强小城镇自我发展能力，积极开展"镇级市"试点。

四、人口城镇化对乡镇行政体制的影响

人口城镇化是城镇化的核心，其实质应是人口经济活动的转移过程。这一过程包括人口经济活动的转移以及社会活动的转移，即人口向城镇集中的同时，人们的生产方式由农业转变为第二、第三产业，进而生活方式、行为习惯、社会组织关系、价值观念也随之发生改变。总而言之，人口城镇化是农村人口和资源条件向城镇集聚的过程，表现为经济结构、生产方式、生活方式向城镇性质转变的过程。改革开放以来，随着人口城镇化和农村改革的不断深入，作为基层政权的乡镇政府，其职能行使的社会环境发生了重大变化，这就对原有的乡镇行政体制提出了挑战：

一是农村基本经营制度的变化。即由原来的政社合一，"三级所有、队为基础"，"统一经营、集中劳动、评工记分、按工分分配"的人民公社体制转变为实行家庭联产承包责任制、统分结合的双层经营体制。农村土地的集体所有权与农户的土地经营权实现分离，除土地以外的农业生产资料绝大部分已经集中在农户手中。据调查，在河南省夏邑县，1978 年农户所有的生产资料户均不到 10 元，到 2008 年已达到 4800 元，农户所有的生产资料占农村全部固定资产的 70% 以上。农户经济已成为农业经济的基础，农户是农业生产的基本核算主体。这一变革必然要求乡镇政府要把行政管理职能与生产经营管理职能分开，正确处理好乡镇政府与农户之间的各种关系。

二是乡镇政府管理对象的变化。首先是农民的职业发生变化。改革开放以来，中国农民已分化出多种职业角色，除传统农业劳动者外，还有农民工、雇工、农民知识分子、个体劳动者和个体工商户、私营企业主、乡村集体企业管理者、农村社会事务管理者等。以河南省为例，2007 年，河南省乡村从业人员总计 4814.6 万人，其构成如下：农林牧渔业 2909.9 万人，占 60.4%；工业

681.5万人，占14.2%；建筑业445.9万人，占9.2%；交通运输、仓储业和邮电通信业160万人，占3.3%；批发零售业、餐饮业326.7万人，占6.8%；其他行业290.6万人，占6%。其次是农民的思想观念发生变化。农民所追求的已不再是空洞的许诺，而是实实在在的物质利益，崇尚富有、文明、和谐已成为农民的主体价值取向；农民的主体意识、权利意识、平等观念、竞争观念等现代思想观念正在不断确立并日益强化，传统的臣民意识、对政府权威的盲目服从和敬畏、官本位意识和等级特权思想等正在受到强有力的冲击。过去乡镇政府主要管理对象是封闭状态下的农民，而现在则是开放条件下的农民。由此也带来了一系列的问题，譬如，大量的农民进城，将老人和孩子留在家中，这些老年人和未成年人该如何照顾看管。又如，有些农民举家进城，而户籍关系仍在原籍，这种形在实虚的户籍关系该如何处理，等等。这些问题对乡镇政府的管理能力提出了挑战。

三是农村社会组织的创新。在农村经济市场化取向改革过程中，农民依照一定的社会关系组成的社会组织不断涌现并不断创新。主要有：（1）基层自治组织。村民委员会作为一种基层群众性自治组织形式在20世纪80年代初应运而生，90年代初村民代表会议作为村民参与村务的一种组织形式正式诞生，目前村民委员会的建设正逐步走向规范化和法制化的轨道。此外，在部分乡镇政府所在地还设有居民委员会这一基层群众性自治组织。（2）团体组织。乡镇工会作为一种基层群众团体组织在1984年开始出现，现在河南省不少市县的乡镇已完成工会组织的组建。还有共青团、妇联等基层群众团体组织在乡镇已普遍建立。（3）经济组织。乡镇企业在改革开放后如雨后春笋般地出现，异军突起。从财产组织形式和产权关系来看，其组织形式包括集体所有制、个体所有制和多种经济成分联办的混合所有制。近年来，乡镇企业通过制度创新，股份制及股份合作制企业和企业集团的数量不断增加。除此之外，农民专业合作经济组织也随着农业经济结构的转型和农业产业化的推进而不断出现。其组织形式主要有三种：专业协会、专业合作社、股份合作社。农村社会组织的创新必然要求乡镇政府为各种组织的发展创造良好的环境条件，收缩其社会管理职能的范围，合理界定其职能内容。

五、城镇化背景下乡镇行政体制中的问题

处于我国政权体系基层位置的乡镇政府，不论是在革命和建设时期，还是在改革发展年代，都发挥了多方面的重要作用。同时也应该看到，随着形势的发展变化，现行乡镇的机构设置、职能配置、人员编制和财政状况等与社会主义市场经济和民主法治建设的要求，有许多不相适应的地方，亟待进一步改革。

（一）乡镇行政区划体制存在的问题

我国进入社会主义时期之后，基层政权从县延伸到了乡镇，但这种乡镇行政建制和管理体制始终处于变动之中，没有有效地发挥乡镇这个基层政权应有的作用。现行乡镇体制主要存在着以下几方面的问题：

首先，乡镇机构数量难以精简。按照中央要求，乡镇实行行政编制和事业编制，五年之内只能减少不能增加，但由于乡镇在职能定位时不明确，临时性任务多，致使乡镇长期使用一些临时工作人员，形成超编，即使进行人员精减，几年之后又会出现新的膨胀。目前，全国乡镇均设有党委、政府和人大，绝大多数乡镇设有人民武装部，个别乡镇设有政协联络组。乡镇办事机构的设置在各地情况不一。多数乡镇党委序列的机构一般设有纪检委、党委办公室、组织科、宣传科、社会综合治理办公室、团委、妇联、工会。政府序列设有政府办公室等2—3个综合机构进行综合管理，一些地方对计划生育、文化、教育、卫生和乡村建设等职能比较单一的工作，由助理员负责某一方面的工作。此外，在乡镇还存在着数量庞大的"站、所"，其管理方式多样、人员身份复杂。我国宪法明确规定，地方和基层人民政府执行本级人民代表大会的决议和上级国家行政机关的决定和命令。为执行上级国家机关的决定和命令，地方和基层政权必须建立与上级机关相对应的政权机构。自1984年恢复建立乡级政府以来，乡级政府的机构便遵循着对等对口的模式，即上级有什么机构和部门，乡镇则要相应建立，而不论机构是否有相应的功能和对象。以往所说的

新型城镇化进程中的行政层级与行政区划改革研究

"上面千条线,下面一根针",现在实际变成了"上面千条线,下面千根针"。因为乡镇政权作为基层政权机构,必须与上级对应,每个上级机构和部门都要在乡一级找到自己的"脚"。尽管功能分化本是现代政治体制的基本趋向,但基层政权面对的社会具有单一性,结构功能的分化对于乡级政权体制来说并不合适。事实上,现阶段的乡级工作仍然实行的是乡党委一体化领导,其他机构并没有发生相应的功能。首先,在乡一级,党政不可能分开。这就使得乡级只能按照党政合一的方式运行,乡级政府并没有多少独立的功能。按照宪法规定,地方各级人大是地方国家权力机关,但只有在县级及其以上的地方各级人大设立常务委员会。这就表明乡级人大的设置及其功能与县级以上层级有所不同。乡级人大的日常事务主要由乡级人大主席团负责。主席团一般只有数人负责日常工作,根本无法如其他层级的人大常委会一样发挥人大的立法和监督职能,而且本身也没有立法功能。乡级政协机构的作用更为有限。在许多乡镇,几乎没有政协的工作对象。只是因为上级有这一机构,乡镇也必须设立而已。正因为如此,尽管乡镇机构和人员数量难以精减,但实际效能不仅没有相应地提高,反而大大降低,机构之间的摩擦也日趋增加。

其次,乡镇政府职能履行偏差。现行乡镇体制下,乡政府相当一部分职权被市直有关局委上收行使,市县与乡镇之间的关系成了一种包含交叉关系,完全不同于省市、市县之间的"楼梯式"分级关系。《中华人民共和国地方各级人民代表大会和地方各级人民政府组织法》规定,乡镇人代会有 13 项职权、乡镇政府有 7 项职权,《中国共产党基层组织工作条例》规定乡镇党委有 6 项职责任务,但实际落实并太不理想。基层政权与地方政权的一个重大不同之处就是直接面对社会和民众。改革开放以后实行政社分开,乡级政府纳入到国家体制之内,成为非常特殊的一个角色。乡镇政府作为县级下属机构,在自上而下的行政压力型体制下,其主要功能是完成上级交办的各种任务。其工作主要是如何将上级下达的各种任务落实到管辖范围。我国是一个由中央、省、市(地级)、县(市)、乡(镇)多级机构构成的政权体系。其中,乡镇作为国家政权体系的一级组织,对一定区域的事务负责,即行使管理"块块"的职能。然而,许多乡镇职能泛化。有的乡镇职能错位、政企不分,既是财产所有者代表，又是企业经营者代表和社会管理者代表，直接参与微观经营；有的在发展经济中职能越位，强制农民进行所谓的经济结构调整，定指标、搞开发，造成巨大的资源浪费；有的代替农民决策，去办企业、发展经济；有的乡镇职能不到位，只完成上级政府交办的任务，而不为农民提供服务。此外，受到地方政绩的驱动，乡镇从事许多能够显示其地方政绩的事务。这些事务主要是贯彻上级精神，往往与本地实际需要相脱节。为完成这些工作任务，致使乡镇机构具有强烈的"官僚化"倾向。其工作方法主要是开会，向下布置任务，将村作为自己的下属机构。

第三，乡镇政权财政资源匮乏。财力困难，政权运转艰难，乡镇公共事业和公共设施建设、社会事务管理、自身日常运转等各方面都需要资金开支，大部分乡镇历年来因各方面开支积累了大量债务，乡镇机构维持正常运转困难。财政是行政的基石，一级行政必须有一级相应的财政，才能为行政运行提供相应的财力支持。即便如此，在我国历史上，县级以下都没有自己独立的财政。这除了财力的有限性和分配体制以外，还与财政的监控机关有关。越到基层，财力愈弱，财政的监督机制也愈弱。1984年恢复建立乡级政府以后，为了调动基层积聚财力的积极性，第一次建立乡级财政，同时实行财政包干体制。但自上而下的行政任务与分级包干的财政体制的矛盾日益突出：行政机构和任务无限扩张，而财政供给却相对有限。一是乡镇存在大量的超标人员；二是乡级机构的运行成本愈来愈高，如购置小汽车、配置通信器材、兴建办公室等；三是上级分派的任务愈来愈多，而这些任务的大部分只有目标而没有财政支持；四是需要乡级财政负责的事务越来越多，如公办教育、卫生、文化等社会事业；五是地方政绩驱动需要大量的财政支出。自从实行农村税费改革之后，乡镇政府的财政收入锐减，乡镇政府缺乏稳定持久的财政收入。同时，上级政府对乡镇政府的财政转移基本维持原有水平，我国各地的乡镇政府财政状况都存在或多或少的入不敷出。农业税与"三提五统"的取消使乡镇政府的负债问题显露无疑，负债问题已经影响了乡镇政府的正常运转，也给乡镇领导干部带来了巨大的压力，这不仅阻碍了乡镇的经济发展、政治改革，而且还影响了干部群众的积极性，也损害了政府的权威与信誉。基层政府职能的扩张、农村税费改革的完成、社会公共服务的需求等诸种因素，使得乡级财政越来越紧张。总体上来看,除少数发达地区之外,乡镇一级普遍存在财力紧张的问题。乡镇财政大范围出现入不敷出和农村面临严重财政困难的情况。这导致许多乡镇的资金十分短缺,在有的地方,乡镇财政已经不是传统意义上的财政收入保工资的"吃饭"型财政,而是已经恶化为一种运转更为艰难的"讨饭"型财政,加上由于财政信用程度不断下降,"讨饭"也越来越艰难。此外,以刘君德为代表的部分学者还针对20世纪90年代我国盛行的小乡镇体制问题进行了研究,认为小乡镇体制加重了群众的负担,不利于农村城镇化和中心村的建设,因而提出了要"合理调整乡镇规模,实施乡镇合并"、"减少区公所层次"等建议。这些建议在后来的全国范围内大规模的撤乡并镇工作中得到了充分体现。然而,撤乡并镇也造成了一系列负面影响,有学者指出,由于行政中心职能的外移,被撤乡镇驻地的服务业和招商引资会受到一定影响,村镇建设和管理力度出现下降趋势;乡镇规模不断膨胀造成了农民负担的加重等。还有学者认为,撤乡并镇的目的之一是精简机构,但由于管理幅度的加大,给管理工作带来了新的问题,有的地方增设了乡镇和村之间的新管理机构,如管区或者管片等,这样无疑又增加了冗员。乡镇是最基层的一级人民政府,管辖事物极细,撤乡并镇后各部门设立于市、区机构一一对应,乡镇的权力出现了萎缩和弱化的趋势。

(二)问题原因

我国乡镇治理结构面临的困境是多重的。乡镇治理实际上正是处于城镇化发展网络之中的"节点",其发展必然受制于整个网络的发展,因此,对问题的思考需要从复杂性视角出发进行全方位分析。

1. 从政府系统内部的审视

从政府系统内部来看,乡镇政府作为一级基层政府,向上要应对上级,向下要管理村庄,内部还要维持运转。乡镇政府处于"县市—乡镇—村庄"这个系统之中,其本身还是一个由不同组成部门构成的系统。所以,考察上述乡镇行政体制的问题,就需要分析乡镇政府与上级和下级的关系,以及内部治理的逻辑。赵树凯将这一问题的根源称为"制度异化",即乡镇政府在功能、结构和运行机制上,与正式制度之间的偏离。这种"制度异化"导致政府行为"无规则、不透明、不可预期、无法适应外部需求",产生了基层政府治理的诸多困境。基本上,乡镇政府的制度异化涉及行政、财税两个方面;存在于应酬上级、管理下级和内部治理三个领域。

首先是乡镇政府与上级政府的关系存在诸多问题。对乡镇政府而言,在上级政府的需求与制度规定相违背时,选择违背正规制度规则,满足县市需求能够带来乡镇领导的政绩。所以,乡镇政府的制度异化来源于上级需求与规则不相符情况下的政绩导向。

表10.3 乡镇政府与上级政府的关系

		规则	外部（县市级）需求	乡镇政府行为
行政	机构与人员设置	机构与职能相对应,定编、定岗、定职	专项资金、项目专门部分负责,超编配备乡镇领导	上下一致对口设置"七站八所"、设立有级别没有职能的领导职位
	问责	经济发展指标、精神文明建设指标、党的建设指标	一票否决、考核办法数量化	全面力保一票否决指标、通过随意编造考核数字
	上级控制	行政隶属关系,执行上级指示	共同应对上级政府	应酬：会议、文件、汇报、接待、检查
财税	预算	收支符合预算	县级统筹、分灶吃饭	借债
	税收	分税制或税收包干分成	从乡镇获得财政收入,并与乡镇政府考核挂钩	财政空转、买税、垫税,举债缴税
	债务	不能违规举债	债务不影响政绩	借债缴税

资料来源：赵树凯著《乡镇治理与政府制度化》,人民出版社2010年版,第62页。

其次,乡镇政府在农村治理中也出现了"异化"情况。在行政和财税方面,制度规则和村庄的需求是一致的,乡镇政府的制度异化源于权力导向。在进行社会治理方面,乡镇政府的制度异化源于政绩导向。

表10.4　乡镇政府与农村治理的关系

		规则	外部（村庄）需求	乡镇政府行为
行政	人员设置	村民自治村级选举	村民直选村委	按照政府官员管理村干部
	问责	向村民负责	村民考核村干部	乡镇政府年初下指标、年终考核
	对村庄的管理	村级自治	自治，强化功能	乡镇的管片和包村制度
财税	财务	村级财务独立	财务自主决定	村账乡管
社会治理	公共服务	政府提供良好的公共服务	提高公共服务质量	最关心招商引资、财政收入
	村庄内部矛盾	法律、政策	制定政策解决冲突	采取措施解决矛盾
	上访	上访是农民的权利	无法合理解决的问题进行上访	打压上访

资料来源：赵树凯著《乡镇治理与政府制度化》，人民出版社2010年版，第63页。

第三，乡镇政府内部运作中存在异化。在乡镇政府内部，因为规则与需求明显不相符，乡镇政府的运行逻辑体现出很强的异化特点。

表10.5　乡镇政府内部运作的异化

		规则	外部（其他部门、干部）需求	乡镇政府行为
行政	机构	党政机构分设	党政合一、机构精简	党政一体性机构
	人员设置	定编、定岗、定职	独立的人事权	有限人事权
	问责	根据公共事业状况考核规定	通过考核升迁	多种不确定因素影响升迁
	部门关系	内部单位、垂直单位分工有序	减少垂直单位数量	条块分割，内部单位半盘活棋，垂直单位一盘死棋
财税	预算	制定收支预算	预算内收入和预算外收入并存	没有明确的预算安排，没有有效的预算制度
	税费	税费改革、分税包干、规范村级财务管理	税费改革的同时不能减少乡镇财政收入	利用借债、村账乡管增加收入
	工资	定岗、足额、按时发放	按时足额发放	拖欠工资
	债务	不得违规负债	增加收入	通过各种途径借债

资料来源：赵树凯著《乡镇治理与政府制度化》，人民出版社2010年版，第64页。

第十章 乡镇行政体制改革研究

乡镇改革在实践中缺乏统一的认识与指导思想。在学术界，对于乡镇改革的取向也存在争论，缺乏统一的认识与指导思想，至少形成了以下几种观点：县政乡派、乡村自治、乡政自治、乡治村政、乡政村治。相应地，对于乡镇改革的未来取向，也存在以下争论：取消论、保留论、自治论。正是因为对乡镇改革缺乏统一的认识与指导思想，导致现实中的乡镇改革缺乏统一的部署，可谓五花八门，显得很混乱与盲目。在实践中，一些乡镇改革喊着"公共服务"的口号，而改革却只是机构的修修补补与人员的增增减减，收效甚微；另一些乡镇由于缺乏具体的理论指导，最终陷入了机构改革"膨胀—精简—再膨胀"的怪圈。

2. 从行政环境的视角观察

当前我国城镇化建设中的突出问题正是由于乡镇政府的地位和职能界定不清而导致的体制性障碍问题，而城镇化过程中，乡镇政府在与行政环境互动的过程中也存在着不足，导致了乡镇行政体制的诸多困境。

第一，现行的乡镇管理体制已经不能适应农村城镇化的需要。一是我国现行的乡镇管理体制仍然沿袭了长期以来大农业的管理体制，政府的机构设置和行政管理权限并未对应城镇化的要求，形成了以计划经济方式管理市场经济的态势。二是政府机构庞大，条块分割严重。很多设在镇上的机构镇政府管不了，这种管理体制引发了不少矛盾。例如，在城镇社会经济管理中起重要作用的一些部门，像城建、工商、公安、土管、交通、电力等部门，在管理体制上主要是受上级层层主管部门的控制，镇政府对他们的工作看得见却管不了，从而造成了事权和人权的人为分离。特别是近年来层层主管部门控制力度的加强，镇政府对本镇经济发展的调控能力在进一步弱化。三是城镇化发达地区有的城镇规模已经很大，像河南省巩义市回郭镇、洛阳市关林镇、信阳市明港镇、镇平县贾宋镇、方城县博望镇、林州市姚村镇、沁阳市西向镇等，人口都已经超过 10 万，但它们还是镇一级的管理体制。它们在城市规划、环保、财政、人事等方面只能享受镇或乡一级的权限，很多事情想管也管不了，从而严重制约了农村城镇化的进一步发展。

第二，现行的财政体制束缚着农村城镇化。我国现行的财政体制是分税制，而分税制大部分只建立到县级，乡镇一级并没有建立起完全的分税制。因此，现行财政体制下的乡镇财政与县（市）财政的关系是传统的统收统支的关系。乡镇政府没有独立的财政机构和乡镇级金库。虽然许多中心城镇的税收随着民营经济的发展有了很大幅度的提高，但是，镇政府的财政收入却未能得到相应的增长。县（市）财政给镇财政的资金只能满足于镇政府正常的行政开支，镇政府很难从镇财政中拿出一部分资金用于城镇基础设施建设。财政功能的不健全弱化了乡镇政府的管理能力，而管理能力的降低又弱化了乡镇政府长期规划的实施。同时，我国现行的投融资体制是向大中城市倾斜的，小城镇发展到今天，投资基本上是农民自己，国家真正投资到小城镇建设的资金是很少的。因此，现行的财政体制已经不适应农村城镇化发展的需要，制约着政府参与城镇化建设和农村城镇化的发展。

三是乡镇政府在管理体制和管理制度上存在许多空白。比如，在城镇化规划方面缺乏相应的规章制度。长期以来，不少地方的小城镇在建设中缺乏总体规划，存在不同程度的盲目性，造成城镇布局的不合理。有的地方对社会经济发展的速度估计不足，规划缺乏超前性，功能分区不明显，出现大量"马路城镇"，给后续建设带来很大难度。有的城镇呈"一"字形长蛇镇，沿一条公路或河道不断向两头延伸，镇区厚度不够，基础设施配套难度较大，影响了工业、商业、服务业的发展。不少地方不是按照客观条件和经济社会发展要求建设小城镇，而是按照行政区划和管辖区域盲目建设小城镇，造成小城镇分布过于密集，规模过小，人口难以达到合理规模，从而影响了第三产业的发展和城镇聚集功能的发挥。有些小城镇虽然有了规划，但由于缺乏科学论证，经常出现"今年建明年拆"的现象，既造成了工作中的麻烦和困难，又浪费了时间和人、财、物力资源。又如，对土地资源的开发利用缺乏制度制约，致使小城镇建设步步蚕食近郊农村的耕地。有些乡镇政府通过大规模批租土地来获取经济收益，造成大量土地资源浪费。目前，在我国城镇化过程中，政府和市场是左右其发展的两支重要力量，其中政府的力量最为关键，尤其是直接面对广大农民、具体运作城镇化的乡镇政府，其推动城镇化进程的作用则更为明显。如何按照"小机构、大服务"的目标和"政企分开、政事分设"的原则，转变乡镇政府职能，进而精简乡镇政府机构，更新乡镇政府经营管理服务机制，以建立起高效廉洁的城镇服务体系,是促进乡镇经济社会协调发展,进而推动城镇化快速健康发展的关键。正是在这个意义上,我们认为汹涌而至的城镇化浪潮已经成为乡镇政府转变职能无可争辩的新背景之一,它不但给乡镇政府转变职能带来了新的机遇,也为艰难转型的乡镇政府职能转变后的目标定位提出了新的更高的要求。

六、城镇化进程中优化乡镇行政体制的建议

乡镇行政体制改革是一个综合系统的工程,需要多方面的配套措施。一是乡镇改革需要从国家宏观层面有一个基本的框架与指导思想,尽管这些框架可能是模糊性的,但是却可以为乡镇改革确定基本的方向,防止改革过程中的盲目性与随意性,节约改革成本;二是乡镇改革必须根据地方的实际情况进行,不可盲目攀比,这是因为地方政府面临的实际情况千差万别,要高度依赖于"地方的、区域性的社会经济条件"。三是乡镇改革需要放在一个更广阔的空间来思考,也就是说,乡镇改革绝不仅仅是乡镇自身的改革,也不仅仅是机构与人员的改革,而是要将改革的视野放到城镇化背景下,放到乡镇政府与县域政府的关系、与乡镇农村的关系、与乡镇政权的关系,以及乡镇政府与私营部门、志愿部门、公民社会的关系中去考虑,对乡镇体制的流程结构、运行机制、职能转变、权力关系等做出根本性的调整,这样才能推进乡镇改革的深入发展。

(一)理顺纵向政府关系,调整乡镇管理层次

要理顺乡镇政府与上级政府的纵向关系,需要遵循以下原则:首先,充分结合经济发展状况与社会需要,探讨乡镇一级科学合理的定编依据、标准和核批程序,使乡镇机构设置既能与其职能范围相匹配,又能满足城乡经济社会发展需求。其次,理顺县乡关系,规范职能部门与乡镇政府的条块关系。努力打破条块分割的乡镇管理体制,理顺县(市)区与乡镇的权责关系,在当前省直

管县和强镇扩权的背景下，探索适合乡镇实际的扩权强镇新思路，建立健全权责对等、各负其责的工作体制，明确乡镇政府的管理权限和责任，推动乡镇实现科学发展、跨越发展。第三，改善乡镇政府责任考核体系。科学合理地界定责任考核指标的范围，努力淡化乡镇经济发展方面的考核指标，逐步将考核重点转到乡镇公共服务提供的能力上来，同时将机构编制管理纳入乡镇政府责任考核体系。

对于乡镇管理层次，存在四种思路改革路径：一是"废乡"。目前全国乡村社会的债务规模高达5355亿元，平均每个县高达2155亿元，平均每个乡镇（包括所属各村的债务）高达1400多万元，大多负债累累，濒临"破产"，没有财政能力，已无法履行其行政管理职能。我国历史上就是"皇权不下县"，现在可以废除乡镇的行政建制，充分实行乡镇自治，让本地本乡人去管理本乡之事。二是"强乡"。把乡镇设定为基层政权，是新中国的一个革命成果，不可轻言放弃。在当前条件下可以在县与乡镇之间实行纵向分权制衡，并使乡镇具有更多的权力和财力，从而增强其履行职能的能力。三是"虚乡"或"弱乡"。鉴于乡镇存在诸多问题，已经没有必要让其作为一级政区继续存在，但从行政管理的角度讲，没有乡镇又有诸多不便。可以在废除乡镇政府的同时恢复乡镇公所的建制，使之成为县的派出机构，实行"乡财县管"或"县政乡派"。四是"区别对待"。对农业型乡镇，可改为乡镇公所，是县的派出机构，实行"县政乡派"；对工业型乡镇，则应维持原状，让乡镇作为一级政府继续存在。比较而言，在这四种认识中，无论是废乡、强乡或虚乡，都不但不可能解决现实问题，而且还涉及国家政体和宪法修改的问题。综合来看，为了促进城镇化的顺利开展，适宜对乡镇行政管理采取区别对待的改革措施，而不是搞"一刀切"。同时，在完善村民自治的基础上，逐步推进乡镇自治，待条件成熟后再对乡镇行政管理做出实质性调整。

（二）完善乡镇干部队伍结构，加强机构编制法制化

一是盘活机构资源，实行乡镇机构编制的动态管理，根据职能变化适时调整机构设置，变"因人设岗"为"因事设岗"，完善乡镇政府运行机制，推动

社会事业发展。二是逐步清退乡镇现有超编人员,拓宽乡镇人员分流渠道,在有条件的乡镇实行离职补偿制度。乡镇机关事业单位出现自然减员或空缺时应首先用于消化超编人员,将人员控制在编制限额内。积极稳妥推进乡镇机构编制实名制工作,切实遏制编制膨胀、超编进人等现象。建立健全符合乡镇实际和财力承受水平的社会保障制度,为改革提供保障。三是进一步加强乡镇干部队伍建设。改善和提高乡镇工作人员的工资待遇,探索实行乡镇工作人员累进工资制度,适当提高乡镇工作补贴。完善乡镇干部的选用管理制度,加强对乡镇人员的教育培训力度,提高乡镇工作人员的素质、能力和工作积极性。加快乡镇人员的岗位交流,选派部分优秀干部到乡镇任职,切实改善乡镇干部队伍结构。

积极探索健全乡镇政府机构编制法治化与制度化建设的机制。一是牢固树立"编制就是法律"的观念,进一步强化政府机构编制管理的法治化理念,维护机构设置与编制管理工作的严肃性。逐步建立机构编制培训教育制度,探索将机构编制相关要求纳入干部教育培训课程和责任考核体系,逐步增强各级各部门的机构编制意识。二是完善机构编制法律法规的相应细则和配套办法。进一步完善机构编制实体法,适时研究出台《机构编制法》。推进机构编制规范化管理,建立健全机构编制用编审批和管理制度,严格乡镇机关事业单位用编审批,规范机关事业单位进人程序,乡镇人员配置要以机构编制部门对乡镇编制、职数使用情况提出的具体意见为依据,杜绝随意用编、进人的现象。强化乡镇干部对"只减不增"底线的重要性认识,严守中央提出的关于乡镇机构编制"五年内只减不增"的红线,严肃机构编制纪律。三是探索机构编制变更程序,研究规范乡镇机关事业单位人员减员减编程序,乡镇出现减员情形的,要及时进行编制核减,对于不及时减编造成不良影响的,依法追究有关人员责任。建立健全编制审批责任追究制度,完善机构编制内部审批程序,实行"谁审批谁负责",纠正少数部门编制观念淡薄的倾向,避免上级政府部门借考核、资金拨付等方式干预乡镇机构编制事项。

(三)加快政府职能转变,优化乡镇行政机构的数量与规模

继续推动乡镇政府职能转变,根据乡镇社会发展和群众利益诉求及时调

新型城镇化进程中的行政层级与行政区划改革研究

整政府职能重点，改善和提升乡村基础设施建设、文化教育、医疗卫生、社会保障等公共产品提供水平，逐步将乡镇政府的主要职能调整到社会管理和公共服务上来，将不应由乡镇政府履行或乡镇政府无法承担的职能剥离出去，构建"小而精"、"专而强"的乡镇政府。裁撤、整合与农村经济社会发展和乡镇政府职能转变不相适应的机构，努力提升乡镇政府的公共服务水平。积极引导并充分发挥中介组织、行业协会、农村经济合作组织和公共服务型社会组织的作用，规范乡镇公共服务市场，逐步形成乡镇公共服务多元化提供机制。通过优化机构设置，淡化乡镇政府的经济管理职能，强化社会管理和公共服务水平，构建服务型乡镇政府，着力解决乡镇错位、越位、缺位的问题，有效满足群众的公共需求，达到执政资源优化配置的目的。

优化乡镇政府机构的数量，存在三种改革方案。一是"分乡"，通过分乡增加乡镇的数量，实行小乡制，同时取消村级行政管理层次，使乡镇政府同人民群众之间不再有任何"阻隔"。二是"并乡"，即在现有基础上通过合并减少乡镇的数量，实行大乡制。随着我国城镇化进程加快，大量农民涌入城市，许多乡镇的人口会越来越少，故进一步合并乡镇是一个趋势。三是"微调"，也就是将现有乡镇的数量维持在四万个左右，并通过立法使之长期保持不变。综合来看，第三种方案在目前是可行的。当然，一方面有少数乡镇的规模太大，应适当分小；另一方面也有少数乡镇的规模太小，还应当合并。因此，还需要进行一些必要的"微调"。

乡镇行政区划规模的调整，关键在于调整标准。现阶段存在四个标准可以参考。一是面积标准，在一般情况下，面积可在100—200平方公里之间，山区和西部可以超出这个标准。二是地理标准，平原、丘陵和山区区别对待。在平原和丘陵地区，以面积20—400平方公里为标准；在偏远山区则以面积200—1000平方公里为标准。三是人口标准，平原地区5万以上，丘陵地区3万以上，山区1万以上。四是综合考虑地理、面积、人口和每个县所能管辖的乡镇数量的多少等各种因素。可允许各省（自治区、直辖市）根据本地区情况单独制定行政法规解决。即使在一个省内，也要综合考虑各方面因素，反对"一刀切"。中国乡镇体制的改革实践反复证明，综合考虑各种因素是最现实的选择。

（四）健全乡镇机构设置监管机制，稳步推进乡镇行政体制改革

一是建立事前预防与事后纠错相结合的基层机构监管机制。在做好机构设置审批的同时，把基层机构监督检查工作落到实处。建立健全乡镇机构改革评估长效机制，重点督查乡镇政府职责和机构编制的配置、运行情况。建立机构编制工作报告制度，乡镇机关事业单位应结合机构编制年度统计，定期向县级编办书面报告机构编制执行情况。二是探索建立乡镇机构效能问责制。对现行的机构监督检查法规进行细化，将相关问责措施定性定量，同时授予机构编制部门相应的约束权和处罚权。加强对机构设置执行情况的监督检查，坚决遏止自定编制、超编进人、超职数配备领导干部、以虚报人员等方式占用编制以及越权审批机构等行为。对违反机构编制管理规定应追究责任的人员，由任免机关或纪检监察机关按照职责权限和规定程序，依法依纪追究直接责任人员和负有领导责任人员的责任。三是构建多元化的综合监督体制。完善纪检监察、组织、编制、人事社保、财政、审计等部门的联动配合机制，形成基层机构监督检查工作合力。畅通12310机构编制举报渠道，探索建立较为科学的乡镇政府绩效评估体系，提高内部监管的针对性。努力提高机构管理工作的透明性，扎实推进乡镇政府机构实名制管理和机构设置政务公开，将不涉密的机构编制事项和人员配备等情况及时向本单位或社会公开，接受监督。通过建立机构编制监督员等制度创新方式，充分发挥社会监督和民主监督的作用。

乡镇行政体制改革是一项复杂而系统的工程，涉及县级改革的配套和村民自治的进一步完善，需要县乡村三级联动、整体思考、上下配套。在这一语境下，体制内渐进式的增量改革成为较优选择。目前，在我国尚不存在普适性改革经验的前提下，不少地方进行了一系列有益的探索，如湖北的"咸安政改"、四川的"步云直选"等，对这些有益探索，中央应予以关注并及时回应，对基层积极的变革诉求进行适时而必要的支持，以实现乡镇行政体制改革的稳步推进。

第十一章
创新跨区域行政体制研究

城市群作为城市化进程的必然产物，正在成为我国新型城镇化建设的重点与发展方向。改革开放以来，我国已形成了长三角、珠三角、京津冀三大城市群，今年发布的《国家新型城镇化规划》提出要"优化提升东部地区城市群"、"培育发展中西部地区城市群"，在全国建成若干个大小不等的城市群。随着城市群的形成与扩大，同处一个"群"的各个城市之间经济联系、人员往来、要素流动比以往任何时候更加频繁、强烈。与此同时，一系列影响和涉及城市群中各个城市间的若干共同问题开始凸现。如何应对这些跨区域的公共问题，如何构造与处理好这些问题相关的行政体制，对现有相关城市的权责结构有何影响、应当如何调整，等等，成为一个明显而且迫切的问题。本章拟对此展开研究。

一、已有的研究综述

在中国知网上分别输入"区域公共问题"、"区域公共管理"、"区域行政"三个关键词，可以发现，对于区域公共问题的研究开始于2000年前后，但作为一个正式的学术命题提出来，则是由中山大学陈瑞莲等完成的。2003年4月，陈瑞莲在《政治学研究》上发表了《论区域公共管理研究的缘起与发展》一文，系统全面地阐述了应当加强对区域公共管理问题学术研究的看法，如相关的基础理论研究、政府间竞争研究和区域政府间竞争力研究，地方政府与地方政府间关系研究、区域公共产品和服务的制度供给研究、行政区划的理论与实证研究、区域公共管理的比较研究、区域公共管理的个案研究等。

早期对于区域公共问题的研究主要集中在区域经济领域,这方面的研究成果汗牛充栋。刘君德(1994)提出的"行政区经济"概念基本上奠定了这个领域研究的基本方向,即主要讨论如何协调区域经济一体化与行政区划的矛盾。对此,刘君德主要有两个方面的意见:一是进行行政区划调整,多名学者针对长三角、珠三角等地如何通过行政区划调整行政区与经济区边界相符提出过建议或方案。但陈剩勇、马斌(2004)指出,许多行政区划是历史形成的,具有相当的稳定性和刚性,不能也不应该随着经济活动的频繁变化而随意调整。他们认为,通过对现行体制和结构进行调整,积极推动区域内政府合作机制,是一个更加现实的选择。在这个方向上,多名学者讨论了区域协调机制的问题。周伟(2011)指出,区域公共问题是由于区域经济一体化进程的加快、城市群的快速发展、政府之间相互依赖的广度和深度加深而出现的,且当前我国主要依靠以中央为主的合作机制并不能满足区域公共问题的需要。马斌(2004)、赖文凤(2005)分别对长三角两省一市地方政府间的合作机制及泛珠江三角洲区域合作制度进行了研究。成敏(2004)以长三角地区为例,研究了区域公共管理视野下的政府协调机制。张利华、徐晓新(2010)研究了在新疆乌昌一体化工作中,以联合党委为载体的独特协调模式。郝兴国(2011)讨论了京津冀政府协调机制建设问题。全永波、胡进考(2010)以我国海洋管理为例,证明即使是将分散于各部门的职权统一给一个行政区,实行"统一管海",仍然无从应对海洋区域公共问题。张小明、刘慧灵(2009)讨论了在长江三角洲经济一体化发展进程中的行政区划壁垒、政区间恶性竞争等现象,认为需要通过区域行政一体化,包括行政区划调整、政府间协调以及由政府、市场、社会多主体参与的多元化治理来打破现有的各自为政的行政区划体制。

有些学者介绍了国外应对区域公共问题的经验与做法。张小明、刘慧灵(2009)指出,20世纪以来,欧美国家大概形成了三种应对模式:一是主张区划调整、政府合并的"巨人政府"模式,二是就区域公共问题本身进行合作的"复合行政"模式,三是由区域内政府、市场、社会各方形成的多元化、网络状的合作模式。吕志奎(2009)介绍了美国的区域协作管理机制——州际协议。他介绍说,在美国,州一级的许多公共政策和项目越来越多地通过州际协议所组建的区域公共管理机构进行执行和管理,包括界定边界、重大基础设施建设、跨州流域水资源管理、环境污染共同防治、区域经济发展、共同资源合作开发和资源共享等领域。目前，这些类型的州际协议共有 300 多份，涵盖的领域包括边界、重大基础设施建设、流域水资源管理、环境污染共同防治、区域经济发展、大都市治理、共同资源开发和突发事件应急管理等。这对于我国很有启发。张利华、徐晓新（2010 年）介绍了温哥华都会区的区域理事会的情况。曹丽媛（2011）指出，在多方协调的过程中，要特别重视共同价值观的形成。

以上研究对于我们理解区域公共问题以及国内外应对举措有很大的启示作用，其研究的脉络和学术主张也都比较清楚。但综观以上研究，在以下几个方面还存在着可继续深化之处。一是对区域公共问题的分类、分层研究不足，这直接关联着解决区域问题所必需的理论基础与对策；二是对各类应对区域公共问题的行政改革机制停留在陈述上，而对某一种体制的适用条件、适用对象并没有给出清楚的答案；三是对区域公共问题的机制研究停留在组织结构层面，对其中至关重要的公共财政体制问题几无涉及。

二、区域公共问题：概念与特征

所谓区域公共问题，可从两个方面理解：第一，它们是公共问题，具有公共问题通常所具有的外部性和整体性特征，这使得市场或个体既无意愿也无能力应对解决；第二，它们具有区域性，通常跨几个行政区，单靠一个政府的力量不能解决，涉及流域、大气这样具有区域流动性的问题时尤其如此。简言之，区域公共问题就是那些跨越了传统的自然地理界限和原有的行政区划、对特定区域内多个主体共同发生作用和影响的问题。概括起来，主要有以下几个方面：

（1）环境、生态、流域问题。典型的如各地常常遭遇的流域水污染问题[①]、

[①] 2005 年 4 月，清水江跨界污染问题引发了重庆市贵邓村和湖南省太平乡、矮车坝等乡镇群众的暴力维权事件，后经国家有关方面及两省政府的大力协调才得以平复。类似事件在全国各地多有发生。

近年来动辄打击大半个中国的雾霾问题等。

（2）区域基础设施建设问题。包括两个方面，一是某些具有较大规模效应的基础设施，如机场、港口等在区域内统筹布局、协调使用管理的问题，二是区域内基础设施在各行政区交界处的协调联通问题，等等。

（3）省区交界地带的贫困县问题。各行政区交界处的治理历来是政府治理中的老大难问题，当前"环北京贫困带"[①]即为其中一例。

（4）基本公共服务不平等问题。随着城市群的形成，区域内人员往来频繁，进而产生了对于区域内基本公共服务均等化的迫切需要，尤其是教育、医疗、社会保障等。

（5）行政区经济问题。随着城市群的形成，各地之间经济联系增强，但各地基于自身利益考虑，常有阻碍市场主体经济自由联合、统一市场形成之举，对区域一体化形成阻碍。

（二）区域公共问题的特征

区域公共问题有以下几个方面的特征：

（1）跨区域。这里的区域主要是指行政区域，即区域公共问题通常超出一个行政主体管理所及的范围，涉及多个行政主体。这里的行政主体，在本文中主要是指省。[②]

（2）涉及多主体。区域的公共问题通常涉及多个主体，特别是多个行政主体。如果放宽眼界来看，区域公共问题还涉及市场主体、第三部门主体等。

（3）具有外部性与不可分割性。区域公共问题最本质的特征是公共性，即同所有的公共问题一样，都具有显著的外部性，无论是"正外部性"，还是"负外部性"，都对相邻地区有着重大影响。与此同时，跨区域公共问题具有效用上的不可分割性，即其效用无论是"正"还是"负"、是有害还是有益，均不可能将其分割，只要在一个既定的范围之内，这些问题就会对所有的主体同

[①] 环首都贫困带是指在承德、张家口、保定等北京周边城市，存在一个贫困程度较深且集中连片的区域，包括河北涞水、赤城、涞源等近 200 个贫困村、154 万贫困人口。

[②] 基于不同的语境，行政主体有时可以大到洲，中可以到国、省，小可以到市、县。

时发生影响。

综合而言,区域公共问题首先是公共问题,具有公共问题所具有的特征和性质。其次区域公共问题超出了传统的、相对封闭的一个行政区,对相邻地区的政府、社会、人民产生影响,因此其治理与应对也就超出了某一个单独的行政区,需要多个行政主体协同,需要政府、市场、社会组织协同,因此十分复杂,属于"复杂社会中的复杂问题"。随着我国城镇化进程的加快,各类大大小小的城市群不断形成,这些区域公共问题正在成为普遍和共性的问题,且在各地呈现出不同的发展状态,有的地区已经发生,有的地区正在发生,还有一些地区未来肯定会发生。因此,需要对应对区域公共问题的相应行政体制进行认真研究,探求应对与协调区域公共问题的解决之道。

三、改革开放以来我国区域协作的创新实践

(一)长三角地区

长三角一体化进程的发展可追溯到 1982 年。为了推动长三角经济发展,当年国务院决定成立上海经济区,下设上海经济区规划办公室,负责制定上海经济区内的经济、社会发展规划以及协调各方面关系。但由于种种原因,其实际运作流于形式。

进入 90 年代以后,长三角地区的经济显著提速,各地、各市甚至县、乡镇等都进入发展的快车道,城市空间要素吃紧,相互之间对于市场、要素、产业的竞争加剧。为了应对这些问题,长三角在以下两个层面上进行了行政管理创新。

一是调整行政区划。为了应对区域经济一体化的挑战,长三角区域内各政府试图通过改变行政区划的方式来协调和解决一些发展中的矛盾。[①] 例如,上

[①] 通过区划调整以使行政区域与公共问题区域在边界上重合,这是早期无论发达国家还是发展中国家都"直觉式"采用过的办法,我国也不例外。

海市先后撤销嘉定、上海、金山、松江、青浦等县，改设或合并为区，并在城郊结合部、郊区设立9个市级工业园区。江苏、浙江两省积极进行地市级行政区划调整，如南京的江宁市、无锡的锡山市、苏州的吴县市等分别撤市建区，并入中心城市。这些区划调整有效地扩大了所在城市的发展空间，有助于在一个更大的范围内实现要素的流动，实现基础设施的统筹布局、共建和共享，以及在一定范围内加强环境、生态的综合性和协调性。但基于行政权力配置的实际情况，以上行政区划改革主要是在一省内部、一市内部进行的调整，跨省、跨市的区划调整至今尚无一例，因此仅能在一个较小的范围内应对区域公共问题。

二是地方之间的自主协调。如果说区划调整仅限于一省、一市内部，长三角地方政府之间的自主协调则是跨市、跨省层面的。为了适应一体化发展的需要，在长三角地区先后建立了三个层面的协作机制：一是沪苏浙省（市）长座谈会，每两年由三省（市）轮流举办一次，三省（市）长出席；二是经济协调会，由长三角各个城市的常务副市长参加，每两年召开一次（后改为一年）；三是协作办主任会议，负责落实前两个会议上形成的决议和方针。后来，随着长三角经济效应的不断外溢，进入协作范围的地方政府不断增加，先后设立了包括16个城市的市长论坛、市长联席会议等，近年来更是发展到整个长江经济带相关城市之间的协作。

在此基础上，长三角地区相继在工商、人事、旅游、农产品标准、科技创新、固体污染物管理、太湖流域治理、近海环境综合治理与生态修复等领域签署了一系列合作协议，组建统一的海洋执法机构，有效应对了一体化进程中的一些重大、突出的区域公共问题。正是因为如此，此后在我国其他地区出现的区域协作机制也大多是"拷贝"长三角模式的做法。

不过总体而言，这一以地方政府自主协商为主的机制，面临的最大问题就是权威性不足、执行力不够的问题，加之各方权责义务边界模糊，尤其是缺乏利益平衡机制，因而稳定性很差，不仅领导人变化可能导致协作中止，而且其中一方利益诉求不能满足常常导致协作破裂。长三角一体化进程对此多有体现。

(二) 珠三角地区

珠江三角洲是我国率先融入全球化和世界经济的重要区域，而且也是中国对外开放的窗口和诸多政策创新的试验田，在全国经济发展格局中具有相当重要的地位。经过多年的发展，珠三角地区已融为一体，"城市带"、"都市圈"已经形成。

与长三角相同，珠三角在工业化、城市化的发展进程中，同样也受制于"行政区经济"导向下的产业同构、恶性竞争、市场分割、环境污染等严重问题。为了应对这些问题，广东省先后采用了调整行政区划与推动地方政府协作两种方式。

行政区划调整。一是撤县设区。早在2000年，原广州市代管的县级市番禺和花都撤市改区，并入了广州市。2003年2月，国务院批复同意撤销原佛山辖区的城区、石湾区以及县级南海市、顺德市、三水市和高明市，同意设立佛山市禅城区、南海区、顺德区、三水区和高明区5个区，大佛山市成立。几乎与此同时，大惠州合并了惠阳市，圈住了大亚湾，城市空间一下子扩大了5倍；江门市合并了新会市，珠海市合并了斗门县。二是撤乡并镇。仅在2001—2005年期间，广东省的乡镇从1588个减少到1156个，撤并432个，撤并率达到27%。

推动城市政府协作。早在1994年，广东省就拟制定并出台《珠江三角洲城市群发展规划——协调与可持续发展（1995—2010）》，但因为缺乏刚性保障，很长时间无所进展。进入21世纪后，广东省下决心重启珠三角一体化进程，为此启动了地方立法程序，出台了《广东省珠江三角洲地区改革发展规划实施条例》（2004年），成立了落实《规划纲要》办公室，为珠三角一体化提供法律保障。与此同时，建立了市际合作领导小组、市长联席会议、联席会议办公室、专责小组四位一体的组织协调机制，并由省有关部门牵头、相关市参加成立了城市规划、交通、能源、信息化、水资源、环保、产业、基本公共服务等专项工作小组，负责相关的具体工作。更重要的是，为了切实推进区域一体化，广东省大力创新政策工具，实施了珠三角地区政策分区和空间管治，在区域内按生态环境、城镇、产业与重大基础设施等划分出9类政策区，不同分区实施不同的空间管治，取得了突出的成绩。在此基础上，各城市之间陆续签署了合作框架协议，并率先在广州与佛山之间启动了同城化步伐，目前进展比较顺利。

（三）长株潭地区

长株潭地区是湖南省内以长沙为核心、涵盖株洲与湘潭的一个内陆城市群。在行政区划上，包括了长沙市、株洲市和湘潭市3个地级市，涵括4个县级市、11个市辖区、8个县，下辖315个乡镇，空间结构紧密，布局层次分明，大中小城镇体系健全，区域内面积近2181万平方公里，人口1200多万，分别占整个湖南省的13.27%和18.87%。这三个城市之间彼此相距仅30—40公里（其中株洲与湘潭市的城市相距仅10公里左右），形成一个"品"字结构。

由于三市地域紧邻，语言、文化、风俗习惯几乎一致，历史上曾多次分分合合。关于长株潭一体化的最早设想，据说可追溯到20世纪50—60年代，当时有人提出将长株潭三地连接起来建立"毛泽东城"。80年代，长株潭一体化再次被提出，但主要集中在经济方面。进入90年代后，长株潭一体化迈出了实质性的步伐，一是湖南省发改委（原湖南省计委）成立了"长株潭一体化办公室"，建立了长株潭经济一体化工作会议、年会制度，三市也都分别成立了各自的"长株潭办公室"，建立了三市市长联席会议机制，构建了三市领导之间的对话机制。二是议定了长株潭产业合作机制，三市在争取布局几个以长株潭冠名的标志性项目的问题上达成了共识。三是出台了长株潭三市规划管理联席审查制度，并且就人事交流、人才合作、技术交流等签署了合作协议。四是先后组织编撰了长株潭区域的一些专项规划，甚至于2004年通过了湖南省长株潭城市群区域规划。

尽管如此，由于行政区经济的顽固影响，三市之间基于行政单元的冲突与矛盾仍然存在，其中一些还十分突出。主要表现在：已经出台的区域整体开发和发展的规划难以实施，基础设施重复建设；区域内水体污染（尤其是湘江）严重的状况没有得到根本扭转，区域内市场割据，仅以啤酒为例，三市各有自己的工厂、自己的品牌，自产自销，老死不相往来。另外，在三市交界地区，虽然处于城市交汇点，交通便利，人流、物流、信息流的条件都很好，但经济发展却长期不振。

除了以上地区，在我国其他一些地区也出现过这样那样应对区域问题的机制创新，其中值得一提的是新疆乌-昌地区的经济协作，由于采用了联合党委制，取得了较好的协作与共同发展效果，可以视为我国体制条件下有实际效果的特色之举，不过其可借鉴和推广的价值并不高。

四、目前区域协作存在的不足之处

综上可以看出，长期以来，无论各地采用调整行政区划，还是推动某一区域内地方政府之间的自主协作，由于种种原因，这些试图以各类区域公共问题为导向的努力无论是从机制，还是从效果的层面看，都存在很多现实的困难与效果上的不尽如人意，各类区域公共问题仍然丛生，区域协同仍然面临各种限制，要么无疾而终，要么阻碍重重，很不适应当前我国区域间联系日渐频密、城市群快速形成的现实需要。这主要是因为：

（一）通过行政区划调整应对区域公共问题面临着内在的边界约束

在我国现行体制下，通过行政区划的调整的确可以应对一部分区域公共问题。究其原因，是因为通过行政区划调整，可以将原来多个行政主体之间的矛盾、冲突、利益置于一个更高、更大的框架下进行"内部化"，从而解决问题。尤其在我国的体制条件下，扩大行政辖区通常意味着更大的权力、更多的资源、更大的发展空间和更高的行政级别。从某种意义上讲，这也是有些地方热衷于动辄提出以行政区划调整来应对区域发展一体进程中种种问题的原因所在。

但是，行政区划调整也会有显著的负面效应。往浅里说，行政区划调整通常会带来更高的行政级别、更多的官员、更高的行政成本；往深里说，行政区划调整还会带来更大的协调难度，一旦行政级别提升，这种在新的行政层次上的"神仙打架"较之在较低行政层次上的矛盾冲突更难协调。更进一步地，无论怎样向上调整，以行政区划、行政级次调整的方法始终存在一个效用终点，而且在新的行政层次上，仍然一样存在新的行政区经济、生态环境等问题。现实地看，撤县（市）设区、撤乡简便，但要在地级市之间、省级之间进行区划调整则几乎是一个不可能完成的任务，就是对此的一个形象注脚。

（二）地方政府之间的区域协作体制、机制不健全

相对于动作激烈的行政区划调整，基于地方政府的自主协作以解决突出的区域公共问题是一种较为温和也相对现实的做法。改革开放以来，我国各地的区域协作非常频繁，这从另一个角度表明在一个大国区域间协作的不可避免性。但是，无论是在长三角、珠三角，还是在其他地方，地区性区域协作面临的共同问题都是严格的、刚性的行政分割下的种种矛盾和冲突。主要表现在以下几个方面：

第一，区域协作组织的权威性不高。截止到目前，我国已有区域协作中承担协调责任的组织多为两种情形，一是中央层面成立相应的办公室或领导小组，二是有关地方政府形成的某种联合。无论是哪一种，在现有体制内都无明确的权力、责任甚至身份认定，一旦面临涉及各方利益的重大复杂问题，就难于协调，无能为力。

第二，现有区域协调机制的制度化程度很低。通过定期或不定期会议、协议等方式形成的协作机制，缺乏有约束力的、刚性的制度保障，一旦其中有一方看法不同，或某一任领导对于合作的认识有所变化，合作即趋于停顿。

第三，现有区域协调机制缺乏有效的利益协调机制。合作的基础是共同利益，目标是多方共赢。对于前者，一般协作各方并无异议。但是，一旦涉及最关键的利益问题，各方分歧立现。现有区域协作机制由于缺乏制度化的讨价还价和平等协商机制，通常止步于此，治理区域公共问题需要相应的政策工具，而这通常意味着参与各方在权力、责任、利益方面的重新洗牌。由于多种原因，已有的区域协作在此问题上通常十分乏力。

（三）参与解决区域公共问题的主体主要是政府，比较单一

在我国，无论是调整行政区划，还是推动政府间协作，均仅限于政府内部，市场主体、民间组织的参与几乎没有。现代公共管理理论已清楚地表明，尽管政府是解决公共问题、提供公共产品的当然主体，但无论在哪个国家、哪个时期，政府解决公共问题的努力从来不可能离开市场、离开社会而独立存在。这主要是因为区域公共问题并不只对政府，更对所在区域的市场主体、民众有着重大影响，缺乏市场与民间的参与，政府间的协作也就缺乏某种增进协作、加强黏结的外部推动力。

总之，我国现有应对区域公共问题的努力还很不够，效果也差强人意，行政区划调整实施不易，区域协作机制也还停留在意愿和初步行动的层面，距离一个结构完备、实施有力、效果能预期、能较好地解决区域公共问题的"体系"还相距甚远。考虑到我国新型城镇化的加快与多个城市群的逐渐形成，应当在未来一个时期内，积极探索多个层次、多种形式的行政管理新机制。

五、区域协作机制的国际经验

国际上有很多关于区域协作的成功范例，其中既有广义的、超越各主权国家的区域协作，如欧盟、东盟等，也有众多一国范围内各地方政府之间的区域协作，可为我国区域协作新机制之学习与借鉴。根据资料的可得性，在此主要简述欧盟的区域协作（国家之间）和美国大都市区规划（国家内部）协作机制的情况，以从中观察一个成功的区域协作机制的运行要点，以为我国学习借鉴。

（一）欧盟的区域协调经验

国家与国家之间的协作是一个久远的历史。长期以来，各种类型的大区域协作十分频繁，各种目的、功能的区域组织层出不穷，欧盟是其中一个极其成

第十一章 创新跨区域行政体制研究

功的范例。

就区域协调的组织体系而言，欧盟已经形成了多层次、网络状的区域协调机构。所谓多层次，是指在纵向上形成了超国家、国家、跨境区域、地方等多个等级层次的区域协调机构。在超国家层面有三个主要机构：欧盟委员会、欧洲理事会和欧洲议会，其中均设置了专司区域事务的机构，即欧盟委员会内设的"区域政策事务部"、欧盟理事会内设的"区域政策委员会"和欧洲议会内设的欧盟区域委员会。在成员国政府层面，一般设有自己的区域机构，既负责本国内部区域协调事务，也必须接受欧盟统一的区域协调与整合。在跨境区域层面，针对不同问题，有关国家建立有各种类型的跨境合作组织，负责区域协作事务。所谓网络状，是指欧盟培育和发展出名目繁多的各类区域协调组织，如银行、行业协会、利益团体、政策联盟、政党、公共舆论等利益相关者机构，在整个区域政策的制定、执行和反馈过程中担当着重要的角色，与公共部门形成合力。

欧盟各国的协作建立在法律基础之上。无论是早期的《欧共体共同条约》还是后期的《欧盟条约》，其中均对成员国的权利、义务有明确规定，履行这些承诺，是成员国之所以成为成员国的基础和前提之一。在这一母法之下，还有涉及专门领域的法律对成员国的协作进行具体规定。这些法律的制定都建立在一致同意的基础之上，通过后即对成员国形成刚性约束。

为了切实推动一体化进程，欧盟设计了多种精细的扶持基金，如结构基金、聚合基金、团结基金和预备接纳基金。借助于这些扶持基金，欧盟较为有效地落实了区域政策，缩小了成员国之间的差距。此外，欧盟还制定有区域发展基金制度，对资金筹集、项目申请、决策批准、使用管理等都有明文规定，为执行区域发展政策提供了资金保证。

为了解决各类具体的区域发展问题，欧盟形成了多样化的区域协作模式以及相应的政策工具，如问题区域模式、创新区域模式、流域治理模式和跨境合作模式等。以莱茵河流域治理模式为例，其主要做法是：成立"莱茵河保护国际委员会"；签署具有法律效力和制度约束力的《伯尔尼公约》；设立由政府组织（如河流委员会、航运委员会等）和非政府组织（如自然保护和环境保护组织、饮用水公司、化学企业、食品企业等）组成的观察员小组，监督各国工作计划的实施；签署一系列流域水环境管理协议；规划实施"莱茵河流域可持续发展计划"等。

（二）美国大都市区规划组织（MPO）

美国是世界最早形成城市群的国家，也是城市群最多的国家之一，其中最著名的有两大城市群体：一是美国东北部大西洋沿岸城市群，该城市群从波士顿到华盛顿，包括波士顿、纽约、费城、巴尔的摩、华盛顿几个大城市，共40个城市（指10万人以上的城市）。该城市群长965公里，宽48公里到160公里，面积13.8万平方公里，占美国面积的1.5%。该区人口6500万，占美国总人口的20%，城市化水平达到90%以上，是美国最大的生产基地和商贸中心，世界最大的国际金融中心。二是北美五大湖城市群（其中部分在美国境内）。该城市群分布于五大湖沿岸，从芝加哥向东到底特律、克利夫兰、匹兹堡，并一直延伸到加拿大的多伦多和蒙特利尔，集中了20多个人口在100多万以上的大都市，是美国、加拿大工业化程度最高、城市化水平最高的地区。

城市群下面是一个个都市区，由于美国经济发达，城市化水平极高，因此整个美国实际是由若干个大大小小的都市区组成的，其中最著名、最大的是纽约大都市区[①]，包括纽约州、新泽西州北部及康涅狄格州南部，地跨3州24个县。为了应对各类区域公共问题，美国先后实行过不同的治理模式，早期大多也以区划调整[②]、设立区域政府机构的方式进行，但由于与地方自治的传统相悖，这些多多少少带有集权意味的方式先后被放弃，转而走向一种相对松散、相对灵活、按区域公共问题的性质分别设立的相应地有政府、企业、非政府组织共同参与的专门机构，如1921年纽约和新泽西州联合成立的港务局，1929年成立的区域规划协会、田纳西河流域管理局等，即专门机构解决专门问题。

---

① 大都市区（Metropolitan）是指通过地理和经济联合在一起的由一个大城市和几个小城镇组合而成的城市聚集区，或者是包括一个具有一定规模的人口中心以及与该中心有着较高的社会经济整合程度的邻近社区。

② 据不完全统计，1945—1976年美国有14起市县合并，1976—1990年有6起市县合并，1996年有3起、1997年有4起成功的市县合并，较近的案例是堪萨斯市与万多特县的合并。

下面试举一例。

美国 MPO 的全称是"大都市区规划组织",职责是负责特定城市区域内的整体交通规划与协调(后期整合进新的职能,如节能减排、交通拥堵管理、用地规划、街道规划、TOD 规划以及城市边界和精明增长等管理的职能等)。从 1973 年以来,联邦公路和公共交通项目都遵循 MPO 的交通规划和实施计划。MPO 依美国联邦法律规定设立,凡人口大于 5 万人的城市,必须是某一 MPO 的成员单位。MPO 有五大功能:整合多方利益的决策平台、制定区域长期(20 年)交通发展规划、制定近期(1—2 年)交通优化方案、管理分配区域交通发展资金、实施区域交通近期与远期规划。MPO 的内部组织架构分为三个层次:政策或执行董事会(Policy or Executive Board)、技术与公民咨询委员会(Technical and Citizen Advisory Committees)、常设办事机构(Directors or Staff)。MPO、州交通厅、市县镇乡之间有明确的职责分工,MPO 负责形成整个区域的交通规划,组织进行相应的研究与方案评估,分配资金,评估成员单位的交通改进绩效;涉及的各州、各地方政府则负责本区域内的具体交通改进,相互之间密切关联,协同有序。MPO 的资金主要来自三个方面:一是联邦政府的"道路信托基金",二是联邦政府的公共交通项目资金,三是地方相关资金以及一些临时资金。2010 年,上述 3 项资金共计有 32 亿美元左右。

可以看出,无论是欧盟还是美国的 MPO,在区域协作机制方面都有若干共同特征,法律保障、组织机构、政策工具、技术支持、资金来源等,凸现出一个成功的区域协作机制运作良好的诸多关键要点,非常值得重视与学习。

(三)韩国首都圈整备委员会

韩国首都圈是以首尔、仁川为核心,包括京畿道在内所形成的区域,集中了韩国 40% 的人口、近一半的制造业和 70% 的 GDP,其建设延续时间前后达 50 年之久。

韩国首都圈是典型的"政府主导工程",政府在其中起到了积极而又重要的作用。这主要表现在以下几个方面:

一是制定了完善系统的区域发展规划。为了推动首都圈内城市的分工与合作，韩国早在 1963 年就针对划定的首尔—仁川特区制定了长达 10—30 年的长期开发规划。此后历次国土综合开发规划中，都从国家层面上明确了首都圈的功能、目标、战略及实施举措。除了国家层面的规划外，还专门出台了首都圈整备规划，包括土地利用与人口布局规划、产业、教育发展规划、财政规划、实施规划等，并适时根据实际情况加以修改。

二是颁布各种法律、法规，切实保障规划的实施落实。自 20 世纪 60 年代开始，韩国政府不断完善首都圈发展的法律制度框架。1962 年制定了《城市规划法》，1963 年《制定了国土综合开发规划法》，1965 年、1969 年、1972 年先后制定了首都圈集中抑制方案和大城市人口分散措施，1978 年颁布了《工业布局法》，1982 年颁布实施了《首都圈整备规划法》。这些法律的出台，对参与首都圈建设的各方形成了稳定刚性的约束，从而为首都圈建设提供了可靠的保障。

三是建立由中央和地方共同组成的协调机构，协调解决区域发展中的有关问题。为了加强中央政府与地方政府、地方政府之间的沟通以及保障政策制定实施，韩国建立了首都圈整备委员会。首都圈整备委员会设在建设部，其成员除了包括首尔特别市市长、仁川广域市市长和京畿道知事外，该委员会由国务总理任委员长，财政部部长和建设交通部部长任副委员长，同时还包括相关部委长官任委员。

（四）大温哥华地区的委员会制

大温哥华地区也称温哥华都会区（Metro Vancouver），位于加拿大不列颠哥伦比亚省，面积约 2820.5 平方公里，人口约 210 万人，包括 21 个地方自治市、1 个甲选区和原住民居住地。

1967 年，为消除区域一体化与行政分割之间的矛盾，成立了温哥华都会区委员会。温哥华都会区委员会在省的立法框架下工作，核心工作是对该区域的饮用水、污水处理和排水系统、固体垃圾管理、地区公园、房屋以及危机管理等"跨市"的区域公共服务进行规划与规制。除此之外，委员会对各市、区的事务没有直接的干预权，各市、区仍保留自己的独立性。

温哥华都会区委员会目前约有1300名全职雇员，下设四个独立运作的理事会，其中三个政府理事会（Greater Vancouver Regional District ,GVRD;Greater Vancouver Sewerage and Drainage District,GVSⅅGreater Vancouver Water District ,GVWD)、一个企业理事会（Metro Vancouver Housing Corporation,MVHC)。各理事会成员的产生和分配按照各个自治市或选区的人口比例来确定，具体而言，每20000人拥有一个投票权（但一个城市最多拥有的投票权不能超过5个)。通过选举产生理事会主席和副主席，再由主席来成立一系列的专门委员会并决定其成员构成。目前有农业、环境与能源等16个专业委员会。

温哥华都会区理事会通过立法的形式制定了一系列共同遵守的法案，如大温哥华地区供水法案和大温哥华地区污水和排水法案等。另外在财政分配、收费，建设成本等一系列问题上也有相关的规定。

可以看出，温哥华都会区理事会的实质是在大温哥华地区各成员单位之上设立的一级专门针对特定区域公共问题的机构，由法律、协议、财政分配等机制联结而成，除了法律规定的范围，委员会不能涉足地方政府原有的职权范围，联邦制的意味十足。

（五）启示与借鉴

从上述国际上一些国家处理区域公共问题的方法上看，按政府尤其上级政府在其中起作用的大小，主要有三种模式：一是主要依靠上级政府以行政强制力的方式进行，表现为推动区划调整、市县合并，以尽可能使行政权力的边界与公共问题的边界相对称，从而达到解决一系列区域公共问题的目的。二是设立区域性政府，即在原有的地方政府格局之上，再设立一个行政层级，专注协调和解决各类涉及区域内所有地方政府的公共问题。三是地方政府之间进行自主协作，这也可分为两个阶段，早期主要限于各政府内部之间的协调、协作，后期扩大到政府、企业和各类非政府组织的共同参与。三种模式各有利弊，第一种模式的实质是形成一个超大型的"巨人政府"，短期有利，但从中长期看，既受制于政治与文化传统的约束，也受制于行政效能方面的约束，其扩展的空间是相当有限的。第二种模式的实质是新增加了一个行政层级，其与上级政府、下级政府之间的权责范围都需要重构，难度也不小，但好处是行政权威性高，有利于短期内解决问题。第三种模式的实质是区域内各地方政府之间的自主协作，相当于参与各方对于某一类公共问题形成解决共识并采取自愿行动，其要害之处在于要在自愿的基础上维持一种稳定的合作关系，也很有难度。总之，由于区域公共问题的跨区域性、多主体性、复杂性，因此很难有一个能应对所有问题的普适良方。各个国家和地区都是基于自身的政治传统、行政文化以及公共问题本身的特性来选择应对问题的具体方式。

六、创新我国跨区域行政管理体制

（一）应对区域公共问题创新区域行政管理体制的基本原则

1. 以应对和解决区域公共问题为导向，探求行政体制改革与创新

从行政管理的角度看，区域公共问题属于我国政府治理中的新问题和城市化进程中的复杂问题。尽管改革开放以来，各地为应对这些问题有过一些做法，其中一些还取得了较好的效果，但总体而言，现行行政体制在解决这类问题上作用有限。因此，不能完全指望通过现在已有的政府架构、职权的重新划分与配置来应对新情况、解决新问题。换言之，不能完全从既有行政体制出发讨论区域公共问题的解决之道，而应当反过来，从区域公共问题本身出发，以"问题导向"来讨论为了解决这些问题，现行行政体制应当进行何种调整甚至创新。

2. 按区域公共问题的不同属性，分类探讨相应的体制机制设计

现阶段，我国各地出现的区域公共问题形形色色，有的与现行行政体制有关，有的与自然地理状况有关，还有的与我国快速市场化、城镇化的历史发展进程相关……不一而足。但综观起来，这些问题都有一个共同的特点，即显著的区域性和外部性。以此为基点，已有的公共产品理论以及建立在这个概念之上的政府设置、权责划分、财权配置等是可以引入到应对与处置这类问题之

中来的。简言之，可按区域公共问题的区域性、外部性范围设定处置的行政级次，并配置相应的职权范围，分类设计相应的体制机制。

3. 立足国情和现行体制

国际经验告诉我们，即使在对于区域公共问题研究、管理方面已有成熟经验的发达国家，也认为没有一个管理区域公共问题的普适模式。一个就此形成的共识是，鉴于区域公共问题本身的复杂性以及各国不同的政治、文化传统，各国应基于自身的国情和体制状况，寻求有实际效果的解决方案。对我国而言，这方面的基本国情就是高度的行政权威、发育不良的社会组织以及正在繁荣生长的市场主体。这决定了在区域公共问题的治理上，在未来一个相当的时期内，政府仍将是主导性力量，但同时应当注重发挥市场机制的作用，积极提高社会组织的能力。

（二）通过进一步厘清政府与市场的边界、转变政府职能，达到抑制和消除"行政区经济"的问题

"行政区经济"是长期以来我国最为突出的区域公共问题。由于造成这个问题的症结在于政府长期深度介入经济活动，因此解决这个问题的出路并不是行政体制本身的改革，而是各级政府职能的转变与重新定位。2010年以后，我国经济总量已超过欧盟和日本，成为第二大经济体，因此经济总量的增长和做大已不再是当前经济工作的中心，而是切实转向提高经济增长的质量与效益。与此相适应，各级政府应当进一步厘清与市场的边界，将职能转化到提供市场运行的一般规则、市场监管、公共服务与社会管理上来。只有在这个维度上，"行政区经济"这一"怪胎"方有望得到抑制和消除。

（三）通过理清中央与地方事权范围的方式解决区域发展中的基本公共服务不平等问题

基本公共服务不平等的问题也是当前十分突出的区域公共问题。在我国长三角、珠三角一体化过程中，各地教育、医疗、社保、住房等基本公共服务方面的差异（不仅在省区之间差异明显，而且在市与市之间也各不相同）已经成为这些区域一体化进程中严重的制约因素和突出问题。但必须看到，基本公共服务就其实质而言，并不完全是区域性的问题，而是全国性的普遍问题。因此不能基于区域的角度来讨论基本公共服务均等化的问题。否则极易与讨论行政区经济一样，动辄产生调整行政区划这样剧烈的思维，由此带来的问题可能比要解决的问题更多、更大。鉴于在市场经济条件下，在一国范围内，国民应当享有基本一致的基本公共服务已经成为共识，因此这类问题应主要放到调整中央与地方政府事权范围的方向上予以考虑和解决。

（四）适度调整行政区划

调整行政区划谋求的是问题边界与制度边界相一致。在当前比较突出的区域公共问题中，客观地说，需要动用行政区划这种刚烈的手段进行调整的并不多。但放宽视野，在我国城镇化加速、人口集聚加快的背景下，一方面，原有的城市面临发展空间局限的问题，迫切需要通过行政区合并等方法来扩大城市空间；另一方面，对于经济发达地区的一些县、乡镇而言，改革开放与经济的发展、产业的集聚已大大地改变了其原有的"农村政区"的定位，从而成为事实上的城市，在现行体制下，有的通过改县为区、改镇为区的途径名实相符地成为了城市的一部分，但也还有些已经具备城市条件、要素的县、乡镇在建制上仍然属于农村政区，对于这部分县、乡镇，是可以考虑以行政区划调整的方法将其列入城市的。

（五）强化区域协作

大多数的区域公共问题，如交通、基础设施、环境、生态、流域等，一方面具有典型的区域特征，一般情况下上升不到国家层面，另一方面这些问题无论区域大小，问题本身都是存在的，对于这类问题，更多地要从加强区域协作的层面谋求解决之道。

与国际经验相比，我国现有区域协作机制的主要缺陷在于组织架构破碎、制度保障不力、政府工具与利益平衡机制缺乏等方面。为了适应并推动我国新型城镇化建设，需要结合国内外成功经验与做法，改进和完善我国现有的区域协作机制。具体来说，主要有以下几个方面。

1. 完善推动区域协作的组织机构体系

应对区域公共问题，推动区域协调需要相应的组织机构。结合长期以来我国各类区域协作机制中，相关组织之间上下、左右协调联动不够、分散分离的情况，今后在推动区域一体化的进程中，应当首先完善区域协作组织体系。具体而言，一是要设立推动区域协作的专门机构，根据所要应对的不同区域公共问题，这类专门机构既可以由中央牵头设立，也可以由地区合作产生，还可以在现在相关部委中设立专司区域协调的机构。这是区域协作组织体系的第一个层次。二是区域内的各地方政府组织结构中，要有与上述区域协作组织相对接的、具体负责本地区相关事务的机构。从我国的现实情况看，这种类型的机构是现存的，所要做的主要是理顺区域协作组织与本层级机构的"黏结"与功能对接。这是区域协作组织体系的第二个层次。三是培育一些跨区域协作的民间组织。国内外区域治理经验告诉我们，一些通过区域内各方正式谈判难于解决的问题，通过灵活的、柔性的民间机制反而有望达成共识。这是区域协作组织体系的第三个层次。

2. 制定推动区域合作的行政规则

总体而言，参与区域协作的各方是平等合作的关系，既可基于共同利益而来，也可因得不到自认的应有利益而去。为此，必须要有一个维持合作可持续的刚性约束力量。从国外的经验看，无论是国家合作，还是一国内地方政府之间的合作，通常都有相应的法律约束，当然，这类法律的设立是在各方一致同意的基础之上。但在我国，在相当长一个时期内，可能并不具备出台《区域协作法》的条件，但可在国务院层面、在各部委的具体管理层面，形成要求各地参与区域协作的相关行政规则。比如，京津冀地区大气污染联防联控办法、流域管理条例等。如区域内地方政府公然违反这一规制，就应当启动行政问责程序。只有如此,才能抑制区域协作中因一方的不合作导致的整体协作破裂的"坏孩子"行径。

3. 设计推动区域协作的政策工具

区域协作要从概念到实践、到取得实实在在的成效,必须要有相应的政策执行工具。主要有两方面:一是工作小组,即按所需解决的区域公共问题的特点,分别设立相应的工作团队,如专家小组、公众小组、政府工作团队等,并按解决区域公共问题所需要的流程设立专门的工作团队,分别负责各阶段的执行、检查、评估、改善等,以保证问题的切实解决与长期稳定。二是技术工具。一般地,区域公共问题通常具有高度的专业性,如流域水质问题、大气污染问题、基础设施统筹问题,需要专家提供具体的可选方案、成本测算与工作推进程序等,为此需要有专门的技术模型、成本分析、信息分享等工具。总之,政策工具是复杂的区域问题得到切实解决的根本,也是区域协作机制具体化的表现,需要在这方面大力创新和加强。

4. 设计推动区域协作的利益平衡体制

任何区域公共问题的解决都需要资金保证。由于区域问题属于"区域"而非全国性问题,因此其资金不可能全部寄望于中央政府的公共资金,更现实的是各方面资金的集合。在此基础上,要有解决区域公共问题所需资金的成本分摊机制,且机制的设计应当力求精细化、合理化。如治理区域内的大气污染问题,就可先设定通过治理要达到的空气质量标准、评估各地污染物排放量、测算达到拟定质量标准所需要的资金总量,然后根据各地主要污染物排放情况进行成本分担。再如治理流域水污染,就可根据流量、断面水质检测结果等进行成本的分担。另外,对于区域协作所产生的利益,也要在各方之间公平共享。如打破行政区经济后,要素按市场规则流动,一般会向交通便利、人才集中、金融条件好、基础设施完善的地方流动,进而导致各地经济发展水平、财政收入水平的差异。对此,合适的应对之策是要在区域内建立相应的公共财力均衡化机制,并进一步体现到基本公平服务的逐渐拉平补齐之上。也就是说,由区域协作引发的需要既需要公共财政的支持,也可能进一步导出一个新型的区域财政体制。

（六）构建政府、市场、社会组织共同参与的多元治理机制

所有的区域公共问题都是公共问题。在当代社会，对于任何公共问题的解决都不应当仅局限于政府行动的层面，而是要形成政府、市场、社会组织三者共同行动的治理网络。在推进我国区域一体化的进程中，无论是区域规划，还是政策的形成与执行环节，都需要市场主体和社会组织的广泛参与。现实地讲，这种基于公民需求，回应民众需求以推动政府工作、减少协作各方摩擦成本的重要举措，也只有市场主体、公民组织对于一体化的强烈意愿，才能既成为政府工作的出发点，也成为地方政府协作持续的、可靠的推动力。

总之，区域公共问题并不是全是新问题，但解决这些问题却需要新机制。这一新型的区域协作机制既要超出现有行政分割的痼疾，还有对若干区域公共问题的深入理解，以及对解决这些问题所需要的组织方式、技术方法等的精准掌握，难度很大。随着我国城镇化进程的加快和城市群的形成，这些问题还将超越长三角、珠三角和京津冀地区，成为未来我国政府管理的普遍与共性问题，迫切需要在这个问题上预先筹谋，提前设计。

第十二章
结语：适应新型城镇化进程　优化行政层级与行政区划

　　作为国家权力结构的空间投射，行政层级是多还是少、行政区划是大还是小，取决于国家治理是否有效，取决于当时的政治、经济、军事、民族、外交等多方面的需要，并现实地受制于当时交通、通信等技术手段。在传统中国，基于有效统治的政治需要是当时确定行政区划和行政层级的决定性因素，如自然地理因素、中央对地方的管控力度、军事、民族等。

　　改革开放以后，中国经济社会发生了巨大的变化。随着工业化、城市化的加速发展，大量人口从农村迁移到城市、从西部流动到东部，中国社会正由"乡村中国"变身为"城市中国"。1978年，我国城市化率仅为10%左右，其中城镇人口为17245万人，农村人口总数为79014万人。2011年，我国城市化率达到51%，其中城镇人口总数为69078.63万人，农村人口总数为65656.37万人，在城镇居住的人口总数首次超过在农村居住的人口数。2013年，我国城市化率进一步提高到53.72%，居住在城市的人口总数已达7亿人左右。城市化的快速发展，对城市、农村都产生着巨大影响，一方面大城市走向特大、中小城市走向了更大，另一方面，农村走向了城市，具体表现为一些原行政建制下属于农村政区的县甚至乡镇，因为非农人口和非农产业的集聚，已成为了事实上的城市。如果从行政区划的角度看，所谓城市化的过程就是城市型政区逐渐增加与农村型政区逐渐减少的过程。因此，应将行政区划与行政层级的调整改革置于城市化、市场化、工业化的时代浪潮中全面综合考虑，做好顶层设计，适时审慎推进。

第十二章 结语：适应新型城镇化进程 优化行政层级与行政区划

一、谨慎划小省级区域，增加省级行政区

在城镇化推进的过程中，省区行政区域太大，其经济总量、人口规模等因素过强，会对中央的控制形成一定的制衡。并且，省级政府下再设地、县、乡，政令畅通也受到层级的影响。有些省级政府管理规模和幅度实在过大，不能适应城镇化进程中经济社会发展的需要，目前遇到的困难和问题越来越多。不少省级区划内县级单位有八九十个，多的一百多个，如四川、河北、河南等。因此，需要通过行政区域改革来划小省级行政区域的范围。

鉴于行政区划改革牵涉面比较广，尤其需要谨慎行事，循序渐进。因此，重点考虑先在中间层次进行突破性尝试。其理由主要是，中央决策在中间层的落实面临着比较严重的梗阻问题，宏观调控等政策在一些地方也存在着打折扣的现象，政令不够畅通。调整省级这一中间层行政隶属关系，可以适当减少管理层次。主要改革内容可考虑适当增设中央直辖市，缩小管理幅度。

谨慎缩小省级区域，增设直辖市有助于打破行政分割，缩短管理半径，节省行政成本，提高政府效能，促进区域经济协调发展，对城市支持农村，改变长期以来农村失血过多的情况，保证中央加强基层公共服务扶持政策，使之落到实处，减轻县乡两级财政压力，加强城乡统筹，也有实际作用。中间层领导能力比较强、经验比较丰富，并且有重庆增设直辖市直管县的改革实践经验，上下推动中间层改革的社会基础已经形成，操作起来难度不会太大，不易出现大的震动和风险。即使出现一些局部问题，也比较容易控制和解决。从中间层入手，容易形成中间层之间的改革竞争机制，有助于发挥中间层推动改革的积极性和创造性，强化改革的推动力量和利益机制，便于中央因地制宜、分类指导，并以此推动行政区划改革的起步。

二、积极推进"县改市"、"镇改市"

中国设市城市体系结构规模中，中央直辖市数量略显偏少，地级市数量比

较合理，县级市数量太少，而且分布极不均匀，是设市城市体系中最薄弱的部分。

县改市、镇改市是统筹城乡发展比较好的设市模式。城镇化进程中，继续会有大量农村富余劳动力要向第二产业转移，其中部分人就地转产，从事围绕农业生产经营的服务业，而更多的人则最终要离开农村走进城镇。县改市与传统的切块设市模式相比，有明显的优点。第一，不增加新的县级建制，有利于减少机构编制，减少管理成本。第二，有利于城乡经济协调发展，在整县改市条件下市域内既有城市经济，又有农村经济，可以较好地统筹城乡资源，实现城乡经济互补、优势互补及城乡社会大融合，特别是有利于以城带乡，发展城市反哺农村，加快农村经济社会的发展，从根本上解决"三农"问题。第三，有利于避免切块设市带来的市县矛盾，在切块设市模式下，如果块切太大了，县域发展受到严重削弱；如果块切小了，市的发展没有足够空间，一段时间后市县矛盾日益尖锐，最终不得不再进行行政区划调整。近年来大中城市郊县撤县设区大多源于此。第四，有利于节约耕地，提高城镇规模效益。县改市模式并不排除切块设市模式。尤其是那些人口大县，并且有发达的非县城中心镇，条件成熟时是可以切块设市的。

还有相当一部分特大镇也要变成城市，即镇改市。我国现有超过10万人的镇就有152个，其中人口规模在10万—20万的，达到小城市规模的就有142个。人口规模在20万—50万的，达到中等城市规模的有10个。特别是东南沿海地区，一些特大镇的财政收入年均可达几十亿元，按照现有的标准早已是市了。但因为仍为镇的体制，没有独立的财权、用人权、管理权、审批权，导致这些地方的经济发展受阻。广东、浙江、江苏等地已经开始了一些改革，比如扩权强镇，在现有体制下赋予镇县级或副县级管理的权限。这样的改革由于在法律上没有地位，随着政策制定者的变化，随时可能被收回。温州龙港镇就出现过这种情况。

镇改市的难点主要有两方面：一是中央担心镇改市后会造成机构膨胀，一下子增加一两倍的人，会造成政府公务开支大幅增加；二是地方上也有障碍，原来主管这些镇的县不希望镇改市后分离出去。比如一个县发展最好的两个镇就这么分出去了，对县级财政收入影响很大，这涉及利益的博弈。

第十二章 结语：适应新型城镇化进程 优化行政层级与行政区划

镇改市过程中要解决这些问题。一方面如果镇的规模足够大，就应该作为县级市，变成省辖市。省辖市还有一种形式——地级市，这两种模式是可行的，叫作切块设市。镇改市还要低成本设市，解决机构膨胀问题。设市后人手一定不要再增加。公务员总人数不变，内部结构进行调整。只要把握这个原则，中央担心的机构膨胀问题就不会出现。另一方面，县级政府的利益不在于权力之争，而在于财政归属方面。针对这个问题可以制定过渡办法，在一定期限内，财政还是归县级政府。同时县和镇都调整各自财政结构，然后逐步脱离，直至镇改市财政完全独立。除注意以上两个问题外，省管县要继续推行。独立一个镇，变为县级市，直接归省里管，和地级市没关系。这样财政体制理顺起来相对容易，地级市的障碍就消除了。

镇改市的优势是建立起适合镇发展的体制，卫生、规划等部门都会建立起相应的部门，实行城市管理。另外，国家的一些财政、户籍制度等改革都会优先在这些地方实行。具体来说，有三方面的优势：一是拥有土地划拨权。土地出让后获得的收益就留在了本级政府，之前是全部上交。二是拥有人事权。对于人事任命，相比之前更加灵活。三是拥有审批权。原来申报项目要经过层层审批，现在环保、项目等权力都集中在镇改市一级。

三、重新定位省直管县改革

省直管县改革折射的实质问题是城市化进程中县的出路问题。依情况与条件不同，城市化进程中，县至少有三种出路：一是撤县设市，二是变成市辖区，三是继续保持县本身。一旦看清这一事实，就可以清楚地找到省直管县政策的主要应用对象，找到"分类推进省直管县"中那个至关重要的"类"。由此，省直管县改革推进的方式、出路等困惑各方的问题都将迎刃而解。

（一）省直管县改革就是要为农村发展稳定托底

市场经济是把双刃剑，在获得经济效率的同时，势必同时会造就一些相对弱势的地区、产业和人群。相对于城市，农村无疑是弱势的，政府必须要为农村发展托底。这当然是一篇大文章，但在行政改革层面，就表现为省对那些跟不上城市化发展、相对落后、相对贫穷的县进行直接管理。因此，省直管县政策应当锚定在农村发展稳定托底上。具体而言，一是通过财政转移支付制度，保证这些县在运转、民生、基本公共服务等方面的需要，而这正是财政部门早已施行的县级基本财力保障机制，当然未来还应进一步在保障内容、标准上下功夫。长远而言，统筹城乡发展，逐步推进城乡间基本公共服务的均等化是解决问题的根本之道。二是加大财政对农村基础设施的投入，加大对农业生产共同条件的投入，以为农业发展构造条件。三是大力发展现代农业、规模农业，要通过健全体制机制，将城市的工商业资本、人力资本等合理、有序地引导到农村农业之中，推动农业经营向现代化、规模化方向发展。四是深化农村土地制度改革，建立城乡之间要素平等交换、自由流动的机制，共享增长与繁荣。总之，保护农村、稳定农村并不意味要将其与城市隔绝开来，而是一方面拥抱市场和城市，另一方面由政府出面，为其中可能蕴藏的风险托住底，保证城市与农村共享增长与繁荣。

（二）修订设市标准，尽快重启撤县改市政策

城市化的过程同时也是部分农村政区转化为城市政区的过程。基于我国城市化的现实情况，应当尽快重启县改市政策，一方面为省直管县政策减负，另一方面对接新的政策出口。我们注意到，民政部冰冻多年的撤县设市政策的背后，是对各地竞相争取行政级别、权力、机构、编制等上位的热烈诉求的畏惧与无力阻挡。因此，一旦要重新启动县改市政策，首先要解决的就是设市标准问题。对此，笔者认为需要掌握以下几个要点：第一，不宜再像1993年那样制订出基于GDP、财政收入等量化指标。原因很简单，因为一旦定指标，就免不了下面"做指标"，面对诸多完全符合定量指标、但实质上有"水价"的改市要求，民政部怎么选择都不会令各方满意。第二，要适度弱化行政级别与权力大小之间过于紧密的关联。从过往的经验上看，通过升格为市获得更高的行政级别、更大的权力、更多的资金支持是一些本来不具备设

市条件的县采取种种措施"霸王硬上弓"、创造条件升格的主要动因。这一条不改，重启县改市政策，仍然将面临极大的不确定性。第三，操作上可先对东部众多已经事实上实现城市化的县或镇，对其进行设市确认。对于广大的中西部而言，一方面要追认部分已经发展起来的县设市，另一方面则通过预先设市、提前设市来主动培育一批节点城市，以优化我国城市体系，推动新型城镇化的健康发展。

（三）测试市县联系度，合理推进县改区

基于区域经济健康发展的考量，对一些在地理位置上邻近中心城市，与其经济、社会等关联度极强的县，其发展方向就不应设市，而应当是改区。市场经济是自动扩展的经济，能自动地将周围的要素、空间等内卷到某种自发的秩序之中，进而获得区域协同、规模发展的巨大效应，这在长三角、珠三角已经看得十分清楚。对此，只能顺应，不能违背，绝不能因一县之私、一人之私，将这些应当同周遭城市协同发展的县也变成市。原因很简单，在我国现行体制下，多一个市，就多一道行政藩篱，就多一道阻隔要素流动的无形之墙。这对于与临近中心城市已事实上融为一体的县而言，有百害而无一利。具体操作上，可通过一系列指标，测试县与邻近市的经济联系强弱程度判别：凡是那些与中心城市空间距离较近、产业联系度高、资金人员信息往来频密的县，其行政建制上的取向都是改区，以维护市场经济内在联系，促进区域经济一体化的逐渐生成。

总之，省直管县问题的实质是城市化进程中县的出路问题，是城市化进程中我国城乡政区体制如何转化、如何实现城乡一体化的问题。就省直管县论省直管县是没有出路的，必须将其与我国工业化、城市化这一宏大的历史潮流相联系，必须将其与我国行政层级与行政区划改革这一更大的系统相对接，必须与其他与县相关的改革如"撤县设市"、"县改区"等配套推进，才能看清楚当前关于省管县问题的出处和解决问题的出路，才能在纷繁复杂的各方诉求中坚持省直管县的政策初衷与方向，稳步推动省直管县改革向纵深推进。

四、深化乡镇综合体制改革

深化乡镇党政事业机构综合改革，一是要界定乡镇党政机构职能。乡镇应当定位为县政权派出的农村和小城镇基层组织。乡镇是党和国家各项工作的落脚点，其主要职能应集中在社会管理、公共服务上。尤其是农业税取消后，乡镇干部已从过去的催粮、要款中解脱出来。因此，在界定乡镇职能时，要在社会管理、公共服务的大前提下，逐步精简乡镇职能，将不必由乡镇政权履行的职能或者乡镇政府不必履行的职能减去。通过县政府派出地位来确定乡镇职能，让乡镇的县派出机构发挥好服务农村、农民、农业的职能，解决政府错位、超位、不到位的问题，充分调动社会各方管理社会的积极性。

二是要深化乡镇事业单位改革。乡镇事业机构，也要按照社会管理、公共服务的要求，科学界定职能。把那些过去属于乡镇政府的职能从事业单位剥离出来，交给县政府乡镇派出机构。比如卫生院、畜牧站的防疫职能，水利站的规划、抗旱、防洪职能等等，交给政府派出机构，而把卫生院、畜牧站的医治职能，水利站工程建设等职能推向市场。不再具有社会公益职能的站、所直接改制为企业或社会中介组织，与乡镇脱离隶属关系。乡镇事业单位设置若干个中心，即经济发展服务中心（包含农业）、村镇建设中心、计划生育中心、社会事务中心（含文化、民政、劳动保障等职能）。

三是要分流和消化富余人员。乡镇机构改革的难点在于分流富余人员。在农业税取消、乡镇财政收入大幅度减少的大前提下，不分流富余人员，难以解决人员超编与财政短缺的矛盾，不但机构改革会流于形式，而且乡镇政权也很难开展工作。制定优惠政策，分流富余人员，需要财力支持，而目前乡镇财力有限，单靠乡镇很难解决，这就需要中央、省、市、县分别给予财政上的支持，彻底解决乡镇债务和分流人员待遇问题。首先，借鉴企业改制和粮食系统改革经验，鼓励转制人员买断工龄、置换身份，变公家人为社会人。自愿置换身份的人员与乡镇政府签订合同书，领取一次性补偿金后，完全解除与

第十二章 结语：适应新型城镇化进程 优化行政层级与行政区划

原单位的劳动人事关系。其次，制定优惠政策，划定年龄段，让一部分在编人员提前退休。不愿提前退休的，思想素质好、业务能力强、工作称职的可到村里任职，或通过考试、考核竞聘上岗。第三，对不愿买断工龄，也不愿提前退休的在编落聘人员，可在三年内发基本生活费，三年内仍竞聘不上的，要予以清退。第四，对于乡镇聘用的没有编制和计划指标的临时借调人员，要先行清理，该清退的要坚持清退。确实有技术、有能力的，也可允许其与在职人员一起参加竞聘上岗，落聘人员一律清退。第五，解决好乡镇工作人员的养老保险、医疗保险问题，让在编的放心，落聘的有保障。通过分流超编人员，减轻乡镇财政压力。

四是要乡财县管，切实控制住机构和人员反弹。机构改革后，如不加强管理，就很难走出精简—膨胀—再精简—再膨胀的怪圈。首先，乡镇机构、编制由省级直接管理，市、县机构编制部门只是一个检查落实的问题，减少地方党委、政府对乡镇机构的干预，从源头上卡死擅自设置乡镇机构、增加编制和领导职数的渠道。其次，要严格控制乡镇人员进口，满、超编单位一律不准进人。乡镇事业单位缺编需要进人时，严格按照向乡镇党委、政府提出申请，编委批准，组织、人事、劳动部门面向社会公开招聘，择优录用的程序办理。再次，要改变退伍军人安置政策。城镇兵尽了保卫祖国的义务，可以由国家给予一次补偿金，而不应该用安排工作的方式把负担推给地方政府。第四，要建立机构编制管理与财政预算管理相互配套协调的约束机制。实行编制与经费包干制，按编制核拨经费，减人不减经费，增人不增经费。从我国目前的税收分成来看，绝大多数乡镇没有什么财政可分，实际上没有五级政府中乡镇财政的经济发展财力来源基础。因此，用乡财县管的体制将目前乡镇一级财政取消，实际上为最后乡镇政权改革的派出机构奠定了基础。乡财县管乡用是在现行财政体制和政策不变的前提下，对乡镇财政实行预算共编、账户统设、集中收付、采购统办、票据统管的预算管理方式，做到所有权、使用权与管理权、核算权相分离，由县财政部门直接管理并监督乡镇财政收支，从体制上做到预算共编、账户统设、集中收付、采购统办、票据统管，从而将乡镇财政牢牢控制住。

五、创新跨区域行政体制

为了适应我国城市群和区域协同发展的需要，需要总结、借鉴国外处理区域公共问题的成功经验，积极探索各类跨区域的行政管理体制，大力促进区域协作。

一是谨慎使用行政区划调整的"利器"。仔细分析下来，当前制约区域协同发展的主要问题都不是通过区划可以简单消除的，而应当以强化区域协作为着力点，徐图以进。二是设立区域委员会。区域委员会可有几种设立方式：第一，由中央牵头设立；第二，由地区合作产生；第三，还可以在现在相关部委中设立专司区域协调的机构，负责协调区域内各地方政府的行动。三是设立专门处理区域规划、产业布局、应急处置、流域管理、生态协作、基础设施等区域机构。四是制定有约束力的区域协作规则，在国务院层面、在各部委的具体管理层面，形成要求各地参与区域协作的相关行政规则。五是设计推动区域协作的政策工具，这是解决复杂的区域问题、设计利益平衡机制的关键所在，需要大力创新和加强。六是设计区域公共财政体制，依据要解决的区域公共问题的性质，引入专业人员与技术分析，形成科学合理、各方易于接受的成本分摊和收益共享机制。七是推进政府、市场与社会组织的多元协作，形成具有现代治理特征的跨区域行政机制。

总而言之，改革开放以来，随着我国工业化进程的展开，越来越多的人口从农村转移出来，向城市聚集，一方面对现有城市的管理、基础设施、市政建设等提出严峻的挑战，另一方面也使一大批农村乡镇成为事实上的城市，使一批原来的小城市发展成事实上的大城市，加之随之而来的公共服务、城市管理等一系列问题，迫切要求现行行政区划与行政层级必须进行适时调整，以适应我国历史从未有过的最大规模人口迁移的现实需要，实现从乡村中国到城市中国的历史性变化，推动中华民族迈入新的时代。

参考文献

著作类：

1. 浦善新：《中国行政区划改革研究》，商务印书馆 2006 年版。
2. 周振鹤：《体国经野之道：新角度下的中国行政区划沿革史》，中华书局（香港）有限公司 1990 年版。
3. 周振鹤：《行政区划改革的几个关键问题》，载张文范主编：《中国行政区划研究》，中国社会出版社 1991 年版。
4. 刘君德、冯春萍、华林甫、范今朝：《中外行政区划比较研究》，华东师范大学出版社 2002 年版。
5. 田穗生等主编：《中国行政区划概论》，北京大学出版社 2005 年版。
6. 周黎安：《转型中的地方政府：官员激励与治理》，上海人民出版社 2008 年版。
7. 谢庆奎：《当代中国政府》，辽宁人民出版社 1996 年版。
8. 浦兴祖：《中华人民共和国政治制度》，上海人民出版社 2005 年版。
9. 韦庆远、柏桦：《中国政治制度史》，中国人民大学出版社 2005 年版。
10. 戴均良：《城乡大转折时期的思考》，中国社会出版社 2006 年版。
11. 侯景新、浦善新、肖金成：《行政区划与区域管理》，中国人民大学出版社 2006 年版。
12. 王艳成：《城镇化进程中乡镇政府职能研究》，人民出版社 2010 年版。
13. 许才明：《乡镇政府管理改革研究》，江西人民出版社 2009 年版。
14. 赵树凯：《乡镇治理与政府制度化》，人民出版社 2010 年版。
15. 浦善新：《中国历代行政区划研究》，载张文范主编：《中国行政区划研究》，中国社会出版社 1991 年版。

16. 谭其骧：《我国行政区划改革的设想》，载张文范主编：《中国行政区划研究》，中国社会出版社 1991 年版。

17. 简新华等：《中国城镇化与特色城镇化道路》，山东人民出版社 2010 年版。

18. 贺曲夫：《县下辖市与推进自治》，中国经济出版社 2012 年版。

19. 张占斌等主编：《城镇化与优化行政区划设置研究》，河北人民出版社 2013 年版。

20. 刘福刚：《建设幸福县域》，中共中央党校出版社 2012 年版。

21. 孙群郎：《美国城市郊区化研究》，商务印书馆 2005 年版。

22. 王旭、罗思东：《美国新城市化时期的地方政府》，厦门大学出版社 2010 年版。

23. 黄丽：《国外大都市区治理模式》，东南大学出版社 2003 年版。

24. 潘家华、魏后凯主编：《中国城市发展报告》，社会科学文献出版社 2013 年版。

25. 喻新安主编：《中国中部地区发展报告》，社会科学文献出版社 2013 年版。

26. 姚慧琴、徐璋勇主编：《中国西部发展报告》，社会科学文献出版社 2013 年版。

27. 曹启挺：《世界各国市制比较研究》，中央编译出版社 2012 年版。

28. 陈小京：《中国地方政府体制结构》，中国广播电视出版社 2001 年版。

29. 国家行政学院经济学教研部编：《中西部地区经济发展文献汇编》2013 年 7 月。

30. 程乐意主编：《机构编制管理教程》，河南人民出版社 2013 年版。

31. 牛文元主编：《中国新型城市化报告 2012》，科学出版社 2012 年版。

32. 周天勇主编：《中国城市创新报告》，红旗出版社 2008 年版。

33. 周道鸾主编：《外国法院组织与法官制度》，人民法院出版社 2000 年版。

34. 国家统计局编：《科学发展谱新篇：从十六大到十八大》，国家统计出版社 2012 年版。

35. 中国行政管理学会主编：《政府层级管理》，人民出版社 2009 年版。

36. 中华人民共和国民政部编：《中华人民共和国行政区划简册2013》，中国地图出版社2013年版。

37.〔美〕斯蒂芬·P. 罗宾斯著，黄卫伟等译：《管理学》，中国人民大学出版社1997年版。

38.〔英〕戴维·威尔逊、克里斯·盖姆著，张勇等译：《英国地方政府》，北京大学出版社2009年版。

39.〔加〕理查德·廷德尔、苏珊·诺布斯·廷德尔著，于秀明等译：《加拿大地方政府》，北京大学出版社2005年版。

40. Henry R. Glick, *Courts, Politics, and Justice*, New York: McGraw-Hill Book Company, 1983.

41. Charles R. Adrain, Charles Press, *Governing Urban America*, New York: McGraw-Hill Company,1968.

42. *Reshaping Government in Metropolitan Areas: A Statement on National Policy,*Committee for Economic Development,1970.

43. L.O. Gertler, R.W. Crowley and W.K. Bond, *Changing Canadian Cities:The Next 25 Years*,Toronto: McCelland & Stewart,1977.

报刊类：

1. 王颖、陆玉麒：《中国省界线形成的地理背景》，《南京师大学报》（自然科学版）2003年第1期。

2. 马春笋、张可云：《我国行政区划基本问题与走向探讨》，《中国行政管理》2009年第3期。

3. 刘建芳：《美国大都市区多中心体制与一体化改革的新思路、新方法》，《青海社会科学》2013年第3期。

4. 冯春萍：《国际大都市行政区划组织与管理模式》，《上海城市规划》1999年第3期。

5. 陈剩勇、孟军：《20世纪以来中国乡镇体制的变革与启示》，《浙江社会科学》2006年第4期。

6. 范今朝：《1979年以来浙江省行政区划调整变更的过程及作用——兼论中国未来行政区划改革走向》，《经济地理》2004年第4期。

7. 谢元鲁：《试论中国历代政区制度变迁的特点》，《西南民族学院学报》（哲学社会科学版）2000年第2期。

8. 范今朝、王剑荣、蒋瑶璐：《城市化进程中的行政区划"逆向调整"现象——以永康市芝英镇的行政区划调整过程为例》，《经济地理》2011年第11期。

9. 李水金：《中国乡镇政府改革的五种模式及其评析》，《理论与改革》2010年第6期。

10. 李媛媛、王泽、陈国申：《从"简政放权"到"强镇扩权"——对改革开放后两次乡镇改革的比较分析》，《社会主义研究》2013年第6期。

11. 林耿、柯亚文：《广东省行政区划调整对城镇化的影响》，《地理与地理信息科学》2008年第4期。

12. 刘纯阳等：《解读变革进程中的基层政府管理——基于湖南4个乡镇的调查分析》，《湖南农业大学学报》（社会科学版）2009年第2期。

13. 柳成焱：《我国乡镇行政区划的演变特点及其改革路径》，《天津社会科学》2006年第4期。

14. 罗震东：《中国当前的行政区划改革及其机制》，《城市规划》2005年第8期。

15. 王航：《我国乡镇机构改革的线索追踪及文献回顾——兼及H镇改革之个案》，《中国行政管理》2009年第6期。

16. 王景新：《温州"强镇扩权"：探索现代小城市发展的新途径》，《现代经济探讨》2010年第12期。

17. 王修达：《乡镇行政管理体制改革的方向》，《华中师范大学学报》（人文社会科学版）2008年第4期。

18. 项继权：《从"咸安政改"到"湖北改制"：一种新型乡镇治理模式的探索》，《中国农村经济》2005年第11期。

19. 熊竞：《新型城镇化与行政区划层级体制调整》，《上海城市管理》2013年第6期。

20. 徐勇：《精乡扩镇、乡派镇治：乡级治理体制的结构性改革》，《江西社会科学》2004 年第 1 期。

21. 闫丽萍：《关于乡村基层治理的几点思考——基于深化乡镇政府机构改革的视角》，《东岳论丛》2013 年第 11 期。

22. 詹成付：《关于深化乡镇体制改革的研究报告》，《开放时代》2004 年第 2 期。

23. 张国玉：《中国新型城镇化的推进路径："就地城镇化"与行政区划调整》，《四川行政学院学报》2014 年第 1 期。

24. 赵树凯：《关于乡镇改革历史进程的考察》，《经济研究参考》2008 年第 32 期。

25. 周志忍：《深化机构改革应关注的四个问题》，《中国机构改革与管理》2011 第 1 期。

26. 时和兴：《我国乡镇治理发展面临的制度困境》，《探索与争鸣》2009 年第 4 期。

27. 张利华、徐晓新：《区域一体化协调机制比较研究》，《中国软科学》2010 年第 5 期。

28. 卢爱国：《城市群行政管理体制改革：国际经验与长株潭选择》，《湖南师范大学社会科学学报》2013 年第 6 期。

29. 金太军：《从行政区行政到区域公共管理——政府治理形态嬗变的博弈分析》，《中国社会科学》2007 年第 6 期。

30. 汪阳红：《改革开放以来我国区域协调互助机制的回顾与展望》，《宏观经济管理》2011 年第 11 期。

31. 杨爱平、陈瑞莲：《从"行政区行政"到"区域公共管理"——政府治理形态嬗变的一种比较分析》，《江西社会科学》2004 年第 11 期。

32. 周伟：《区域公共问题治理与地方政府协作机制构建》，《吉首大学学报》（社会科学版）2011 年第 4 期。

33. 全永波、胡进考：《论我国海洋区域管理模式下的政府间协调机制构建》，《中国海洋大学学报》（社会科学版）2010 年第 6 期。

34. 杨亚南：《大珠三角区域城市协调机制策略研究》，《城市问题》2007 年第 10 期。

35. 龚果：《国内外典型城市群发展中的政府协调机制评述》，《湖南工业大学学报》（社会科学版）2009年第3期。

36. 吕志奎：《州际协议：美国的区域协作管理机制》，《太平洋学报》2009年第8期。

37. 马斌：《长三角一体化与区域政府合作机制的构建》，《经济前沿》2004年第10期。

38. 李治安：《元代政区地理的变迁轨迹及特色新探》（一）、（二）、（三），《历史教学》（高校版）2007年第1、2、3期。

39. 周振鹤：《中央地方关系史的一个侧面——两千年地方政府层级变迁的分析》（上）、（下），《复旦学报》（社会科学版）1995年第3、4期。

40. 宋迎昌：《美国的大都市区管治模式及其经验借鉴——以洛杉矶、华盛顿、路易斯维尔为例》，《城市规划》2004年第5期。

41. 吴超、魏清泉：《美国的"都市区域主义"及其引发的思考》，《地域研究与开发》2005年第1期。

42. 刘君德：《新时期中国城市型政区改革的思路》，《中国行政管理》2003年第7期。

43. 刘尚希：《改革成果存续时间是否太短——对"省直管县"欢呼背后的冷思考》，《人民论坛》2009年第4期。

44. 肖金成：《地级市地位论——兼与撤地强县论商榷》，《学术界》2004年第2期。

45. 肖金成：《关于我国行政区划体制改革的初步思考》，《经济研究参考》2005年第26期。

46. 王健、鲍静、刘小康、王佃利：《"复合行政"的提出——解决当代中国区域经济一体化与行政区划冲突的新思路》，《中国行政管理》2004年第3期。

47. 陈玉宇：《必须变革城市行政层级权力体制》，《理论学习》2013年第6期。

48. 马春笋：《县分等的历史研究》，《华东师范大学学报》（哲学社会科学版）1996年第2期。

49. 孙学玉、伍开昌：《当代中国行政结构扁平化的战略构想——以市管县体制为例》,《中国行政管理》2004 年第 3 期。

50. 罗震东:《改革开放以来中国城市行政区划变更特征及趋势》,《城市问题》2008 年第 6 期。

51. 林涛:《美国地方行政区划若干问题探讨》,《经济地理》1998 年第 18 卷第 2 期。

52. 戴均良:《适应我国现代化进程要求推进行政区划改革》,《红旗文稿》2004 年第 4 期。

53. 张占斌:《政府层级改革与省直管县实现路径研究》,《经济与管理研究》2007 年第 4 期。

54. 王贤彬、聂海峰:《行政区划调整与经济增长》,《管理世界》2010 年第 4 期。

55. 戴均良:《行政区划实行省县二级制——关于逐步改革市领导县体制的思考》,《中国改革》2001 年第 9 期。

56. 陈剩勇、张丙宣:《强镇扩权:浙江省近年来小城镇政府管理体制改革的实践》,《浙江学刊》2007 年第 6 期。

57. 姚莉:《财权与事权配置视角下的乡镇改革趋势——兼评"乡财县管"与"强镇扩权"》,《农村经济》2009 年第 2 期。

58. 翁俊雄:《唐代的州县等级制度》,《北京师范学院学报》(社会科学版)1991 年第 1 期。

59. 焦必方、孙彬彬:《日本的市町村合并及其对现代化农村建设的影响》,《现代日本经济》2008 年第 5 期。

60. 邢耀荣:《美国地方政府结构对中国地方行政体制改革的启示》,《科学·经济·社会》2007 年第 4 期。

61. 王伟英:《浅议国外行政区划模式及其启示》,《长沙大学学报》2010 年第 3 期。

62. 李金龙、雷娟:《国外大都市区治理模式及其对中国的有益启示》,《财经问题研究》2010 年第 8 期。

63. 顾国新、王建平:《城市计划单列的评价及政策选择》,《计划经济研究》1990 年专刊二。

64. 马述林、艾新全、俞荣新：《重庆经济体制综合改革试点回顾》，《红岩春秋》2008 年第 4 期。

65. 张孟林：《武汉市计划单列回顾》，《武汉文史资料》2007 年第 2 期。

66. 王保畬、孙学光：《社会转型期的计划单列市：功能、困境与出路》，《社会主义研究》1992 年第 4 期。

67.《城市计划单列基本情况一览表》，《经济体制改革》1990 年第 6 期。

68. 边文：《八个省会中心城市取消计划单列》，《中国经济体制改革》1993 年第 8 期。

69. 宋群：《对大型企业集团实行国家计划单列的回顾与思考》，《集团经济研究》1992 年第 3 期。

70. 张占斌：《省直管县改革新试点：省内单列与全面直管》，《中国行政管理》2013 年第 3 期。

71. 黄振奇、宋群：《我国计划单列城市的经济建设和社会发展情况》，《计划经济研究》1991 年第 8 期。

72. 刘海亮、李萍：《论司法体制改革的概念和特征》，《辽宁大学学报》（哲学社会科学版）2003 年第 31 卷第 6 期。

73. 沈荣华：《统筹城乡发展背景下的省直管县改革——兼评〈中国省直管县改革研究〉一书》，《中国行政管理》2012 年第 2 期。

74. 徐元明、刘远、周春芳：《省直管县体制改革相关问题研究——以江苏省为例》，《江海学刊》2007 年第 6 期。

75. 刘大生：《城市宪法地位及城市体制改革研究》，《中华人文社会学报》2004 年第 1 期。

76. 陈国权、黄振威：《省管县改革中的党政领导干部管理问题》，《探索与争鸣》2011 年第 1 期。

77. J.Vernon Henderson：《中国的城市化：面临的政策问题与选择》，《城市发展研究》2007 年第 4 期。

78. 贺卫方：《中国司法管理制度的两个问题》，《中国社会科学》1997 年第 6 期。

79. 赵聚军：《中国行政区划改革的理论研究——基于政府职能转变的视

角》，南开大学博士学位论文，2010 年。

80. 张卓琳：《秦郡县制度研究》，陕西师范大学硕士学位论文，2009 年。

81. 李旭斌：《直辖市直管县（区）的行政区划层级设置及其对省县直辖的借鉴意义研究——以重庆市为例》，重庆大学硕士学位论文，2008 年。

82. L.S.Bourne and Jim Simmons, "New Fault Lines? Recent Trends in the Canadian Urban System and Their Implications for Planning and Public Policy", *Canadian Journal of Urban Research*, 2003,12（1）.

83. Brenner N., "Decoding the Newest 'Metropolitan Regionalism' in the USA: A Critical Overview", *Cities*, 2002,19（1）.

84. Ostrom，V.，Tiebout，C. M. and Warren. R., "The Organization of Government in Metropolitan Areas：A Theoretical Inquiry", *American Political Science Review*，1961，55（4）.

85. 杨丽花：《前海非金融项目计划单列市权限定方案》，《证券时报》2011 年 8 月 22 日。

86. 光明、张闻达：《今后五年海口试行计划单列镇》，《海口晚报》2012 年 1 月 18 日。

87. 吴晓敏：《我市在全省率先推进市直管镇改革》，《新余日报》2013 年 2 月 25 日。

88. 陈之惠、马述林：《重庆计划单列的那些年——改革开放初期国家计委运作的一项重大改革》，《中国经济导报》2013 年 6 月 20 日。

89. 穆陵：《现有英国地方政府制度是怎样形成的》，《中国县域经济报》2007 年 4 月 23 日。

90.《欧盟区域一体化的经验对珠三角一体化的启示》，《南方日报》2011 年 6 月 28 日。

91. 孟建柱：《深化司法体制改革》，《人民日报》2013 年 11 月 25 日。

92. 王丽、刘德华：《四川建立死刑案同级移送审查起诉制度 11 市死刑案件由市级公安局移送检察机关》，《检察日报》2012 年 3 月 30 日。

93. 贺卫方：《借行政区划改革东风重构司法区划》，《东方早报》2005 年 9 月 9 日。

94. 汪玉凯：《可增设直辖市以推进行政省直管县》，《21 世纪经济报道》2013 年 12 月 29 日。

95. 国家统计局：《农业和农村经济社会发展再上新台阶》，国家统计局网站，http://www.stats.gov.cn/ztjc/ztfx/shfzhgxlbg/200709/t20070925_60535.html，2007 年 9 月 25 日。

96. 国家统计局：《第二次全国农业普查主要数据公报：第二号》，国家统计局网站，http://www.stats.gov.cn/tjsj/tjgb/nypcgb/qgnypcgb/200802/t20080222_30462.html。

97. 国家统计局编：《2013 年中国统计年鉴》，http://www.stats.gov.cn/tjsj/ndsj/2013/indexce.htm。

98.《2014 年深圳市政府工作报告》，http://sz.people.com.cn/n/2014/0207/c202846-20519140.html。

99.《财政部发布 2013 年 1—12 月全国财政收支情况》，http://www.gov.cn/gzdt/2014-01/23/content_2573892.htm。

后　记

本书是在国际经济交流中心2014年重大招标课题报告的基础上修订而成的。在此感谢国经中心的信任和对课题的资助。长期以来，国经中心始终以服务党和国家的重大决策为己任，紧紧围绕我国改革与发展的重大问题组织研究，他们的学术眼光和为国家服务的情怀，给每一位合作研究者留下了深刻的印象。

本研究的完成得到了国经中心常务副理事长魏礼群先生的亲切关怀与指导。他历任国务院研究室主任、党委书记，国家行政学院党委书记、常务副院长，具有丰富的资政经历和深刻的学术眼光。在本研究进行的过程中，他多次过问相关的组织情况、工作方案以及研究的进展情况，提出了许多高屋建瓴的建议，保证了本研究的立意高远和深入独到。在出版之际，他又慨然应允为本书作序。在此谨致以我们最诚挚的感谢！

感谢国家统计局前局长李德水、国家发改委宏观经济研究院前院长林兆木、国家行政学院经济学部张占斌主任、中国社会科学院经济所裴长林所长、国经中心王军部长，他们对本书给予了极富价值的评议。感谢国经中心田青女士、陈鹏先生以及相关管理人员，他们对课题的严格管理保证了课题质量，并从中体现出高度的专业、敬业精神。

感谢课题组全体成员的辛勤付出。在课题进行中，我们多次召开专题讨论会，常常就一个观点、一篇文章进行热烈的探讨与争论，并在此过程中建立了深厚的友谊，成为完成课题之外的又一宝贵财富。请记住他们的名字：张国华、刘铮、杨志荣、陈家浩、王瑞军、孙志远、水明岳。

特别感谢商务印书馆的出版支持。商务印书馆的学术品质以及严格的出版要求历来为学人所敬重，在学界享有崇高的声誉与口碑。能经由商务印书馆将成果面世，是我们莫大的荣幸。特别的致谢要给予丁波博士和孙茂编辑，他们对本书的支持和在编校过程中表现出的耐心与专业精神，令我们为之赞叹。

感谢所有支持、协助本研究完成的相关人士！

感谢伟大的时代！

作者

2014年12月于北京